한국근현대학술총서
대한제국 정치리더 연구
①①①

명성황후 평전

조　선　의
혼　으　로
살　아　나　다

이 저서는 2015년 대한민국 교육부와 한국학중앙연구원(한국학진흥사업단)의
한국학총서사업의 지원을 받아 수행된 연구임(AKS-2015-KSS-1230002)

| 이 희 주 李禧柱

이화여자대학교 정치외교학과를 졸업하고 동 대학원에서 정치학 박사학위를 취득했다. 주로 동양정치사상과 한국정치사상 관련분야를 연구했으며, 동경대학교 객원연구원, 한국동양정치사상사학회 회장 등을 역임하고 한국동양정치사상사학회 고문과 서경대학교 문화예술콘텐츠연구소 소장으로 활동하고 있다. 현재 서경대학교 문화콘텐츠학부와 대학원 문화예술학과 및 동양학과 교수로 재직 중이다.

저서와 논문으로는 『고종시대 정치리더십 연구』(한국학중앙연구원출판부, 2017, 공저), 『고려시대 공공성』 1, 2(한국학중앙연구원출판부, 2016, 공저), 『한국정치사상사』(백산서당, 2010, 공저), 「고려 태조 왕건의 리더십과 국가: '군주의 권력'과 '국가권력'의 상관성을 중심으로」(2015), 「유길준의 '국권수호'에 대한 인식- 권력주의와 규범주의를 중심으로」(2014), 「고려시대 무신정권과 공공성: 전통사회 공공성 개념 추출의 시론적 연구」(2013), 「태조 왕건의 역할과 공공성」(2013), 「조선시대 양녕대군과 에도시대 아코우사건을 둘러싼 이념논쟁 -'공사(公私)관념의 형태'와 '은(恩)과 의(義)의 상관성과 대립성'을 중심으로」(2011), 「논어·맹자에 나타난 무(武)의 정신: 방(放)·정(征)·벌(伐)의 개념을 중심으로」(2011), 「조선초기의 공론정치: 공론의 존재양식과 공론정치의 특수성을 중심으로」(2010) 외 다수가 있다.

한국근현대학술총서 - 대한제국 정치리더 연구 001
명성황후 평전 – 조선의 혼으로 살아나다

2020년 11월 23일 초판 1쇄 인쇄
2020년 11월 30일 초판 1쇄 발행

지은이 ■ 이희주
펴낸이 ■ 정용국
펴낸곳 ■ (주)신서원
서울시 서대문구 냉천동 260 동부센트레빌 아파트 상가동 202호
전화 : (02)739-0222·3 팩스 : (02)739-0224
신서원 블로그 : http://blog.naver.com/sinseowon
등록 : 제300-2011-123호(2011.7.4)
ISBN 978-89-7940-345-9 93340
값 20,000원

신서원은 부모의 서가에서 자녀의 책꽂이로
'대물림'할 수 있기를 바라며 책을 만들고 있습니다.
잘못된 책이 있으면 연락주세요.

한국근현대학술총서 ❶❶❶
대한제국 정치리더 연구

명성황후 평전
조선의 혼으로 살아나다

이희주 지음

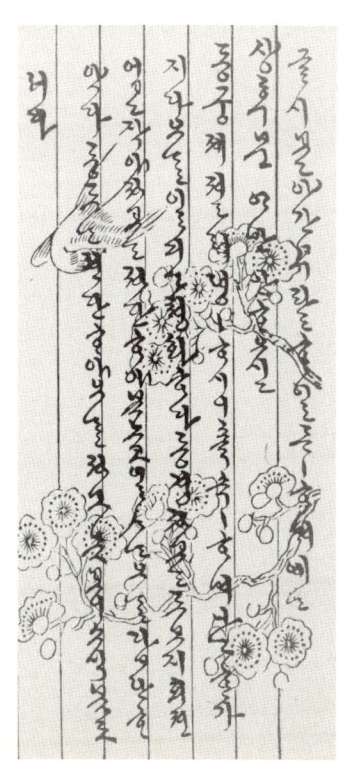

서문

명성황후,
'조선의 혼'으로 살아나다

　명성황후明成皇后(1851~1895)는 조선의 26대 국왕이자 대한제국의 초대 황제 고종高宗의 비이며, 2대 황제를 지낸 순종의 모후이다. 명성황후는 오늘날 한국인에게 가장 상반된 평가를 받는 역사적 인물 가운데 한 사람이다.

　1990년대 이전까지 한국인은 명성황후를 '시아버지 대원군과 권력투쟁을 하였던 패륜의 여성', '고종을 마음대로 조종하여 국정을 농단한 인물', '친정 세력을 곁에다 두고 권력을 마음대로 휘둘렀던 인물', '조선을 망하게 한 여성' 등 차가운 시선으로 보았다.

　이러한 상황 속에서 한 권의 저서가 주목을 끌었다. 1981년 출간된 이태영 선생의 『차라리 민비를 변호함』이다. 선생은 '한국 국민의 도리와 변호사의 사명감'으로 이 책을 저술하게 되었다고 밝혔다. 선생은 당대의 문화적 전통과 사회적 인습에 매몰되지 않았으며, 남녀 평등의식을 고취하고 인간의 보편적 가치를 추구하는 관점에서 명성황후를 조명하였다. 선각자적인 시각이다. 이러한 시각으로 1960년대 당시 만연하였던 '명성황후에 대한 부정적인 편견과 고정관념'을 깨뜨리려는 시도 자체만으로도 높이 평가된다. '학자가 아닌 법조인으로서 전혀 새로운 시각의 도전이라고 할 만한 해석과 주장이 담긴 글이었지만, 당시 세간에서는 거론조차 되지 않았음'을 선생은 오히려 안타깝게 여겼다. 그 정도로 명성황후에 대한 부정적 인식은 널리 퍼져 있었다.

다행히 학계의 끊임없는 연구 성과로 부정적인 통념이 다소 바뀌기 시작하였다. 또한 1990년대 '명성황후'를 소재로 한 뮤지컬이나 드라마를 통하여 명성황후에 대한 차가운 이미지가 조금씩 벗겨지고 있다. 그러나 아직도 대다수 한국인에게 명성황후의 부정적 이미지는 그대로 각인되어 있다. 게다가 드라마나 뮤지컬을 접한 사람마저, 명성황후에 대한 긍정적인 이미지가 아직도 표피적인 상태로 머물러 있다.

이 평전은 명성황후의 삶을 대상내재적인 연구방법으로 규명하고자 하였다. 인간에게 생존욕망은 모든 것을 초월한다. 그러나 생존욕망의 형태가 모든 인간에게 동일하게 일어나는 것은 아니다. 특히 한국 어머니의 대다수 경우 그러하다. 그 욕망의 형태 속에는 자식과 남편의 생존이 자신의 삶보다 더 우선한다. 바로 한국 어머니의 희생적인 삶이다.

순종의 모후이자 고종의 비 명성황후의 삶은 바로 한국 어머니의 삶이었으며, 조선왕조의 운명과 그 궤를 같이하고 있다. 이것이 평전의 출발점이다.

한국의 어머니, 그리고 조선 왕비의 삶으로 추적된 '명성황후의 총체적인 삶'에 대한 규명은, 그동안 '권력에만 집착한 인물'로서 부정적인 평가로 일관되었던 명성황후의 삶을 재조명하는 계기가 되었다. 객관성이 부족한 자료에 기인하여 명성황후는 상당 부분 왜곡되게 평가를 받았기 때문에, 이 평전은 자료비판에 근거하여, 실체적 접근에 주목하였다. 자료비판과 당시 정치적 상황을 재해석함으로써, 왜곡된 명성황후의 이미지가 다소나마 회복될 수 있었던 것은, 좁게는 명성황후에 대한 재평가이기도 하지만, 넓게는 굴절된 역사인식을 재성찰하는 계기가 될 것이다. 이 평전에서 다루지 못한 명성황후의 삶과 당시 시대상황과의 정합성에 관한 분석은 다음 연구과제로 미룬다.

명성황후가 살았던 시대는 조선과 동아시아 국가들이 미증유의 변화를 경험하는 격동의 시기였다. 19세기 중엽 이후 동아시아의 유교문명권 국가들은 근대적 생산력과 군사력을 갖춘 서구 열강들의 외압을 받고 있었다. 이는 전혀 다른 이질적인 문명과의 접촉과 갈등을 의미한다.

조선은 안으로 정치사회적 모순이 누적되고, 밖으로 열강의 제국주의적 침략에 직면해서 전례 없는 국가적 위기 상황에 처해 있었다. 특히 병인양요와 신미양요 등 서구 열강과 전쟁이 있었을 뿐만 아니라, 지정학적으로 청국·일본·러시아 세력의 각축장이 됨으로써 조선이 겪어야 했던 외압의 강도는 다른 국가와 비교해 보더라도 '민족과 국가의 존립'을 위협할 정도로 훨씬 심각한 것이었다.

이러한 국가적 위기 상황 속에서 고종의 비로 간택되어 조선의 왕비로 살았던 명성황후의 삶도 조선의 위기와 더불어 파란만장하였다.

1882년(고종 19) 임오군란 때, 난군을 피해 궁궐을 떠나 은신처를 구해야 하였고, 1884년(고종 21) 갑신정변이 일어났을 때는 거처한 궁궐을 피해야 하였다. 1894년(고종 31)에는 경복궁을 침입한 일본군에 의해 감금되었고, 청일전쟁 이후 삼국간섭이 일어나자 조선의 생존을 위해 '인아거일引俄拒日'의 정책을 도모하다가 1895년(고종 32) 10월 8일 일본에 의해 비운으로 생을 마감하였다.

조선의 역사상 왕비가 군주에 의해 폐비가 된 사례는 있지만, 자국의 군인이나 타국에 의해 왕비의 일신이 제약을 받았던 적은 없었다.

이처럼 명성황후의 삶은 당대 정치변동의 중심에 있었다. 이를 반영이라도 하듯, 당대나 그 이후 명성황후에 대한 평가가 '조선을 망하게 한 권력의 화신'으로부터 '개화의 선구자', '구국을 위해 헌신한 애국자'에 이르기까지 다양하게 내려져 왔다.

　이러한 상반된 평가는 명성황후에 대한 실증적인 사료나 객관적으로 서술된 자료가 많지 않다는 데 그 원인이 있다. 그러나 간과해서는 안 될 점은 당시 일본이 한반도를 식민지로 삼기 위하여 끊임없이 책략을 강구했던 시기라는 것이다. 일본이 한반도를 식민지로 만드는 데 있어서 가장 큰 걸림돌로 작용하였던 인물이 바로 명성황후였다. 그만큼 명성황후의 정치적 영향력은 막강하였고, 일본에 가장 위협적인 존재였다. 따라서 일본은 명성황후의 이미지를 왜곡시키기 위하여 온갖 수단을 동원하였다. 그것을 달성하기 위한 인적·물적 기반도 충분히 가지고 있었다. 일본에 의한 여론 조작, 그것을 반영한 풍문에 의한 기록은 명성황후의 이미지를 상당 부분 사실과 다르게 왜곡시켰다. 즉, 일본의 한반도 침략과 연계된 명성황후의 왜곡된 이미지는 일본인은 물론 당대 조선의 지식인으로부터 현대에 이르기까지 끊임없이 확대 재생산되어 왔다.

　필자가 명성황후에 대한 연구를 시작한 것은 2015년이다. 한국학진흥사업단에서 발주한 '대한제국 전후 시기의 정치리더 연구'의 프로젝트에 참여하면서부터였다. 프로젝트 선정 이후 당시 한국학진흥사업단 단장인 정윤재 교수와의 만남에서, "여성 정치학자가 명성황후를 맡았으니 앞으로의 분석이 기대된다."는 이야기를 들었다. 여성 정치학자로서 명성황후를 분석하는 것이 유의미하다는 것은 중요한 지적이었다.

　명성황후의 삶은 그 자체가 정치적이었다. 기울어져 가는 조선 운명의 정치현장으로부터 유리될 수 없었고, 그로 인해 긴박하게 살았던 명성황후의 삶은 '여성'과 '정치'라는 두 영역에 중층적으로 녹여져 있다. 특히 여성의 특수성을 반영시키지 않고서는 '명성황후의 정치적인 삶'을 온전히 담아낼 수 없다.

이 평전은 명성황후의 삶을 '고종의 비', '순종의 모후', '조선의 국모'라는 세 영역에서 총체적으로 조명하고자 하였다. 제도적인 지위를 가지고 있지 않았지만, 고종의 비였기 때문에, 군주의 정치행위에 영향을 미칠 수밖에 없다. 당시 풍전등화 같은 위기 상황 속에서, 고종과 순종의 앞날은 조선의 운명과 궤를 같이하기 때문에, 조선의 생존을 위해 명성황후의 삶은 치열하고 절실하였다. 조선의 생존을 위한 길 앞에서는 어떠한 것도 명성황후에게 제약의 걸림돌이 될 수 없었다.

또한 '명성황후의 정치적인 삶'을 온전히 담아내기 위해서는, 정치 현상을 평면적으로 이해하기보다는 권력의 흐름과 함께 입체적으로 조명하는 것이 필요하다. 이러한 관점은 명성황후에 대한 기존 평가를 재해석할 수 있는 초석이 될 것이다. 간단한 사례가 '원유회'에 대한 해석이다.

초대 미국 푸트공사 부인을 비롯한 외국인 여성을 만나기 위해 만든 '원유회'를 기존 연구물에서는 국고가 낭비되는 파티나 유흥으로 보았으나, 필자는 이를 효율적인 외교행위의 수단으로 해석하였다. 원유회는 당시 국력이 약했던 조선이 취할 수 있는 효율적인 외교의 전략적 수단이었다. 일본이 서구 국가를 의식하지 않을 수 없는 국제 정세를 파악하여, 심지어 일본의 감금 속에서도 명성황후는 궁궐을 외교의 장으로 적극 활용하였다. 원유회를 외교행위의 수단으로 해석할 때, 뛰어난 정치적 감각을 지닌 명성황후의 정치행위가 보다 실체적으로 파악될 수 있을 것이다.

또한 이화여자대학교의 전신인 '이화학당'의 학명을 명성황후가 하사한 사실에서, 근대 교육의 필요성에 대한 명성황후의 현실인식을 읽어낼 수 있다. 이처럼 명성황후와 관련된 일련의 사건을 재해석함으로써, 그동안 남성 중심적인 유교문화로 인한 여성에 대한 차별과 억압, 그리고 이미지 조작의 주체인 일본에 의해 왜곡된 명성황후의 실체가 복원될 수 있을 것이다.

이 평전은 명성황후의 삶을 다섯 가지 관점에서 추적하였다.

첫째, 명성황후는 고아한 품격과 냉철한 지성을 갖춘 여성이었다. 1851년(철종 2) 명성황후는 태종의 비 원경왕후와 장희빈과 대척관계로 알려진 인현왕후를 탄생시킨 여흥 민문에서 태어나, 어릴 때부터 사대부가士大夫家 여성으로서 교육을 받았다. 아버지 민치록閔致祿에게 경서와 역사서를 배웠으며, 여흥 민문의 가훈서 『정경부인행록』과 『인현성모행록』 등을 익혀 조선의 지식인과 여성으로서 지적 소양을 함양하였다. 16세에 왕비로 간택된 이후는 왕실의 법도와 왕실 여성으로서 지녀야 할 교육을 받았다. 이처럼 명성황후는 조선의 지식인, 조선의 여성, 그리고 왕비의 자질과 소양을 충분히 함양하고 있었던 인물이다. 이는 이후 격변하는 대내외 정세 속에서 고종을 현명하고 지혜롭게 보필할 수 있었던 토대가 되었다.

둘째, 고종과 순종, 그리고 조선의 생존과 수호를 위해 치열하게 살았던 명성황후의 삶 속에는 '고종의 대리표적代理標的'의 형태가 고스란히 투영되어 있다. 명성황후가 성장하고 왕비로 간택된 시기는 신정왕후神貞王后의 수렴청정기였다. 당시 조선은 순조 대 정순왕후로부터 시작하여 고종 대 신정왕후에 이르기까지, 60여 년 기간에 14년 3개월의 수렴청정이 행해졌다. 수렴청정은 왕실 어른인 대비가 국가위기를 관리하는 정치체제이다. 군주의 후계자가 정해지지 않았거나, 어린 군주가 즉위하여 국가 운영이 어려운 정치적 위기 상황이 발생하였을 때, 차기 군주를 지명하고, 지명된 군주나 어린 국왕이 국왕수업을 통해 국가 운영을 할 수 있는 능력을 갖출 때까지 대비는 국가 운영의 주도권을 가지고 정치에 참여하였다. 이는 명성황후에게 중요한 정치적 유산이 되었다.

당시 조선은 대내외적인 국가 위기가 최고조인 상황이었고, 이에 고종에 대한 적극적인 내조는 명성황후에게는 당연한 것이었다. 그러나 왕정체제에서 명성황후의 적극적인 정치참여는 '고종의 대리표적'으로 전화되었다. 정치적 이해를 달리하는 정체세력들은 고종을 공격과 비판의 대상으로 삼았을 경우 초래될 정치적 리스크를 줄이기 위해, 고종을 대신하여 명성황후를 표적으로 삼았다.

또한 왕실과 국가의 안위를 위해 무당을 통하여 굿을 하는 관습이 왕실의 문화적 전통으로 계승되어 왔다. 고종과 순종, 그리고 조선의 안위를 위해 명성황후가 주관한 '굿'은 '미신을 신봉하고 국가재정을 낭비한다.'고 혹평을 받았으나, 이는 조선 왕실의 문화적 전통을 간과한 것이다.

셋째, 정치적 리얼리즘 관점에서 명성황후의 정치적 삶을 조명하였다. '고종의 대리표적'과 마찬가지로, '명성황후와 대원군 간의 갈등 구도'를 재해석하였다. 정치행위는 당시 지배적인 사조, 주의, 이념을 반영한 행위자의 가치지향과 신념체계가 나타나게 마련이다. 당시 지배층의 정치행위는 그들의 가치지향과 신념체계에 바탕을 둔 정치적 이상주의를 현실에서 구현하려는 것이었으나, 정치현장의 역동성과 다양성 때문에 시행착오를 겪을 수밖에 없다.

정치현장의 역동성과 다양성, 현실정치의 복합성과 중층성으로 인하여 부문별과 층위별로 잠복하여 있는 수많은 갈등과 불화를 정치력으로 해결해야 하기 때문에, 고종과 명성황후, 그리고 대원군 등 왕실의 구성원은 정치적 현실주의를 선택할 수밖에 없다. 따라서 명성황후의 정치적 삶도 정치적 리얼리즘 관점에서 조명할 때 그 실체적 접근이 가능하다.

명성황후의 관점에서 왕실의 생존과 수호는 조선의 종묘사직을 지키는 것이었고, 이는 자신의 정치적 삶 속에 그대로 투영되었다. 그러나 정파 간 이해관계에 따라 명성황후의 평가는 달라진다. 명성황후는 대립관계에 있었던 유림이나 개화세력 등 양쪽으로부터 비판의 대상이 되었다. 이처럼 명성황후에 대한 부정적 이미지는 정파 간의 다양한 정치행위 혹은 이해관계에 따라 형성된 것이다.

특히 일본은 다양한 국내세력과 정파 간의 분열을 악용하여, 명성황후의 이미지를 더욱 왜곡시켜 나갔다. 조선 점령을 국가 목표로 삼았던 일본은 조선 내 정치세력 혹은 정파 간의 분열을 조장하고 악용하였다. 그리고 조선 점령을 위한 사전작업으로 이들을 공작의 대상으로 삼았다.

대표적인 사례가 '명성황후와 대원군의 갈등 구도'이다. '임오군란', '갑신정변', 청일전쟁 직전의 '경복궁 습격', '명성황후시해' 등 조선의 정치적 위기 상황마다 대원군이 등장하고 있다. 일본은 명성황후와 대원군의 갈등 구도를 형성하고 강화해, 정치세력의 분열을 조장하고 심화시키는 공작정치를 감행하였다. 『갑신일록』도 그동안 알려진 바와 같이 김옥균金玉均의 단독 집필이 아니라, 일본인의 공조 하에서 기록되었다는 연구 결과에 비추어보더라도, 당시 조선 점령을 위해 여론을 조작하거나 왜곡되게 형성하는 등, 일본의 공작이 끈질기게 끊임없이 행해졌음을 알 수 있다. 조선 점령에 가장 걸림돌이었던 명성황후에 대해 당초부터 일본의 공작이 끊임없이 이루어졌을 가능성은 크다. 일본의 공작정치에 일부 조선의 지식인이나 정치인들이 자신들의 의도와는 상관없이 이용당했다. 대표적인 조선의 지식인이 황현黃玹이다.

황현이 저술한 『매천야록』은 일본인의 저서와 함께 그동안 명성황후의 부정적 평판의 근거자료로 이용되었다. 특히 일본인 기쿠치 겐조 『대원군전』에 근거한 정비석의 소설 『민비』는 명성황후의 왜곡된 이미지를 재생산하고 강화하는 데 일조를 하였다. 소설은 작가의 상상력을 바탕으로 하는 창작물이라고 하더라도, 역사 인물을 다루는 작품은 역사적 사실을 왜곡할 우려가 있기 때문에, 작가의 균형 잡힌 역사인식과 사실에 대한 고증을 요구한다.

『매천야록』의 저자 황현은 실체를 파악하여 역사적 사실을 기록하기보다는 풍문에 따라 기록하였다. 단편적인 조각만을 가지고 기록할 경우, 역사적 실체를 왜곡시킬 개연성이 크다. 더욱이 황현은 국가 운영의 중심에서 활동한 경험이 없었기 때문에, 정치적 사실을 직접 확인하기 어려운 위치에 있었고 정보도 부족하였다.

황현에게 정보를 제공하는 사람들이 명성황후나 민씨세력과 대척점에 있을 경우, 상황 맥락적이고 객관적인 해석을 내리기 어려울 것이다.『매천야록』에 기록된 명성황후의 평가가 적대편향의 심각성을 지닌 것도 이 때문이다.

그러나 황현이 역사적으로 우국지사로 평가받기 때문에, 그 자체로서 권위가 발생하여 그가 남긴 사료에 대해 사실 여부를 가리지 않고 인용하는 경향이 심하다. 이것이 오히려 사료로서 한계와 위험성을 일으켰다.

또한 명성황후와 민씨세력을 동일시하는 시각도 문제이다. 명성황후와 민씨세력 사이에서 그들의 이해가 반드시 일치하지 않는다. 분리적인 해석이 필요하다. 이처럼 사료적 한계와 명성황후와 민씨세력 간 무차별적인 해석은 결국 병리현상을 드러내었다. 명성황후를 부정적으로 보려는 세력들은 이러한 자료를 악용하여, 명성황후의 부정적 평가를 확대 재생산시켰다.

넷째, 직접 만난 외국인의 기록과 명성황후의 편지글을 통해 명성황후의 삶을 추적하였다. 자료가 부족한 상황 속에서, 명성황후를 직접 만났던 외국인의 기록과 명성황후가 직접 쓴 편지글은 명성황후의 삶을 파악하는 데 중요한 자료적 가치를 지닌다. 물론 명성황후를 만났던 외국인의 기록은 명성황후와 기록자의 사적 관계 때문에 주관적 편향이 있을 수 있지만, 다른 관점에서 보면 오히려 더 객관적일 수 있다. 제삼자적 위치에 있는 외국인은 오히려 정치권력관계로부터 자유로울 수 있기 때문이다.

대표적인 사례가 푸트 여사와 벙커 여사이다. 독실한 기독교 신앙을 지닌 미국 초대 공사부인 푸트 여사가 귀국길에 일본 천황의 비로부터 초대받았다. 그 자리에 참여한 다수 사람이 명성황후를 거침없이 혹평할 때, 푸트 여사는 이에 맞서 소신껏 명성황후의 긍정적인 이미지를 전달하였다.

그리고 1920년대 일본이 맹위를 떨치고 있던 시기, 순종 인산을 계기로『순종실기』에 벙커 여사는 거리낌 없이 명성황후의 애국적인 열정과 백성을 사랑하는 진정성을 소개하였다. 이 외에도 직접 대면한 대부분의 외국인은 명성황후에 대한 왜곡된 부정적 이미지가 '그동안 잘못된 정보'라고 토로하면서 긍정적인 이미지를 전달하고 있는 것이 공통된다. 따라서 이들이 기술한 저서를 분석하는 것이 오히려 명성황후의 삶을 실체적으로 접근할 수 있는 방법이다. 직접 대면한 외국인의 저작물에는 명성황후를 '고아한 품격과 냉정한 지성을 갖춘 여성'이며, '상대를 배려하는 따뜻한 인물'로 평가되어 있다.

명성황후의 내조 형태는 편지글에 잘 드러나 있다. 인사문제에 있어서는 균형감과 솔직함 그리고 담대한 면을 지녔고, 고종의 보필자로서 충실한 역할을 하고 있다. 고종과 이견이 있을 때, 고종의 뜻을 받들거나 아니면 고종이 허락할 때까지 기다리는 조용한 내조의 형태를 보이고 있다. 반면에 재정문제를 해결하는 데 있어서는 적극성을 보이고 있다. 당시 왕실의 재정은 고종의 생신이나, 고종이 궁 밖으로 행차할 때 소요되는 비용을 걱정할 정도로 어려운 상황이었다. 이를 해결하기 위하여, 외부에서 충원하는 적극적인 모습을 보여주고 있다. 전형적인 조선 여성의 삶을 그대로 느끼게 한다.

다섯째, 한국 근대사에서 최초 '죽음의 정치'로 전환된 '명성황후의 죽음'이 가지는 의미를 분석하였다. 고종과 순종의 안위, 그리고 조선의 종묘사직의 수호를 위해 일생을 바쳐온 명성황후는 1895년(고종 32) 10월 8일 일본의 잔혹한 칼에 생을 마감하게 되었다. 그러나 '명성황후의 죽음'은 한국 근대사에서 '죽음의 정치'로 전환되었다. 명성황후의 죽음에 대한 '복수론'과 '대의론'은 조선의 정치적 통합과 주권 회복에 밀알이 되어 '대한제국'을 성립시켰고, 동시에 주권의 회복을 열망하는 조선인에게 일본에 대항하는 '항일정신'의 초석이 되었다. 명성황후의 거룩한 희생은 고종을 비롯한 모든 조선인에게 '가치와 이념'의 실현을 행동으로 내몰았던 씨알이 되었다.

이 평전의 목적은 인간생존의 '보편성'과 '개체성', 그리고 '여성'과 '정치' 관점에서 명성황후의 삶을 조명하는 것이었다. 그러나 자료의 부족과 연구역량의 개인적인 한계로 당초의 목적에 완전히 부응하지 못함을 안타깝게 생각한다. 다음 연구과제에서 부족한 부분이 채워져 명성황후의 실체적 삶이 보다 제대로 규명되기를 바란다.

명성황후 평전은 2015년 한국학진흥사업단 한국학총서 '한국인물평전' 지원 사업으로 진행되었다. 평전 작업이 끝날 때까지 시대 상황과 변동에 대해 끊임없이 토론을 함께 한 남편에게 고마움을 전한다. 그리고 이 평전의 출판을 계기로, 평생 학은學恩을 입은 박충석 선생님과 대학 시절 학문의 길로 인도해 주신 진덕규 선생님께 깊은 감사의 뜻을 표한다. 외국인 기록 자료의 해석에 많은 도움을 주신 신복룡 선생님, 항상 격려를 해 주신 이택휘 총장님께 감사의 말씀 드린다.

또한, 정치적 비중이 큰 역사인물로서 긍정과 부정의 상반된 평가를 받고 있는 '명성황후의 평전'을 수행한다는 것은, 필자에게 큰 부담으로 다가왔다. 그러나 여성 정치학자가 여성의 관점에서 명성황후를 연구하는 것이 보다 공정한 분석이 될 수 있다는 한국학중앙연구원의 정윤재 교수님의 격려와 지원은 필자에게 큰 힘이 되었다. 아울러 함께 기획하고 평전을 마무리할 때까지 바쁜 시간을 쪼개어 조언을 해 주신 윤대식(한국외국어대), 이황직(숙

명여대), 박민영(한국독립운동사연구소) 선생들 또한 필자에게 따뜻한 힘이 되었다. 그리고 한국학중앙연구원 재직 시 함께 하였던 김이숙 선생님, 유애령 선생님, 유경희 선생님은 바쁜 가운데에서도 교열을 비롯하여 문맥과 사진 등을 바로 잡는 데 큰 도움을 주었다. 그 노고에 깊은 감사의 뜻을 표한다.

이 책에 소개된 명성황후 관련 대부분의 사진과 여흥 민문의 귀한 자료를 흔쾌히 제공해 주신 민명기 선생님께 지면을 빌어 감사의 말씀을 드린다. 아울러 명성황후의 피난을 추적한 미간행된 논문을 인용하도록 허여해 주신 박광민 선생님께 감사의 말씀을 전한다.

평전이 출간되기까지 도와주신 한국학진흥사업단과 단계별 평가 선생님들, 그리고 신서원 정용국 대표와 정서주 출판 편집자에게 감사드린다.

이 희 주

차 례

서문　명성황후, '조선의 혼'으로 살아나다　　　　　　　　　　005

제1부　정치적 학습　　　　　　　　　　　　　　　　　　　021

　　1. 황후가 탄생하다　　　　　　　　　　　　　　　　　023
　　2. 여흥 민문에서 세 번째 조선 왕비가 배출되다　　　　026
　　3. 학문 수련을 통하여 정치적 역량을 고취하다　　　　042
　　4. 상류층 여성교육을 받다 - 어짊과 지혜로움　　　　　047
　　5. 가전家傳『정경부인행록』을 학습하다　　　　　　　057
　　6. 16세에 왕비가 되다 - 준비된 왕비　　　　　　　　　083

제2부　정치적 역할 - 정치적 위기에 대한 인식과 대응양태　　091

　　1. 가문의 학습이 정치적 자아 형성과 정체성의 자양분이 되다　093
　　2. 수렴청정이 황후의 정치적 자아와 정체성 확립에 정초定礎가
　　　　되다　　　　　　　　　　　　　　　　　　　　　　096

차례　17

3. 수렴청정, 조선의 정치 위기를 관리하다 098
4. 법통法統의 시어머니 신정왕후 104
5. 왕실 중심의 국가의식이 내면화되다 - 국가의식의 이원적 구조 109
6. 격동기 속에 대원군의 정치적 기반이 와해되다 118
7. 고종, 권력의지로 친정을 시작하다 123
8. 대내적인 정치적 위기를 겪다 - 친정체제에 대한 반동과 소요 129
9. 시대적 소용돌이 중심에 서게 되다 134
10. 종묘사직의 수호를 위해 적극적인 외교력을 펼치다
  - 수원정책綏遠政策 151

제3부 황후의 죽음, '조선의 혼'이 되다 161

1. 경복궁 습격과 청일전쟁 163
2. 고종과 황후의 감금 168
3. 민의 희생을 막고 지연작전으로 대응하다 173
4. 전쟁 명분과 자원 수탈 178
   청군구축의뢰서 | 전신선 장악
5. 대원군의 강제 입궐 188
6. 감금 속에서도 외교력을 펼치다 - 균세와 자강 191
7. 외국인에게 비추어진 황후의 이미지 195
8. 고아高雅한 품위와 언행으로 왜곡된 이미지를 걷어내다 211
9. 조용하면서도 담대한 내조 - 외국인 기록과 황후 편지글 216

10. '황후와 대원군' 관계 구도의 복합성　　　　　　　226

　　왕비 간택과 완화군　｜　폭사爆死사건과 임오군란

　　경복궁 습격과 '이준용왕위옹립사건', 그리고 '명성황후시해사건'

11. 황후는 임오군란 때 왜 피난하였을까? - 고종의 '대리표적'이 되다　235

12. 삼국간섭과 황후의 죽음　　　　　　　　　　　239

글을 맺으며　죽음의 정치 - '조선의 혼'을 불러일으켜, 대한제국의 밀알이 되다　247

명성황후 연보　252

참고문헌　255

찾아보기　260

• 자료

자료 1-1	명성황후 생가와 탄강구리비	023
자료 1-2	소원바위	025
자료 1-3	『인현성모행록』	027
자료 1-4	〈여흥 민씨(驪興閔氏) 세도표(世道表)〉	033
자료 1-5	명성황후 가계도	033
자료 1-6	동춘당	040
자료 1-7	상주사 나한전	048
자료 1-8	순종황제 어진	052
자료 1-9	『정경부인행록』	062
자료 1-10	감고당	083
자료 1-11	운현궁 이로당	085
자료 2-1	정희왕후 광릉	100
자료 2-2	효명세자와 신정왕후의 합장릉	104
자료 2-3	『어제내훈』	110
자료 2-4	대원군 초상	119
자료 2-5	경복궁 근정전 전경	121
자료 2-6	곤룡포를 입은 고종	123
자료 2-7	장충단비	136
자료 2-8	김중현의 비	136
자료 2-9	〈임오유월일기〉	141
자료 2-10	명성황후 피난 유허비	142
자료 2-11	명성황후 피난 유허 안내석	142
자료 2-12	경우궁	146
자료 2-13	건청궁	148
자료 2-14	곤녕합	149
자료 3-1	함화당	171
자료 3-2	이화학당 전경과 현판	193
자료 3-3	명성황후 한글편지 1	218
자료 3-4	명성황후 한글편지 2	218
자료 4-1	홍릉(남양주)	248
자료 4-2	고종과 명성황후 비	248

제 1 부
정치적 학습

· 1 ·

황후가 탄생하다

　황후는 1851년(철종 2) 부친 민치록閔致祿과 모친 한산 이씨 사이에서 태어났다. 황후가 태어난 곳은 여주驪州 근동면近東面 섬락리蟾樂里이다. 황후의 생가는 오늘날 여주시 명성로 71에 소재하고 있으며, 경기도 유형문화재 제46호로 지정되어 있다. 이곳은 1687년(숙종 13) 인현왕후의 부친 민유중閔維重의 묘를 관리하기 위해 건립된 곳으로, 황후가 '감고당'으로 옮기기 전까지 살았다.

자료 1-1　명성황후 생가와 탄강구리비
　　　　　출처: 한국학중앙연구원

제1부 정치적 학습　23

황후의 출생과 관련된 전설로는 여주 대법사大法寺와 소원바위가 있다. 여주시 대포산 자락에 있는 대법사가 유명한 이유는 황후와 아버지 민치록과 인연이 깊은 곳이기 때문이다. 대법사가 여흥 민씨驪興閔氏와 인연을 맺게 된 것은 조선 숙종 때의 일로 사찰 인근에 인현왕후의 오빠 민진후閔鎭厚의 묘를 쓰면서부터이다.

묘소를 관리하며 살아가던 황후의 부친 민치록이 미륵불을 현몽하고는 땅을 파서 미륵불을 발견하였다. 이후 법당을 새로 지어 불상을 봉안했는데, 부인 한산 이씨가 정성으로 불공을 드려 낳은 자식이 바로 황후이다.

황후가 후일 고종高宗의 비로 책봉되자 절을 원당사願堂寺로 개칭하였으며, 민씨 일가의 성원으로 더욱 번성하게 되었다.[1]

소원바위에 관한 전설은 고종이 직접 쓴 황후의 지문誌文 〈어제행록御製行錄〉에 언급된 황후의 탄생 이야기와 비슷한 점이 많다. 고종의 〈어제행록〉에는 황후의 탄생에 대해 다음과 같이 언급되어 있다.

> 한창부부인이 신해년(1851) 9월 25일 정축일丁丑日 자시子時에 여주驪州 근동면近東面 섬락리蟾樂里의 사제私第에서 황후를 낳았다. 이날 밤에 붉은빛이 비치면서 이상한 향기가 방안에 가득 찼었다.[2]

소원바위는 황후의 생가 주변에 위치하고 있다. 소원바위의 표지판에는 다음과 같은 내용이 언급되어 있다.

---

1 경기관광공사(http://ggtour.co.kr) 대법사 참조 (2016. 10. 5).
2 『고종실록』, 1897년(고종 34) 11월 22일.

명성황후가 태어나던 1851년 11월 17일 새벽, 붉은 빛이 비치고 기이한 향기가 방안을 가득 채웠는데 백성들의 안위를 걱정하고 나라의 번영을 위해 목숨까지 바친 명성황후의 예사롭지 않은 탄생을 알리는 하늘의 전조였다.

자료 1-2 소원바위

이런 일이 있은 뒤부터 마을 사람들은 이 바위를 하늘이 민치록 부부의 소원을 들어주어 명성황후를 낳게 한 바위라 하여 '소원바위'라 부르게 되었다고 전해진다.[3]

탄생의 이야기 속에는 역사 속 인물의 비범함을 드러내는 경우가 많다. 황후는 조선의 평범한 왕비가 아니기 때문에, 그녀의 탄생 역시 많은 의미를 함축해서 전해 내려오기에 충분하다.

여기에 덧붙일 수 있는 것은 부친 민치록과 모친 한산 이씨 사이에 1남 4녀가 있었지만, 오직 황후만이 생존하였다. 그렇기 때문에 그녀의 탄생은 어떤 계시라든가 아니면 양친의 지극한 기도와 관련된 소재거리가 충분히 있을 수 있으며, 이것이 주위 사람으로부터 전해 내려왔다고 생각된다.

황후의 아명으로 간혹 '자영'이라고 언급되는 것은 탄생의 이야기 속에 전하는 '붉은 빛, 이상한 향기'와 연관이 있으나, 아명이 '자영'이라고 하는 확실한 전거는 없다.[4]

---

3   여주에 위치한 명성황후 생가 내 소원바위 표지판.
4   서영희, 「명성왕후 연구」, 『역사비평』 57, 역사비평사, 2001, 105쪽.

· 2 ·
여흥 민문에서
세 번째 조선 왕비가 배출되다

황후의 비범함은 탄생 설화뿐만 아니라, 어린 소녀 시절 꿈에서도 예시되어 나타났다. 왕비가 되기 전, 황후와 어머니 한산 이씨 부인이 비슷한 꿈을 꾸게 된다. 이에 대한 내용이 고종의 〈어제행록〉에 다음과 같이 언급되어 있다.

> 을축년(1865)에 안국동 사저에서 꿈을 꾸었는데, 인현 성모가 옥규玉圭 하나를 주면서 하교하기를, "너는 마땅히 내 자리에 앉게 될 것이다. 너에게 복을 주어 자손에게 미치게 하니 영원히 우리나라를 편안하게 하라."고 하였다. 부부인의 꿈도 역시 같았다. 성모가 하교하기를 "이 아이를 잘 가르쳐야 할 것이다. 나는 나라를 위하여 크게 기대한다."라고 하였다.
> 가묘家廟 앞에 소나무가 한 그루 쓰러져 있었는데 이해에 묵은 뿌리에서 가지가 돋아났고 옥매화가 다시 피었다. 황후의 집은 바로 인현 성모의 집이다. **5**

---

5 『고종실록』, 1897년(고종 34) 11월 22일.

자료 1-3 『인현성모행록』
출처: 대전시립박물관

황후는 인현왕후의 5대 후손이다. 입궁하기 1년 전, 황후의 꿈에 인현왕후가 나타나 이미 왕비가 될 징조를 보였다. 인현왕후가 황후에게 옥으로 만든 구슬을 주면서 '나라를 평안히 하라'는 당부의 의미는 황후가 나라의 안위를 책임질 인물로서 높은 지위를 지니게 될 것이라는 암시였다.

옥은 수천 년 동안 왕권을 상징하는 돌로 사용되었다. 대표적인 것이 '옥새'와 '옥좌'가 있다. 옥새는 옥으로 만든 왕의 도장이며, 옥좌는 옥으로 만든 왕의 의자이다.

또한 인현왕후가 황후의 모친 한산 이씨 부인에게 황후를 '국가의 안위'와 연계시켜 부탁한 꿈의 내용 역시 왕비가 될 조짐을 암시하고 있다.

인현왕후의 현몽 이후, 쓰러진 가묘家廟 앞의 소나무 묵은 뿌리에서 가지가 돋아났고 옥매화가 다시 피어난 현상은, 딸이지만 여흥 민문의 명예를 더 높이고 고종의 내조자로서 충실한 역할을 하였던 황후의 역동적인 삶을 암시해 주는 듯하다.

그러면 황후는 어떻게 왕비가 될 수 있었을까?

정교鄭喬(1856~1925)의 『대한계년사大韓季年史』에서 황후의 왕비 간택에 대해 다음과 같이 언급하고 있다.

> 병인년(1866) 고종 3년
> ○ 민씨閔氏를 왕후王后로 세우다
> 헌종憲宗 성황제成皇帝 때부터 외척이 나라의 권력을 잡아 정치가 문란했다. 대원군은 그것을 거울삼아 왕후의 아버지 전前 첨정僉正(동반 종4품 문관벼슬) 민치록閔致祿이 죽고 없었기 때문에, 마침내 그녀를 왕후로 세웠다.[6]

정교는 황후의 가문에 대해 언급하지 않았다. 왕비 간택을 단지 '왕비의 부친 민치록이 죽고 없다.'는 친가 배경 때문에 대원군이 황후를 왕비로 간택하였다고만 언급하였다. 황후의 친가 배경은 당시 횡행하던 외척의 세도정치 폐해를 막을 수 있는 좋은 여건으로 대원군이 판단하였다는 의미이다. 이 기록은 '한미한 집안의 고아 출신'으로 황후 이미지를 왜곡시키는 데 일조를 하였다. 이러한 해석은 황후의 이미지를 부정적으로 왜곡하기에 여념이 없었던 당대 일본인이나 친일적인 인물, 혹은 황후에 대해 부정적 인식을 가지는 인물 등에 의해 악용될 소지가 충분히 있었다.

'대원군이 황후의 부친이 없다는 이유로 왕비로 간택하였다'는 기록은 일본인 다보하시 기요시田保橋潔(1897~1945)의 『근대일선관계의 연구』에도 언급되어 있다. 다보하시 기요시에 의하면, '당시 대원군은 이미 장래의 왕비에 관해 좌의정 김병학과 밀약한 바가 있었다고 전해지지만, 그것을 이행하면 다시금 안동 김씨의 세도정치로 역전될 위험이 있었기 때문에, 김병학과의 밀약을 무시하고 새 왕비는 국구國舅(왕의 장인)가 없는 사람 중에 간택하기로 했다.'는 것이다.[7]

정교와 다보하시 기요시가 언급한 바와 같이, 과연 대원군이 부친이 없다는 이유만으로 민치록의 딸을 왕비로 간택하였을까? 이것은 '왜 황후가 왕비로 간택되었을까?' 그리고 '황후는 어떤 인물이었을까?' 하는 가장 근본적인 물음에 대한 궁금증을 해소해 주지 못한다. 이에 대한 해명은 '황후는 어떤 인물이었으며, 어떤 집안에서 태어났을까?' 하는 물음에서부터 찾아야 할 것이다.

황후의 가문에 대한 언급은 정교의 『대한계년사』와 마찬가지로 황현黃玹

---

6 정교 저, 조광 편, 변승주 역주, 『대한계년사』 1, 소명출판, 2004, 53쪽.
7 다보하시 기요시(田保橋潔) 지음, 김종학 옮김, 『근대일선관계의 연구』 上, 일조각, 2013, 60~62쪽.

(1855~1910)의 『매천야록梅泉野錄』이나 박은식朴殷植(1859~1925)의 『한국통사韓國痛史』 등 당대 지식인의 기록 어디에도 자세하게 언급되어 있지 않다.

정교는 조선 말기 관료이며 애국계몽운동가이다. 수원판관과 장연군수 등을 역임하였으나 1895년(고종 32) 왕비를 시해하는 을미사변이 일어나자 관직을 사임하였다. 그 후 독립협회와 교육활동을 하였다.

황현은 조선 말기의 학자이며 순국 지사이다. 과거에 합격하였으나, 당시 관료들의 부패정치에 회의를 느껴 관직생활의 뜻을 접고 귀향하여 학문에 전념하였다. 1894년(고종 31) 동학농민운동·갑오경장·청일전쟁 등 국내외의 정세가 긴박하게 돌아가자, 이에 위기를 느끼고 후손에게 자신이 경험하거나 견문한 바를 기록하여 『매천야록』과 『오하기문』을 저술하여 남겼다. 1910년 일본에 나라를 빼앗기자 절명시絶命時 4수를 남기고 자결하였다.

박은식은 조선 말기와 일제강점기의 학자이자 언론인이며 독립운동가이다. 1888년(고종 25)부터 1894년(고종 31) 갑오경장이 일어날 때까지 6년간 능참봉을 한 것이 관직생활의 전부이며, 그 이외는 학문에 전념하였다. 이후 독립협회, 만민공동회, 언론, 교육 등의 활동을 열정적으로 펼쳤다.[8]

이처럼 정교·황현·박은식 등은 당대 저명한 지식인이었음에도 불구하고 그들의 저서에 '황후의 가문'에 대한 고찰이 소극적이었다는 것은 어떤 이유에서일까? 황후의 탄생, 왕비 간택, 가문에 대해 이들은 어떻게 기록하고 있는지에 대해 살펴보자.

정교는 위에서 언급한 '왕비 간택' 이외에, 황후의 탄생에 대해 다음과 같이 언급하고 있다.

---

8 『한국민족문화대백과사전』 개정증보판(http://encykorea.aks.dc.kr), 정교·황현·박은식(2016. 10. 5).

왕후는 철종哲宗 장황제章皇帝 2년 신해년(1851) 9월 25일, 경기도 여주 근동면近東面 섬락리蟾樂里 사저에서 태어났다. 이때에 이르러 대원군의 사저인 운현궁雲峴宮에서 가례嘉禮9를 행했다.10

이처럼 왕비의 간택과 탄생, 그리고 가례 등을 간략하게 언급하면서도, 황후의 가문에 대한 언급이 거의 없다. 황현의 경우에도 마찬가지이다. 황현의 『매천야록』에는 다음과 같이 언급되어 있다.

> 철종이 승하하자, 대를 이을 아들이 없었다. 철종이 일찍부터 지금의 임금에게 뜻을 두고 있었으므로, 여러 김씨들이 그를 임금으로 세우는 데 도우려고 하였다. 홍근이 말하길, "홍선군이 있으니 두 임금이 있는 것이다. 두 임금을 섬길 수 있겠는가? 그럴 수 없다면 홍선군으로 모시는 것이 좋겠다." 하였다. 병학은 자기의 딸을 왕후로 간택하고자 홍선군과 약속하였다. 그렇게 하면 친척들이 무사할 것이라고 생각했던 것이다. 그러나 임금이 즉위하고 홍선군이 대원군으로 높여지자, 병학과의 약속을 어겼다. 민치록의 외동딸과 국혼을 정하니, 이가 바로 명성황후다. 병학의 딸은 그 뒤 조신희趙臣熙11에게 시집갔다.12

황현의 『매천야록』에는 정교의 『대한계년사』보다 '왕비로 김병학의 딸

---

9   가례(嘉禮)는 『국조오례의(國朝五禮儀)』에서 규정한 길(吉), 흉(凶), 가(嘉), 빈(賓), 군(軍)의 오례(五禮) 중의 한 가지로 경사스러운 의례라는 뜻. 임금의 성혼(成婚), 즉위, 또는 왕세자, 왕세손이나 황태자, 황태손의 성혼 책봉(冊封) 같은 때의 의식을 일컫는다. 『한국민족문화대백과사전』 개정증보판(http://encykorea.aks.dc.kr), 가례(2016. 10. 5).
10 정교 저, 조광 편, 변승주 역주, 『대한계년사』 1, 53쪽.
11 조신희는 조병석(趙秉錫)의 아들이다, 조병석은 조영하(趙寧夏)의 생부이다. 조영하는 조병기(趙秉夔)에게 입양되었으며, 신정왕후 조대비의 조카로 총애를 받았던 인물이다. 『한국민족문화대백과사전』 개정증보판(http://encykorea.aks.dc.kr), 조영하(2016. 10. 5).
12 황현 지음, 허경진 옮김, 『매천야록』, 한양출판, 1995, 23~24쪽.

을 세우겠다는 약속을 파기'한 내용이 더 첨가되어 있다. 그러나 정교나 황현의 경우, 황후의 가문에 대해 거의 언급이 없는 것은 동일하다.

박은식의 『한국통사』 제10장 '대원군이 정치에서 물러남大院君還政'에서 왕비 간택과 함께 가문의 내용, 황후의 총명함과 호학성이 약간 소개되어 있다.

> 대원군이 섭정攝政한 기간 만 10년에 일대정적一大政敵이 궁궐 안에서 태어나서 5백 년 종사宗社가 마침내 골육의 알력으로 실패하였으니 어찌 천운天運이라 아니하겠는가.
> 왕후 민씨는 여흥부원군驪興府院君 민치록閔致祿의 따님이니, 대원군의 부인도 민씨이다. 그 아우 민승호閔升鎬(1830~1874)는 민치록의 소후자所後子(양자)가 되었는데, 병인년(1866)에 고종의 혼례문제가 거론되자 대원군은 태후 조씨에게 아뢰어 민씨를 왕후로 삼았으니 그것은 그의 부친으로 말하면 처당妻黨이 되는 것이다. 민치록이 죽었고 승호가 연소한즉, 자기에 대항할 자가 없을 것으로 생각했고 자기를 대신해서 잡는 것은 부인에게 있다고 하였으니 계려計慮가 미치지 못한 것이다.
> 민왕후는 총명하여 서書 · 사史에 통달하였고, 더욱이 좌씨전左氏傳을 좋아하더니 이에 이르러 그의 친척을 끌어들여 현요직顯要職에 앉히고 그의 문호를 넓혔다.[13]

박은식의 『한국통사』에도 민치록의 양자인 민승호閔升鎬, 그리고 황후가 대원군의 처족이라는 정도만을 밝히고 있고, 역시 가문에 대해 자세한 언급은 하지 않았다.

그러나 당대 조선의 지식인과 달리 일본인 다보하시 기요시는 『근대일선관계의 연구』에서 왕비의 간택을 서술하는 과정에서 황후의 집안에 대해

---

[13] 박은식 저, 이장희 역, 『韓國痛史』 上, 박영사, 1974, 81~82쪽.

언급하고 있다. 이 내용은 정교·황현·박은식보다 세밀하다. 이와 함께 여흥 민씨의 〈세도표世道表〉를 제시하고 있다. 다보하시 기요시의 『근대일선관계의 연구』에는 왕비 간택과 가문에 대해 다음과 같이 언급하고 있다.

대원군이 가장 고심한 문제는 왕비의 간택이었다. 당시 대원군은 이미 장래의 왕비에 관해 좌의정 김병학과 밀약한 바가 있었다고 전해지지만, 그것을 이행하면 다시금 안동 김씨의 세도정치로 역전될 위험이 있었다. 대원군은 운현의 존영尊榮을 영원히 유지해서 결코 다른 성씨에게 뺏기지 않을 방법을 궁리했다. 그 결과 김병학과의 밀약을 무시하고 새 왕비는 국구國舅가 없는 사람 중에서 간택하기로 했다. 당시 부대부인 민씨는 자신의 의매義妹에 해당하는 고故 민치록의 딸을 열심히 추천했다. 그녀의 말에 따르면, 민씨는 왕실의 지친이기 때문에 척리戚里에 든다고 해도 정권을 국왕에게 빼앗을 우려가 없고, 설령 정권이 민씨에게 돌아가더라도 다른 성씨에게 뺏기는 것보다는 낫다는 것이었다. 대원군은 부자가 처형妻兄을 같이 하는 것은 체면상 좋지 않고, 예전禮典에도 결함이 있다는 이유로 크게 주저하는 기색을 보였다. 하지만 부대부인은 굴하지 않았고, 특히 신정대왕대비에게도 설명해서 대원군을 설득하게 했기 때문에 대원군도 결국 이에 동의했다. 이리하여 이태왕 3년 3월 20일 고故 첨정 민치록의 딸을 책립해서 왕비로 삼았다. 당시 그녀의 나이는 16살로 왕보다 한 살이 많았고, 처녀로서 학식도 있고 매우 영민하고 지혜로운 것으로 널리 알려져 있었다. 바로 이후 30년간 국왕을 대신해 조선의 내치외교를 지도하고, 세계적으로 이름을 떨쳤던 명성왕후 민씨였다.

　새 왕비의 생부 민치록은 이미 졸卒하고 양자 민승호閔升鎬만 남아 있을 뿐이었다. 또 민승호의 생부 민치구와 동생 민겸호, 종제從弟 민규호閔奎鎬 등이 있었지만, 대원군은 민승호 형제를 여전히 어린아이들과 다름없다고 보고 있었다. 대왕대비의 조카 조영하와 조성하도 대원군의 눈에는 아낄 만한 청년들에 지나지 않았다. 국왕은 친자식이고, 왕비는 부대부인의 의

매義妹이며, 척족은 모두 어리고 경험이 없는 청년들이었으니, 대원군의 정권은 영원히 안정되고 태평할 것으로 생각됐다.[14]

다보하시 기요시의 『근대일선관계의 연구』에는 정교와 황현이 언급한 내용을 함께 다루고 있다. 그리고 제시된 여흥 민씨의 〈세도표〉에는 조선의 19대 숙종의 계비인 '인현왕후'가 '민유중의 여식'이라는 것이 빠져있을 뿐만 아니라, 가문에 대한 언급을 별로 다루지 않았다. 황후의 친족관계에 관한 설명으로 고인이 된 부친 민치록, 의매義妹관계인 대원군의 부인, 그리고 민치록의 양자 민승호, 민승호의 생부 민치구, 동생 민겸호, 사촌 동생 민규호閔奎鎬 정도로만 언급하고 있다.

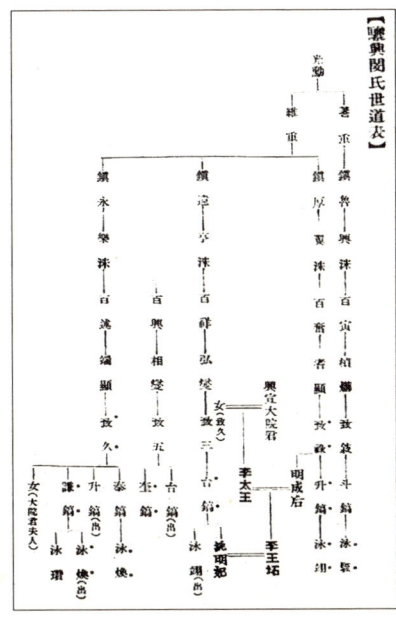

자료 1-4 〈여흥 민씨(驪興閔氏) 세도표(世道表)〉
출처: 『근대일선관계의 연구』上

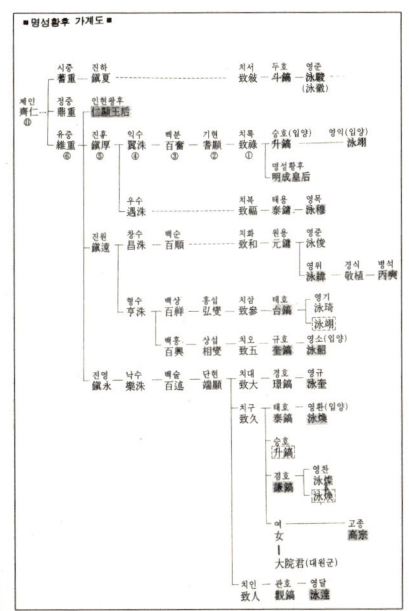

자료 1-5 명성황후 가계도
출처: 『명성황후, 제국을 일으키다』

14　다보하시 기요시(田保橋潔) 지음, 김종학 옮김, 『근대일선관계의 연구』上, 60~62쪽.

제1부 정치적 학습　33

다보하시 기요시는 경성제대 교수를 역임하였으며, 조선사편수회의 촉탁으로서 식민사학의 중심에 서 있었던 인물이다. 『근대일선관계의 연구』도 실증이라는 방식으로, 역사적 검증작업을 통하여 식민통치를 합리화시키는 일본의 식민통치용 자료였다. 이 저서는 실록을 비롯한 관련 자료 등을 제시하면서 해석하는 방법을 사용하고 있다. 그러나 자료 선별의 주관성과 해석의 관점, 결론의 도출에는 일본인의 입장에서 일본의 제국주의 침략을 옹호하고, 합리화하려는 의도가 깔려 있음[15]을 간과해서는 안 된다.

여흥 민문의 〈세도표〉를 제시하면서도 가문에 대한 언급을 거의 하지 않은 다보하시 기요시의 저의가 무엇일까? 거기에 대한 해명은 고종의 〈어제행록〉에 나타나고 있다. 고종의 〈어제행록〉을 보면, 놀랍게도 황후의 가문, 여흥 민문은 고려부터 조선조에 이르기까지 명문으로 명맥을 유지한 가문이라는 것을 알게 된다. 고종 〈어제행록〉에는 황후의 집안에 대해서 다음과 같이 언급되어 있다.

> 대행 황후의 성은 민씨閔氏이고 본향은 여흥驪興이다. 시조는 칭도稱道인데 고려高麗 때 상의 봉어尙衣奉御를 지냈다. 3대三代는 영모令謨인데 벼슬은 집현전 대학사集賢殿大學士 상주국 대사上柱國大師이고 시호諡號는 문경文景이었다. 4대는 종유宗儒인데 벼슬은 중대광 찬성사重大匡贊成事이고 시호는 충순忠順이다. 문경과 충순은 고려사高麗史에 전한다.
> 본조本朝에 들어와서 심언審言은 개성 부유수開城副留守이고, 충원沖源은 은일로 집의執義를 하였다. 3대三代인 제인齊仁에 이르러 호號는 입암立巖이고 좌찬성左贊成이었다. 또 4대인 광훈光勳에 이르러 관찰사觀察使로서 영의정領議政으로 추증되었다.

---

15   하지연, 「다보하시 기요시(田保橋潔)의 『근대일선관계의 연구』와 한국근대사 인식」, 『숭실사학』 31, 숭실사학회, 2015, 157쪽.

다음 유중維重은 호를 둔촌屯村이라고 하였는데 우리 인현 성모仁顯聖母를 낳았다. 여양 부원군驪陽府院君을 봉하였고 영의정으로 추증되었으며 시호는 문정文貞이었다. 나라의 기둥과 주춧돌로서 사림士林의 모범이 되었으며 효종孝宗의 사당에서 함께 제사 지냈다.

진후鎭厚의 호는 지재趾齋인데 좌참찬左參贊이고 시호는 충문忠文이었다. 사려가 깊고 계책이 많아 나라의 충실한 신하가 되었다. 경종景宗의 사당에서 함께 제사 지냈는데 이가 황후의 5대 조상이다.

고조高祖 익수翼洙는 은일로 장령掌令을 지냈고 이조 판서吏曹判書로 추증되었는데 시호는 문충文忠이었다. 선비들에게 도를 강론하여 유림儒林의 종주宗主가 되었는데 학자學者는 숙야재夙夜齋 선생이라고 불렀다.

증조曾祖 백분百奮은 대사성大司成을 지냈고 좌찬성左贊成을 추증받았는데 강의하고 과감하여 바른말을 하면서 흔들리지 않았다.

조부祖父 기현耆顯의 호는 이송二松인데 이조 참판吏曹參判을 지냈고 영의정을 추증받았다. 효우孝友와 청검淸儉으로 당대에 명망이 있었다.

아버지 치록致祿은 호가 서하棲霞인데 첨정僉正 벼슬을 지냈으며 여성부원군驪城府院君 영의정을 추증받았고 시호는 순간純簡이었다. 학식學識이 많고 연원淵源이 있었다.[16]

고종의 〈어제행록〉에서 알 수 있듯이, 황후의 집안은 고려조에서부터 학덕이 높은 집안으로 명망이 높았다. 고려 말 조선 초기 학자이자 정치가인 이색李穡(1328~1396)의 문집 『목은문고牧隱文藁』 제8권 서序편에도 5형제가 모두 등과登科(과거에 급제함)한 명문으로서 민문閔門이 언급되어 있다('平章閔公珪有五子人登科 曰康鈞曰迪鈞曰光鈞曰仁鈞曰良鈞 是已, 평장사 민공규의 아들 다섯이 과거에 급제하였다. 강균, 적균, 광균, 인균, 양균이 바로 그들이다.'). 조선조에 이르러서도 학덕이 높고 '효우청검孝友淸儉'으로 가문의 명망을 끊임없이 유지하고 있었다.

---

16 『고종실록』, 1897년(고종 34) 11월 22일.

이러한 가문의 명망으로 황후 이전에도 두 명의 조선 왕비를 배출하였다. 한 분은 조선 제3대 태종의 비로서 세종의 모후 원경왕후이며, 다른 한 분은 제19대 숙종의 계비 인현왕후이다.

두 명의 왕비를 탄생시킨 배경에는 수준 높은 가문의 격조가 있었다. 여흥 민씨 삼방파 종중驪興閔氏三房派宗中에서 펴낸『여흥민씨가승기략驪興閔氏家乘記略』에 의하면, 조선조에 이르러서도 3대가 연속 장원급제를 하였다. 즉, 황후의 7대조이면서 여흥 민문의 삼방파三房派 파조派祖인 민광훈閔光勳(1595~1659)을 비롯하여, 민광훈의 아들 민시중閔蓍重(1625~1677)과 민정중閔鼎重(1628~1692), 그리고 민광훈의 손자 민진후閔鎭厚(1659~1720)에 이르기까지 3대가 이에 해당한다.

민광훈은 1628년(인조 6) 알성문과에 장원한 후 관찰사를 역임하였다. 민광훈의 큰아들 시중은 1650년(효종 1) 생원시에 장원하고, 1664년(현종 5) 춘당대문과春塘臺文科 회시에서 장원급제하여 예조참의, 호조참판 등을 역임하였다. 민광훈의 둘째 아들 정중은 1649년(인조 27) 정시 문과에 장원하여 이조판서를 역임하였다. 민광훈의 손자이자, 인현왕후의 생부 민유중閔維重(1630~1687)의 아들 진후는 1686년(숙종 12) 별시 문과에 병과로 급제하여 예조판서, 한성부판윤, 공조판서 등을 역임하였다. 이처럼 황후의 가문은 민광훈으로부터 아들 시중과 정중, 손자 진후에 이르기까지 3대 연속 장원급제를 배출한 명문이다. 그뿐만 아니라 조선조에 들어와서도 12대 민심언閔審言(?~1452)으로부터 26대 민치록에 이르기까지, 10대가 과거에 급제하였다.

이를 구체적으로 살펴보면, 호조참판, 형조참판을 지낸 12대 민심언으로부터 종4품 참정을 지낸 황후의 부친 26대 민치록에 이르기까지 모두 15대 가운데, 14대 민수閔粹, 15대 민구손閔龜孫, 16대 민제인閔齊仁, 19대 민기閔機,

20대 민광훈, 21대 민유중, 22대 민진후, 23대 민익수閔翼洙, 24대 민백분閔百奮, 25대 민기현閔耆顯(1751~1811) 등이 과거에 급제하였다. 그뿐만 아니라 황후의 집안은 선조 26대 모두가 6품 이상의 관직을 지냈다. 두 명의 왕비가 배출되고 또한 황후가 왕비가 된 이유도 바로 이러한 가문의 내력이 중요하게 작용하였다.

특히 인현왕후의 부친 민유중을 비롯한 황후의 직계 선조로서, 영원히 제사를 받을 수 있는 불천위不遷位에 해당하는 대상으로는 황후의 부친 민치록을 제외하더라도 5대 중 3대가 이에 해당한다. 종묘배향공신자도 민유중과 그의 아들 민진후와 민진원 등 2대에 걸쳐서 나왔다. 불천위는 국가공신 혹은 덕망이 높은 자를 영원히 제사 지낼 수 있도록 허락된 신위神位(죽은 사람의 영혼이 의지할 자리)이다. 그 종류로는 나라에서 정한 국불천위國不遷位, 유림에서 발의하여 정한 유림불천위儒林不遷位, 그리고 사불천위私不遷位가 있으며, 국불천위가 가장 권위 있는 것으로 인정된다. 국불천위의 대상이 문중에 한 사람만 있어도 최고의 가문으로 존중받을 정도이다.[17]

또한 황후의 6대조 민유중이 효종의 묘정에, 5대조 민진후가 경종의 묘정에, 민진원이 영조의 묘정에 배향되었다. 국왕의 묘정에 배향되는 것은 국왕을 잘 보필하여 왕도정치를 구현하게 한 공로를 인정받는 것으로서, 관료들의 꿈이다. 이러한 선조가 있는 집안은 최고의 가문으로 존중받는다.

조선 사회에서 불천위와 국왕의 묘정에 배향되는 선조가 있다는 것은 가문의 영광이요, 수준 높은 가격家格(가문의 품격)의 상징이었다. 이러한 가문은 그 명예로 끝나는 것이 아니다. 불천위는 국가에서 제사를 내려주는 것, 즉 사제賜祭(임금이 죽은 신하에게 제사를 내려줌)의 대상이기 때문에 그 비용인 사패賜牌(고려·조선시대에 궁가나 공신에게 나라에서 산림 토지 노비 따위를 내려주며 그 소유에 관한 문서를

---

17 『한국민족문화대백과사전』 개정증보판(http://encykorea.aks.dc.kr), 불천위(2016. 10. 5).

주던 일, 또는 그 문서)가 부여된다. 특히 숙종과 영조 대에 민유중의 직계손에게 사제를 명하였기 때문에, 황후의 부친 민치록 대에 이르러서는 사패로 인하여 문중의 땅이 많을 것이다. 황후의 가문은 명문으로서의 명예뿐만 아니라, 사패와 연유된 재산도 상당할 것으로 생각된다.

명문으로서 끊임없이 명맥을 이어온 황후의 가문을 일본인은 물론 정교·황현·박은식 등과 같은 당대 조선의 지식인조차도 제대로 언급하지 않았다. 오히려 이들의 기록은 다보하시 기요시와 같은 일본인에게 악용되었다. 당시 조선 지식인의 황후에 대한 기록은 거의 풍문에 의거한 것이 많았다. 그러한 풍문 대다수는 일본이 기획한 식민지 전략의 하나로서, 조선 망국의 책임을 황후에게 전가하려는 의도와 무관하지 않다.

한편, 고종 〈어제행록〉에는 황후의 외가, 즉 민치록의 부인에 관해서도 다음과 같이 언급되어 있다. 이 역시 황후의 조부 민기현과 아버지 민치록 대의 여흥 민문의 가격을 보여주는 자료이다.

> 원배元配인 해령부부인海寧府夫人 오씨吳氏는 은일로서 찬선贊善을 지내고 호조 판서戶曹判書를 추증받은 문원공文元公 희상熙常의 딸이었으며, 계배繼配인 한창부부인韓昌府夫人 이씨李氏는 이조 판서로 추증받은 규년圭年의 딸인데 이조 판서로서 영의정을 추증받은 충정공忠貞公으로서 호가 창곡蒼谷인 현영顯英의 후손이다.[18]

민치록의 첫째 부인 해령부부인 오씨는 오희상吳熙常(1763~1833)의 딸이다. 오희상은 대제학 오재순의 아들이며, 어머니는 영의정 이천보의 딸이다. 오희상은 성리학의 깊은 뜻에 정통한 학자이다. 양자 민승호가 찬술한 민치록

---

18 『고종실록』, 1897년(고종 34) 11월 22일.

의 행장에 의하면, 민치록은 오희상의 사위이면서도 사제師弟 관계를 맺고 있었다. 오희상은 세도정국에 불만을 느껴 관직에 나아가기를 거부하고 숨어 지내는 학자로 스스로 처신하였지만, 정조의 지우知遇를 받은 19세기 노론 낙론 학맥의 정통 산림이었다.

그 문하인 유신환俞莘煥(1801~1859)의 제자 중에는 온건 개화파인 김윤식을 비롯하여 민태호, 민규호, 민영목 등 고종시대를 이끌어간 개화 인맥들이 나왔다. 이처럼 민치록이 오희상의 제자이면서도 사위가 될 수 있었던 것은 여흥 민문이 19세기 세도정국을 이끌어가던 경화사족京華士族, 즉 서울과 그 인근에 세거하는 노론 계열의 관료 지식인 범주에 들어감을 의미하고 있다.[19]

민치록의 둘째부인이자 황후의 모친 한창부부인은 선조·광해군·인조대에 형조참판, 대사헌, 도승지, 이조판서 등 중요 요직을 거친 이현영李顯英(1573~1642)의 후손이며, 황후의 외조부 이규년李奎年은 좌찬성을 역임한 인물이다. 이현영은 이이첨으로부터 유배중인 임해군(광해군의 형)의 암살을 종용 받았으나, 이에 불응해 투옥 생활을 하였다. 병자호란 때는 양근楊根(지금의 경기도 양평 지역의 옛 지명)에서 의병을 일으켜 후금의 군사와 싸웠던 인물이다. 1642년 청국 영아이대龍骨大(청국 장수)가 소현세자昭顯世子를 볼모로 삼아 선양瀋陽에 잡아놓고 조선 사신의 입국을 요구하자, 김상헌金尙憲과 함께 선양에 가서 한달 동안 감금되었다가 돌아오던 중 평양에서 죽은 충신이며, 강직한 관료이다.[20]

이처럼 민치록이 두 부인을 명망이 있는 가문에서 맞이할 수 있었던 배경에는 여흥 민문의 후손들이 19세기에도 여전히 중요한 정치활동을 하였기

---

19 서영희, 「명성왕후 연구」, 104~105쪽.
20 『한국민족문화대백과사전』 개정증보판(http://encykorea.aks.dc.kr), 이현영(2016. 10. 5).

때문이다. 민치록의 조부 민백분이 대사성을 역임하였고, 부친 민기현도 과거에 합격한 이후 대사간·이조참판·도승지·예조참판·동지사同知事·암행어사·개성부 유수 등 중요한 요직을 두루 지냈다. 품계로는 정2품까지 이르렀다.

더욱이 여흥 민문은 끊임없이 당대 유력 가문과 혼인·학맥 등 인맥으로 연결되어 있었다. 황후의 7대 외조부 송준길宋浚吉(1606~1672)은 인현왕후의 외조부이며 김장생金長生(1548~1631)의 문인으로 문묘에 배향된 인물이다. 송준길은 은진 송문의 출신으로 이 가문 역시 당대 유력한 가문이었다. 은진 송문 출신으로 문묘에 배향된 인물로는 송준길 이외에 우암 송시열宋時烈(1607~1689)이 있다. 송시열의 이종조카가 인현왕후 오빠 민진후의 부인이다. 즉, 민진후의 부인 정경부인 이씨의 시어머니가 송준길의 딸이고, 조모가 송시열의 누이동생이라는 것은 여흥 민문과 은진 송문의 혼맥이 얼마나 깊은가를 알려준다.

자료 1-6 동춘당(송준길의 별당. 우암 송시열 글씨 현판)

당시 송준길과 송시열은 서인의 거두였으며, 예학의 종장으로 평판이 나 있었다. 이들 가문과 여흥 민문이 혼맥으로 연결되어 있다는 것은 여흥 민문이 당대 유력한 명문이었다는 것을 의미한다. 황후의 8대 외조부 정경세鄭經世(1563~1633, 유성룡의 문인)도 경전에 밝았으며, 특히 예학에 조예가 깊었을 뿐만 아니라, 대사헌·도승지·형조판서·예조판서·이조판서·대제학 등의 관직을 거치면서 현능함을 보여준

유능한 관료였다.21 이처럼 황후의 가문은 연안 이씨 이단상李端相, 은진 송문의 송준길·송시열, 김장생의 문인 김창집金昌集, 김창흡金昌翕 그리고 유성룡 등과 폭넓은 혼맥과 학맥을 이루고 있었다.

뒷날 송준길의 후예인 신정왕후神貞王后 조대비가 여흥 민문과 밀접한 혼맥을 이루고 있었던 대원군과 정치적 파트너로 삼았던 데에는 가문의 배경도 중요하게 작용하였을 것이다. 조선 사회의 정치적 지형이 가문의 혼맥과 학맥을 중심으로 구성되어 작동한다는 것을 읽을 수 있는 부분이다.

이처럼 학맥과 혼맥 그리고 선조들의 정치적 경륜 등을 살펴볼 때, 황후의 가문은 왕비로 간택될 수 있는 충분한 품격을 갖추고 있다. 대원군이 황후를 왕비로 선택한 이유를 단지 '국구國舅가 없다.'는 것으로만 내세우는 것은 충분한 설명이 되지 못한다.

'황후의 집안이 명문이다.'는 것이 당대나 혹은 그 이후 상당 기간 밝혀지지 않았던 이유는 무엇일까? 그 이유 중 하나가, '황후에 비판적인 세력'과 조선의 망국 책임을 조선의 지배층에게 전가하고 식민지 지배를 합리화하고자 하는 '일본의 계략'과 연계되어 있다.

특히 일본은 시종일관 배일정책을 견지하였던 황후를 견제할 필요가 있었다. 그 전략의 하나로 황후의 이미지를 폄하하기 위해 여론을 조작하고 왜곡시켰다. 이에 연유하여 황후의 가문에 관한 실체를 숨기거나 왜곡시킬 필요가 있었다. 한미한 가문의 여성으로서 시아버지와 권력다툼에만 집착하는 '탐욕의 화신'으로 황후의 이미지를 그려내어야만 했다.

또한 당대 황후에 대한 부정적 인식을 하였던 인물들에 의해서도 황후의 가문은 제대로 밝혀지지 못하고 사장되었다.

---

21 『한국민족문화대백과사전』 개정증보판(http://encykorea.aks.dc.kr), 정경세(2016. 10. 5).

· 3 ·
학문 수련을 통하여
정치적 역량을 고취하다

　명문의 후예로 태어난 황후는 어떤 교육을 받으면서 성장하였을까? 황후의 지적 수준은 이후 고종의 내조자로서 역할을 한 정치적 행위와 정치적 역량과도 연결된다. 대부분의 기록에는 황후에 대해 학문하기를 좋아하였다는 것, 유교경전을 비롯하여 『춘추좌씨전』 등 역사서에 이르기까지 폭넓은 서적을 섭렵하였다는 것, 우수성과 총명함, 날카로운 기지를 지녔다는 것을 공통으로 기술하고 있다. 그러면 황후의 지적 수준과 정치적 행위를 어떻게 연계시켜 기록하고 있을까?
　박은식은 『한국통사』에서 '민왕후는 총명하여 서書·사史에 통달하였고, 더욱이 『좌씨전左氏傳』을 좋아하더니 이에 이르러 그의 친척을 끌어들여 현요직顯要職에 앉히고 그의 문호를 넓혔다.'고 기록하고 있다. 다보하시 기요시는 『근대일선관계의 연구』에서 '당시 그녀의 나이는 16살로 왕보다 한 살이 많았고, 처녀로서 학식도 있고 매우 영민하고 지혜로운 것으로 널리 알려져 있었다. 바로 이후 30년간 국왕을 대신해서 조선의 내치외교를 지도하고, 세계적으로 이름을 떨쳤던 명성왕후 민씨였다.'라고 기록하고 있다. 두 사람 모두 황후의 지적인 면과 정치적 역할의 형태를 연관시켜 부정적인 이미지를 부각하고 있다.

박은식의 기록은 황후가 독서를 통해 얻은 총명함으로 훗날 친척인 민씨들을 정치세력화하여 자신의 세력을 확대하였다는 것을 암시하고 있다. 다보하시 기요시는 황후의 영민성과 지혜로움을 언급하면서도, 정치적으로 고종을 무능하게 만들고 남편을 대신하여 국정을 장악한 여성으로 묘사하고 있다. 박은식은 황후를 민씨들의 패거리 정치의 구심적인 역할자로, 다보하시 기요시는 공식적인 지위가 없는데도 불구하고 국정의 전권을 휘두른 여성으로 묘사하여 황후의 이미지를 부정적으로 인식하게 한다.

그러나 이와 상반된 기록이 고종의 〈어제행록〉에 보인다. 다소 긴 문장이지만 소개한다.

> 순간공에게서 글을 배웠는데 두세 번만 읽으면 곧 암송하였다. 심오한 뜻의 어려운 것도 분별해서 대답하였고 조목조목 통달하였다. 또 기억력이 비상하여 심상한 사물이라도 한 번만 듣거나 보면 빠짐없이 모두 알았다. 책 읽는 것을 좋아하여 역대 정사에 대한 득실得失을 마치 손바닥을 보듯이 환히 알았으며, 국가의 전고典故와 열성조列聖朝의 좋은 말과 아름다운 행실, 혹은 『사승史乘』이나 『보감寶鑑』에 실려 있지 않은 것까지도 황후는 능히 말하였는데 이것은 그 가정의 견문이 본래 있었기 때문이니 다른 집은 미칠 바가 못 되었다.
> 왕비王妃의 자리에 올라서 도운 것이 많은 것은 평상시에 공부한 힘이다.
> (중략)
> 병인년(1866)에 선발되어 별관에 있으면서 『소학小學』, 『효경孝經』, 『여훈女訓』 등의 책을 공부하는데 밤이 깊도록 손에서 책을 놓지 않았다. 공부를 좋아하는 것은 역시 천성天性이었다.
> (중략)
> 집안에서 대대로 의리를 강론하니 황후가 어려서부터 배운 점이 있어서

착하고 간사한 것을 판별하고 옳고 그른 것을 밝혀내는 데는 과단성이 있었는데, 마치 못과 쇠를 쪼개는 듯이 하였고 슬기로운 지혜는 타고난 천성이어서 기미를 아는 것이 귀신같았다. 어려운 때를 만난 다음부터는 더욱 살뜰히 도왔으므로 짐의 기분이 언짢은 것이 있으면 반드시 아침까지 기다리고 앉아 있었으며 짐이 근심하고 경계하는 것이 있으면 대책을 세워 풀어 주었다. 심지어 교섭하는 문제가 제기되었을 때는 짐을 권해서 먼 곳을 안정시키도록 하니 각국에서 돌아온 사신들이 아뢰기를, '다른 나라 사람들이 모두 감복한다.'라고 하였다.

(중략)

황후가 일찍이 짐을 도와서 말한 것이 있는데 근년에 지내면서 보니 모두 황후가 일찍이 말한 것이 일마다 다 징험되어 딱딱 들어맞았다. 심원한 생각으로 미래에 대한 일을 잘 요량하는 황후의 통달한 지식은 고금에 따를 사람이 없으며 사람들이 미칠 바가 아니다.[22]

이 글에서 황후에 대한 고종의 처절한 그리움을 읽을 수 있다. 그 그리움 속에는 훌륭한 내조자로서의 황후가 그려져 있다. 격동기의 벼랑 끝에서, 풍전등화와 같은 운명에 놓인 조선을 이끌어가야 할 고종에게는 영민하고 지혜로운 황후가 더욱더 그리웠을 것이다. 더욱이 일본에 의해 무참하게 시해된 아내에 대한 안타까움, 남편으로서 아내를 지키지 못했던 자신에 대한 무력감이 뼛속 깊이까지 사무쳤을 것이다.

고종의 회고에서 나타나듯이, 황후의 영민함과 지혜로움은 성장기 때부터 훈련된 학문에 대한 열정, 폭넓은 독서, 이를 바탕으로 형성된 뛰어난 상황인식과 적실한 대응양태로 나타났다. 이것은 격동기 속에서 국가의 운명을 짊어진 고종에게 큰 힘이 되었다. 인사문제에서부터 외교 전략에 이르기

---

22 『고종실록』, 1897년(고종 34) 11월 22일.

까지 정치 전반에 걸쳐서 뛰어난 정치력을 보여주었던 황후를 고종은 훌륭한 내조자로 회상하고 있다. 그리고 출중한 정치력의 근원이 되었던 황후의 영민함과 지혜로움은 여흥 민문에 있다고 생각하였으며, 황후의 집안과 견줄 만한 가문이 없다고 회고하고 있다.

실제로 여흥 민문에서는 남성뿐만 아니라, 여성도 역사 속에서 본보기가 되는 인물이 많이 배출되었다. 가장 대표적으로 언급될 수 있는 여성이 원경왕후와 인현왕후일 것이다. 세종의 모후 원경왕후는 정치적 정쟁이 격돌했던 격동기 속에서 남편을 조선의 개혁군주로, 그리고 성군聖君 세종대의 토대를 닦아 한국 역사상 '희생의 리더십'을 가장 잘 보여준 군주 태종으로 한국 역사 속에 우뚝 서게 하였다. 황후의 5대조 인현왕후 역시 역사 속에서 가장 어진 왕비로 기억되고 있다.

이 외에도 대표할 수 있는 여흥 민문 혈통의 여성으로는 학봉鶴峯 김성일金誠一(1538~1593)의 어머니(1508~1546)와 도암陶菴 이재李縡의 어머니(1656~1728)가 있다. 학봉 김성일은 임진왜란 때 경상우도관찰사로서 적과 싸우다가 병사한 문충공文忠公이다. 그의 어머니는 아들에게 투철한 절개와 우국충정을 가르쳤다.23 도암 이재의 어머니는 인현왕후의 언니이다. 당대 대학자인 송준길의 외손녀이며, 민유중의 딸이다. 일찍이 남편과 사별하고, 명문가의 후예답게, 시집의 가문을 지키고 어린 자식을 당대 대유大儒로 성장시켜 이조판서와 대제학에 이르게 한 훌륭한 어머니였다.

그리고 여흥 민문의 며느리로서는 인현왕후의 올케이자 민진후의 부인 정경부인 연안 이씨가 있다. 정경부인 연안 이씨의 언행은 여흥 민문의 후손들이 본받아야 할 대상이었다. 그녀의 언행을 편찬한 『정경부인행록』은 여흥 민문 후세들의 교육서로 활용되었다.

---

23   이건창 저, 박석무 역, 『나의 어머니, 조선의 어머니』, 현대실학사, 1998, 247쪽.

이처럼 여흥 민문에서 뛰어난 인물이 많이 배출되는 데는 가문의 훌륭한 교육이 있었다. 황후 역시 그러한 가문에서 출생하여 보고 듣고 성장하였기 때문에 고종은 황후의 영민함과 지혜로움, 그리고 높은 지적 수준에 대해 '이것은 그 가정의 견문이 있었기 때문이니 다른 집은 미칠 바가 못 되었다.' 라고 회고하였던 것이다.

　그러면 황후는 집안에서 어떤 교육을 받고 성장하였을까? 고종의 〈어제행록〉에 의하면, 황후는 그의 부친 순간공純簡公 민치록에게서 글을 배웠다. 그리고 배움에 대한 열정이 대단하였으며, 매우 영민하였다. 『소학小學』· 『효경孝經』·『여훈女訓』·『주역周易』뿐만 아니라, 『춘추좌씨전』·『자치통감강목資治通鑑綱目』등 역사서에 이르기까지 그 독서의 범위는 광범위하였다. 특히 황후는 『춘추좌씨전』, 『주역』, 『자치통감강목』 등을 평소에 즐겨 읽었던 것으로 알려져 있다.[24]

　이처럼 폭넓은 독서를 통하여, 역사에 대한 지식이 상당한 수준에 이르렀을 뿐만 아니라, 상황에 대한 통찰력도 뛰어났다. 더욱이 독서를 통해서 얻을 수 없는 지식은 가문에서 보고 들은 것들을 통하여 형성되었다.

24　한영우, 『명성황후, 제국을 일으키다』, 효형출판, 2006, 22쪽.

· 4 ·

상류층 여성교육을 받다
- 어짊과 지혜로움

황후의 집안은 조선의 왕비 원경왕후와 인현왕후를 배출한 명문이다. 특히 17세기에는 인현왕후의 조부 민광훈을 파조로 하는 여흥 민문의 삼방파三房派 인물들이 독자적인 문중 활동을 전개하면서 여흥 민문 본관 전체를 주도하는 지도적인 집단이 되었다. 대표적인 인물이 민광훈의 아들 시중, 정중, 유중이다. 이 가문은 송시열, 송준길 등과 함께 서인정권을 주도하면서 드디어 국혼물실國婚勿失을 실현한 외척으로서 최고의 유력 가문으로 부상하였다.[25] 민유중의 딸이 숙종의 계비로 유명한 인현왕후이다.

황후의 부친 민치록은 인현왕후의 부친인 민유중의 5대손이다. 민치록은 가문의 후광을 입어 문음으로 장릉참봉이 되었다. 이후 제용감주부濟用監主簿·의금부도사義禁府都事·사복시주부司僕寺主簿·충훈부도사忠勳府都事·과천현감·임피현령臨陂縣令·조지서별감造紙署別監·사옹원주부司饔院主簿·장악원첨정掌樂院僉正·덕천군수德川郡守 등을 역임하다가 1855년(철종 6) 선혜청낭청宣惠廳郎廳을 맡았다. 그리고 1857년(철종 8) 영주군수가 되었으나 다음 해

---

[25] 김명숙, 「『여흥민씨가승기략(驪興閔氏家乘記略)』을 통해 본 17~18세기 여흥 민문의 형성과 가문정비」, 『韓國思想과 文化』 46집, 한국사상문화학회, 2006, 278쪽.

1858년(철종 9)에 세상을 떠났다.[26]

민치록의 최고 관직은 종 4품 첨정僉正이다. 민치록이 문음으로 장릉참봉이 될 수 있었던 배경에는, 숙종이 민유중의 제사를 명하고, 숙종 26년 10월 22일 민유중이 배향된 벽동 구봉서원九峰書院에 사액을 내렸기 때문이다.[27]

민치록은 민유중의 제사를 담당하게 될 직계 종손이다. 장릉은 현재 경기도 김포시 풍무동에 위치하며, 16대 인조의 아버지로 추존된 원종元宗과 그의 비 인헌왕후 구씨仁獻王后具氏의 묘이다. 황후의 시조부인 남연군은 인조의 아들 인평대군 6대손이며, 순조의 명으로 영조의 현손 은신군의 양자로 입적하였다. 황후와 대원군과의 인연이 예사롭지 않음을 느낄 수 있는 대목이다.

자료 1-7 상주사 나한전
출처: 한국향토문화전자대전. 디지털군산문화대전. 한국학중앙연구원

민치록은 나한 기도 사찰로 유명한 상주사上柱寺의 유래와 연관되어 있다. 상주사는 전북 군산시 서수면 축동리에 위치하고 있으며, 조계종 금산사金

---

26 『한국민족문화대백과사전』 개정증보판(http://encykorea.aks.dc.kr), 민치록(2016. 10. 5).
27 『숙종실록』, 1688년(숙종 14) 2월 26일 · 1700년(숙종 26) 3월 10일 · 10월 22일.

48 명성황후 평전 - 조선의 혼으로 살아나다

山寺의 말사이다.

민치록이 1834년(순조 34) 임피현臨陂縣(지금의 전라북도 군산) 수령 재직 시에 꿈을 꾸었는데, 하얀 갓을 쓴 세 사람이 나타나 자신들을 높은 곳으로 안내해 달라고 부탁하였다. 민치록은 세 번이나 같은 꿈을 꾸자, 관리들에게 현에 특별한 일이 있으면 보고하라고 하였다. 며칠 뒤 서포西浦에 십육 나한을 실은 배 한 척이 닿았다는 보고를 받았다.

민치록은 십육 나한을 높은 곳에 있는 이 절에 모셨다. 이후 많은 사람들이 기도해서 소원을 성취하였다고 한다. 현재도 이 절은 나한기도처로서 유명하다.[28]

민치록이 이러한 유래와 얽혀 있다는 것은 수령 재직 시 백성에게 많은 존경을 받았던 어진 관료였음을 의미한다. 강직하고 유능하며 어진 관료를 많이 배출한 여흥 민문의 후예로서 충분히 있을 수 있는 일이다.

이러한 부친 밑에서 성장하였던 황후 역시 성품이 인자하였다. 고종의 〈어제행록〉에 다음과 같이 언급되어 있다.

> 황후는 성품이 단정하고 아름답고 총명하고 인자하여 어려서부터 행동하는 것이 떳떳하였으며 과격하게 말하거나 웃는 일이 없었다. 처녀들이 꽃을 꺾어서 벌레를 희롱하니 말리며 말하기를, "벌레들이 새끼를 부리고 숨 쉬게 하고 잘 기르는 것은 너희 부모가 너희를 기르는 것과 같은 것이다."라고 하였으니, 생물을 사랑하는 마음이 보통 사람들보다 일찍이 뛰어난 것을 알 수 있다.[29]

고종은 하찮은 미물의 생명도 사랑하는 황후의 어진 마음을 회고하였다.

---

[28] 『한국민족문화대백과사전』 개정증보판(http://encykorea.aks.dc.kr), 상주사(2016. 10. 5).
[29] 『고종실록』, 1897년(고종 34) 11월 22일.

이러한 마음은 국모로서 당연히 백성을 사랑하는 마음으로 향하고 있었다.

> 온 나라에 수재와 한재의 재변이 있을 때마다 얼굴에는 근심스러운 기색을 띠고 너그럽게 돌봐주기에 힘썼고, 무더운 여름과 혹한의 겨울에는 수도의 빈궁한 백성들을 돌봐주는 것을 해마다 떳떳한 일로 여겼다. 빈한하여 혼례婚禮와 상례喪禮를 치르지 못하는 사람이 있으면 후하게 돌봐주었다.
> (중략)
> 병자년(1876)에 큰 흉년이 들자 조세를 감면해 주었고 경비가 궁색하면 돈과 곡식을 내주어 보충하도록 하였다. 호위 군사들이 고통을 겪고 밖에 나가 있는 군사들이 한지에서 지낼 때에는 특별히 호궤犒饋(군사들에게 음식을 주어 위로함)하여 수고로움을 위문하였는데, 사자使者(명령이나 부탁을 받고 심부름하는 사람)가 연이으니 군사들이 모두 감격해서 눈물을 흘렸으며 사람들은 저마다 충성을 다할 것을 맹세하였다.[30]

황후는 나라에 재변이 있을 때나 어려움을 겪을 때 항상 백성들을 돌봐주며, 혼례와 상례를 행하지 못하는 어려운 사람을 예를 행하도록 도와주었다. 조선 사회에서 상례는 효를 실천하는 의식으로 특히 중요하게 여겨왔다. 유교사회에서 예적 삶이란 인간다움을 의미하며, 그것은 짐승과 구별되는 삶의 존재양식이다. 맹자는 자연 상태 그대로의 삶의 모습, 배가 고프면 배불리 먹고 추우면 따뜻하게 입고 안일하게 거주하는 상태를 불완전한 것으로 보았다. 이러한 삶의 상태는 짐승과 다를 바 없다. 집에서 기르는 닭, 돼지, 개 등과 같은 가축도 배가 고프면 먹고, 추우면 따뜻하게 하고자 한다는 것이다.[31]

30　『고종실록』, 1897년(고종 34) 11월 22일.
31　"人之爲道也, 飽食煖衣, 逸居而無敎, 則近於禽獸",「滕文公上」,『孟子』.

인간이 금수상태에서 벗어나 인간다운 삶으로 간다는 것은 도덕적 가치 세계로 이행한다는 것을 의미한다.[32] 도덕적 가치의 삶이란 바로 예를 행하는 형태이다. 그 가운데 가장 중요한 것이 부모에게 하는 효의 실천이다. 특히 상례는 부모가 돌아가실 때 행하는 의식으로서 중요하게 여겨졌다. 상례를 치르지 못하는 사람을 후하게 돌봐주었다는 것은 맹자가 언급한 '민의 부모'로서 행한 황후의 인자한 면을 엿보게 하는 기록이다. 그뿐만 아니라, 이러한 어진 품성은 병사에게도 나타나 충성을 도출해 내는 원동력이 되었다. 이처럼 황후는 어진 성품을 지녔기 때문에 '백성의 부모'로서 왕비 역할을 충실하게 수행하였고, 그것은 아래 사람의 자발적인 복종을 이끌어내는 원동력이 되었다.

또한 아래의 글은 아랫사람에게 어질게 대하면서 억울한 일을 당하지 않도록 하는 황후의 세심한 배려가 엿보이는 기록이다.

> 여러 번 화재를 겪었기 때문에 늘 액례掖隸들에게 불을 조심하게 하였으며 진기한 물품이 없어져도 한 번도 물어보는 일이 없었다. 진전眞殿과 남전南殿 은그릇을 잃어버렸는데도 곧 안에서 주조해 주도록 하고 사람들을 따져서 신문하지 못하게 하였다. 이것은 무고한 사람이 걸려 들까봐 우려하였기 때문이다.
> 아랫사람들을 통제하는 데는 관대하면서도 엄하여 은혜와 위엄을 같이 보이니 궁중에서 감화되어 서로 경계하기를, "황후의 인자하고 두터운 혜택이 사람들에게 깊이 젖어 있는 것을 잊지 말라."고 하였다.[33]

황후의 어진 품성은 고종뿐만 아니라, 아들 순종에게도 기억되어 나타나

---

32 박충석 · 유근호 공저, 『조선조의 정치사상』, 평화출판사, 1980, 16~17쪽.
33 『고종실록』, 1897년(고종 34) 11월 22일.

고 있다. 어머니의 이미지는 희생과 어짊을 상징한다. 순종의 회고에도 이런 것이 잘 묻어나 있다.

자료 1-8 순종황제 어진
출처: 국립고궁박물관

슬프고 슬프다. 사람으로서 누군들 부모가 없으며 부모로서 누군들 자기 자식을 사랑하지 않겠는가마는 지극히 자애로운 은정은 어머니가 소자에게 베푼 것만 한 것이 없으며 지극히 비통한 슬픔은 소자가 어머니에 대한 것만 한 것이 없을 것이다. 소자가 이미 성장하였으나 여전히 어루만져 주는 것은 마치 젖먹이 어린아이처럼 하였다. 주리거나 배부르거나 춥거나 덥거나 할 때 원하는 것이 있으면 어머니가 반드시 먼저 알았으며, 병이 있으면 음식을 들고 잠자는 것도 제대로 하지 않았다. 소자가 극심한 통증이 아니면 억지로 밥을 먹였으며 밤에는 풋잠을 자면서도 나의 근심어린 마음을 풀어주려고 하였다. (중략)

　소자가 천연두를 앓을 때 어머니가 밤에 꼭꼭 밖에 나가 하늘에 빌었으므로 이내 다시 회복되었으며, 소자가 일찍이 옆구리의 담핵痰核으로 고통을 겪을 때 몹시 아프지는 않았지만, 음식을 먹는 데에 방해되자 어머니는 오래되면 혹 종기가 터질까 늘 걱정하면서 침을 바르라고 가르쳐 주어 딱딱했던 것이 가라앉아 마침내 평상시와 같이 되었으나 어머니는 보지 못하였다.³⁴

순종에 대한 애절한 황후의 마음을 느낄 수 있는 글이다. 황후는 고종과의 사이에 4남 1녀를 두었는데, 둘째 아들 순종만 생존하였고 나머지 자식들은 어려서 다 죽었다. 그러기에 순종에 대한 애틋한 마음은 더욱 간절하였을 것이다. 더욱이 순종은 어릴 때부터 병치레를 자주 하였다. 순종이 회고하였듯이 '이미 성장하였으나 마치 어린아이 대하듯이 하였다.'고 한 회고는 황후를 알현한 비숍 여사의 저서 『조선과 그 이웃 나라들』에도 유사한 내용을 찾아볼 수 있다. 비숍 여사가 황후를 알현하는 동안, '황후는 이미 성장한 아들의 손을 꼭 잡고 앉아 있었다.'[35]고 기록하였다. 외국인 비숍 여사의 눈에는 상당히 낯선 모습이었을 것이다. 병약한 아들에 대한 애절한 마음은 황후의 편지글에도 자주 나타나고 있다.

자식뿐만 아니라 더 나아가 백성에 대한 황후의 인자한 마음이 순종의 회고 속에 잘 묻어나 있다.

어머니가 일찍이 소자에게 가르치기를, '나라가 있는 것은 백성이 있기 때문이다. 백성이 없으면 나라가 어찌 나라를 영위하겠는가? 그러므로 백성은 나라의 근본이라고 말한다. 근본이 굳어야 나라가 편안하다. 혹시 위에서 백성을 돌보지 못한 관계로 곤궁해져서 살아갈 수 없다면 그 백성은 우리의 백성이 아니니 비록 백성이 없다고 말해도 옳을 것이다. 종묘사직宗廟社稷을 너에게 부탁하니, 너는 이것을 깊이 생각하고 오직 백성에 대한 문제로 마음을 삼을 것이다.'라고 하였다. 내가 어릴 때여서 그 뜻을 깨닫지 못했으나 그래도 가르친 말은 잊지 않았다. 지금 이 훈계를 더욱 깨닫게 되니 만대萬代의 귀감으로 여길 만하다.

어머니의 공로와 덕은 천지天地처럼 이름할 수 없으니 책봉하는 글로 찬

---

[34] 『고종실록』, 1897년(고종 34) 11월 22일.
[35] I. B. 비숍 지음, 신복룡 역주, 『조선과 그 이웃나라들』, 집문당, 2000, 247쪽.

양하고 성대한 의식을 빌려 기뻐하는 것은 우리 왕실의 떳떳한 법이다. 소자가 여러 차례 상소를 올려 간곡히 청하였고 심지어 조정의 관리들을 인솔하고 삼가 요청하였으나 매번 백성들이 현재 곤궁하기 때문에 이런 예식을 거행하는 것이 합당치 않다고 하면서 윤허하지 않았었다. 겸손한 그 덕은 공경히 우러르게 되고 칭송하게 된다.[36]

이처럼 황후는 앞으로 군주가 될 세자에게 백성이 나라의 근본이라는 것과 그들을 곤궁하지 않도록 돌보는 것을 잊지 말도록 가르쳤다. 그뿐만 아니라, '백성들이 곤궁할 때 황후 자신만을 위한 행사를 치르는 것은 적절하지 않다.'는 이유로 거절하고 있는 데에서 백성을 사랑하는 황후의 어진 마음을 읽을 수 있다.

황후는 성품이 어질었을 뿐만 아니라, 대담한 성격의 소유자였다. 고종〈어제행록〉에 다음과 같이 언급되어 있다.

> 9세[37] 때 순간공의 초상을 당해 곡읍哭泣의 초상 범절은 마치 성인成人(어른)과 다름없었다. 염할 때에 집안사람들이 나이가 어린 것을 생각하여 잠깐 피할 것을 권하자 정색하여 말하기를, "어째서 남의 지극한 인정을 빼앗으려 합니까?"라고 하였다. 양례襄禮(장례) 때에도 일을 끝마치고 곡을 실컷 한 다음에야 물러갔다.[38]

8세 정도의 어린아이는 죽음에 대해 잘 모르고 아버지를 잃는 게 어떤지, 슬픈 마음을 제대로 느낄 수 없는 나이이다. 염殮이란 죽은 사람에게 수의를

---

36 『고종실록』, 1897년(고종 34) 11월 22일.
37 실록에는 9세로 나오나 오류이다. 황후가 태어난 해는 1851년이며, 민치록이 타계한 해는 1858년이기 때문에, 부친을 잃었을 때 황후의 나이는 8세가 된다.
38 『고종실록』, 1897년(고종 34) 11월 22일.

입히는 '습襲'이 끝나면 시체를 얇은 이불로 싸고 묶어서 관에 넣는 것을 말한다.

더욱이 어린 소녀가 이러한 장면을 보는 것은 두려운 일이다. 그러나 황후는 어린 나이에도 불구하고 아버지의 염을 보지 못하게 하는 어른들에게 오히려 '지극한 인정'을 빼앗으려 한다며, 어른들의 만류를 거절했다. 황후의 대담한 성격을 보여주는 기록이다.

황후의 이러한 대담한 성격은 무남독녀로 성장한 배경과 무관하지 않다. 민치록과 한창부부인韓昌府夫人 이씨 사이에는 1남 3녀를 두었으나, 막내딸이었던 황후를 제외하고는 모두 일찍 죽었다.

비록 남성 중심의 사회였다고 하더라도, 영민하였던 황후는 어렸을 때부터 형제자매가 없었기 때문에 오히려 스스로 집안을 잘 이어야 할 책임감을 가지고 자랐을 것이다. 그래서 아버지를 마지막으로 보내드리는 의식에서 끝까지 자식으로서 예를 다하고자 하였고, 그렇기 때문에 어른들의 만류에도 아버지의 입관入棺 과정을 지켜보았다.

그뿐만 아니라 어린 나이에도 불구하고 상례喪禮가 '지극한 인정'에 기반하고 있다고 생각하는 것은, 황후의 총명함은 물론이거니와 학문적으로나 인간적으로 성숙한 면을 지니고 있음을 보여준다. 이것은 지적인 힘에서 나온다.

유교적 소양과 대담한 성격은 왕비가 된 이후 신정왕후에 대한 효성스러운 행위, 그리고 정치적 상황에 대한 인식과 대응양식의 기반이 되었다. 특히 갑신정변 때 위기 상황 속에서도 차분하게 고종을 내조하여 3일 만에 정변을 끝나게 한 것이나, 외교적 전략이 뛰어난 것으로 당시 내외의 평판을 받았던 것도 황후의 대담한 성격과 높은 수준의 지적인 힘에서 나온 것이라 할 수 있다.

이러한 지적인 힘은 어떤 과정을 통해서 형성되었을까? 황후는 19세기 중반에 명문에서 태어나 성장하여 조선의 왕비로 살았던 여성이다. 그녀의 삶은 조선 상류층 여인의 삶의 연장선에 있었다. 고종이 '황후의 영민함과 지혜로움의 근원이 황후의 집안, 여흥 민문에 있었다'고 회고한 바와 같이, 황후뿐만 아니라 당시 조선 상류층 여성들은 가문의 교육을 통하여 지적 수준이 상당할 정도로 형성되어 있었다. 따라서 황후의 지적인 수준과 형성과정은 당시 조선의 상류층 여성과의 연계 속에서 파악될 수 있다.

가전家傳 『정경부인행록』을 학습하다

황후는 어릴 때부터 상류층 여성의 교육을 받았다. 무남독녀인 황후에 대한 교육은 아들 못지않았을 것이다. 황후와 함께 30년간 살아온 고종의 회고 속에서, 황후가 어떤 교육을 받았는지 그리고 그 수준이 어느 정도인지를 가늠할 수 있다. 고종의 〈어제행록〉에 다음과 같이 언급되어 있다.

> 순간공에게서 글을 배웠는데 두세 번만 읽으면 곧 암송하였다. 심오한 뜻의 어려운 것도 분별해서 대답하였고 조목조목 통달하였다. 또 기억력이 비상하여 심상한 사물이라도 한 번만 듣거나 보면 빠짐없이 모두 알았다. 책 읽는 것을 좋아하여 역대 정사에 대한 득실得失을 마치 손바닥을 보듯이 환히 알았으며, 국가의 전고典故와 열성조列聖朝의 좋은 말과 아름다운 행실, 혹은 『사승史乘』이나 『보감寶鑑』에 실려 있지 않은 것까지도 황후는 능히 말하였는데 이것은 그 가정의 견문이 본래 있었기 때문이니 다른 집은 미칠 바가 못 되었다.[39]

---

[39] 『고종실록』, 1897년(고종 34) 11월 22일.

황후가 아버지 순간공 민치록에게서 받았던 교육의 내용은 유교경전과 역사서, 여훈서, 그리고 가문의 교훈서이다. '심오한 뜻의 어려운 것도 분별해서 대답하였고 조목조목 통달하였다.'는 것과 '1866년(고종 3) 왕비로 간택되어 별관 운현궁에 있을 때에도 『소학小學』, 『효경孝經』, 『여훈女訓』 등의 공부를 밤이 깊도록 하였으며, 손에서 책을 놓지 않았다.'고 하는 고종의 회상, 그리고 '평소 『주역』을 즐겨 읽었다.'는 데에서 황후가 유교경전에 대해 폭넓게 섭렵했음을 알 수 있다.

그리고 '역대 정사에 대한 득실을 마치 손바닥을 보듯이 환히 알았다.'고 하는 고종의 회상 속에서 황후가 역사서에 대한 지적 수준이 상당히 높았음을 알 수 있다. 평소 자주 읽었다고 하는 『주역』, 『자치통감』, 『춘추좌전』 등의 서적은 황후와 함께 홍릉에 매장되었다.[40]

한편, 황후의 지적인 힘을 형성하는 데 있어서 유교경전과 역사서 이외에 여흥 민문에서 내려오는 가문의 교육이 중요한 기반이 되었다. 이렇게 형성된 황후의 폭넓고 깊이 있는 지적인 힘은 이후 고종의 정치적 내조자로서 충분한 자산이 되었다. 고종이 "왕비王妃의 자리에 올라서 도운 것이 많은 것은 평상시에 공부한 힘이다."라고 회상하고 있는 것이 이를 방증한다.

유교경전과 역사서 등은 조선 사대부의 학문 대상이었다. 황후가 읽었던 자료를 보면, 조선 사대부와 동일하게 공부를 하였던 것을 알 수 있다. 황후가 받았던 교육의 형태는 당시 대부분 조선 상류층 여성도 이와 유사하였다. 조선의 상류층 여성은 그 신분의 품위를 유지하기 위해 일정 수준의 고전에 대한 문식성literacy(학문과 지식)이 요구되었다.

조선 후기 사대부가士大夫家 여성들의 행장과 묘지문에는 부덕婦德(부인의 덕성)과 교양을 갖춘 여성들이 읽었던 고전의 제목이 명시되는 경우가 종종 있

---

40 한영우, 『명성황후, 제국을 일으키다』, 22쪽.

다. 주로 『시경』・『효경』・『논어』 등의 유교경전과 『사기』・『사략』・『통감』 등의 역사서, 『소학』・『여계』・『내칙』 등의 수신서 혹은 규범서로 유교문명권의 핵심적인 고전들이다.[41] 상류층 여성의 교육은 조선 전기로 거슬러 올라간다.

조선의 최초 여성 교훈서는 성종의 모후 인수대비가 편찬한 『내훈內訓』이다. 『내훈』은 인수대비가 여인들의 덕婦德을 함양하기 위해 1475년(성종 6) 다양한 내용의 글 가운데 여성윤리와 관련이 있는 것들을 모아 편찬한 것으로, 「언행言行」・「효친孝親」・「혼례婚禮」・「부부夫婦」・「모의母儀」・「돈목敦睦」・「염검廉儉」 등 7장으로 구성되어 있다. 『내훈』 서문에 의하면 "소학小學, 열녀烈女, 여교女敎, 명감明鑑 가운데 중요한 내용을 가려 뽑아 편찬하였다."[42]고 기록되어 있다.

인수대비는 『내훈』의 서문에서 "여자들이 길쌈의 굵고 가는 것만 알고 덕행을 가까이 해야 함을 알지 못함이 늘 한스러웠다."고 하면서, "성인의 가르침을 듣지 않으면 원숭이가 관을 쓴 것과 같고 담장을 마주하고 선 것처럼 세상과 소통할 수 없다."고 경고하였다. 여자도 남자와 마찬가지로 덕행을 닦고 세상과 소통하기 위해서는 성인의 가르침을 받아야 한다는 의미이다. 그래서 『소학』과 『열녀전』 등의 고전이 성인의 가르침을 담고 있어 부녀자들에게 읽히고 싶은데 분량이 너무 방대해서 어려워하는 사람이 많기 때문에, 보다 중요한 대목만을 발췌하여 『내훈』을 펴낸다고 하였다.[43]

『내훈』에서 제시한 여성의 교육은 인간과 사회에 대한 단편적인 지식 뿐 아니라 사고하는 힘, 스스로를 성찰하는 힘을 포괄한다. 관을 쓴 원숭이는

---

41 이경하, 「15세기 상층여성의 문식성(literacy)과 읽기교재 『내훈』」, 『정신문화연구』 33권 1호, 한국학중앙연구원, 2010, 328쪽.
42 김훈식, 「15세기 한・중 내훈의 여성윤리」, 『역사와 경계』 79, 경남사학회, 2011, 77쪽.
43 이경하, 「15세기 상층여성의 문식성(literacy)과 읽기교재 『내훈』」, 334~335쪽.

고전에 대한 소양이 없어 세상과 소통하지 못하고 스스로를 성찰할 힘이 없는 사람을 비유한 말이다.[44] 따라서 『내훈』은 여성의 역할에만 교육의 목적이 있는 것이 아니라, 이것을 넘어 인간으로서, 사회의 구성원으로서 인격을 성장시키는 것을 목적으로 하는 여훈서라고 할 수 있다. 그리고 『내훈』의 「모의」장에는 적극적인 정치적 역할이 제시되어 있다. 이것은 중국과 다르게 조선의 『내훈』에만 있다.[45] 즉, 조선의 『내훈』 내용에는 어머니 역할을 강조하여 모후의 정치적 간여가 정당한 모의임을 강조하고 있다.

이러한 관점에서 볼 때, 조선에서 여성의 정치적 역할은 모의에 근원함을 알 수 있다. 이것이 확대되어 나타난 것이 수렴청정이다. 군주가 어리거나 아니면 군주로서 역량이 부족할 때, 정치적 위기 상황을 극복할 수 있는 제도가 수렴청정이다. 이처럼 여성의 정치적 역할은 자연스럽게 아내의 부덕으로 내재화되어 사대부가士大夫家 부인의 지적인 열정으로 연계되었다.

여성의 덕으로서 남편에 대한 내조는 필수적이다. 상류층 여성의 남편과 아들은 과거를 통해 관직으로 진출하고자 하는 사대부로서, 그들의 삶은 정치적 상황과 밀접하게 연관되어 있다. 따라서 내조자 부인의 역할도 이와 관련되어 정치에 대한 탁월한 식견과 지식을 갖추어야 하며, 그것은 조선 상류층 여성의 부덕의 하나로 자리하고 있다.

유교문화권에서 보편적인 젠더역할이 이론적으로 남성은 외치外治, 여성은 내치內治로 이분법적으로 나누어져 있다. 그러나 여성의 역할, 특히 '남편에 대한 내조'의 측면에서 상류층 여성의 정치적 식견과 조언이 그 속에 자연스럽게 녹여져 있었다. 조선 후기 종법질서의 정착과정에서 가문마다 선영先塋(조상의 무덤)의 정비와 족보간행을 통한 가문의 정비, 가사家史 정리, 그

---

44   이경하, 「15세기 상층여성의 문식성(literacy)과 읽기교재 『내훈』」, 335쪽.
45   최진아, 「韓·中 여성 교육서의 서사책략과 문화이데올로기 -15세기 明·朝鮮의 『내훈』을 중심으로-」, 『中國人文學』 44집, 중국인문학회, 2010, 285~286쪽.

리고 가내 의절儀節 정비 등을 통하여, 이것을 후손이나 새로 들어온 자부들에게 교육시키는 가정교화가 이루어졌다. 상류층 여성의 정치적 견문은 가문마다의 가정교화를 통해서 학습되어 전승되어 갔다.

여흥 민문 역시 『여흥민씨가승기략驪興閔氏家乘記略』을 펴내어 자손에게 학습하게 함으로써, 명문의 후예로서 정체성을 형성하고 가격家格을 유지하고자 하였다. 17세기 중·후반에 시작된 여흥 민문의 가사 정리 작업은 인현왕후의 부친 민유중과 아들 진후, 손자 익수 3대에 걸쳐 약 1세기 만인 18세기 중반에 이르러 종합적으로 정리되었다. 가내 의절은 명문의 사대부로서 정체성을 지키고 가격을 유지하기 위한 것이었다. 여흥 민문 의절의 중요한 내용은 가내에서의 효우공검孝友恭儉과 관료로서의 충청정직忠淸正直이었다.[46] 『여흥민씨가승기략』은 총 6권卷으로 구성되어 있다.

황후 역시 유교경전, 역사서, 여훈서 등을 통해 지성과 덕성을 쌓았을 뿐만 아니라 『여흥민씨가승기략』을 읽음으로써 명문의 후예로서 자아를 형성해 나갔을 것이다. 기존 연구에서는 황후의 교육내용이 경전과 역사서, 여훈서 등만 언급되었는데, 여흥 민문의 후예로서 『여흥민씨가승기략』도 필히 읽었을 것이다. 고종의 회고에도 '국가의 전고典故와 열성조列聖朝의 좋은 말과 아름다운 행실, 혹은 『사승』이나 『보감』에 실려 있지 않은 것까지도 황후는 능히 말하였는데 이것은 그 가정의 견문이 본래 있었기 때문이니 다른 집은 미칠 바가 못 되었다.'고 한 것은 황후가 유교경전이나 역사서에 없는 지식도 풍부하다는 것을 말하며, 이는 가정교육을 뜻한다.

여흥 민문에는 덕행이 뛰어난 여성들이 많다. 앞서 언급한 바와 같이, 인현왕후를 비롯하여 대유 이재의 모친 정부인 여흥 민씨, 민진후의 부인 정

---

[46] 김명숙, 「『여흥민씨가승기략(驪興閔氏家乘記略)』을 통해 본 17~18세기 여흥 민문의 형성과 가문정비」, 278~279쪽; 「小序」, 『여흥민씨가승기략(驪興閔氏家乘記略)』, 驪興閔氏三房派宗中, 2014.

경부인 연안 이씨 등이다. 그리고 여흥 민문은 혼맥을 통하여 당시 명문의 여식을 며느리로 맞이하였기 때문에 이들 역시 명문의 가정교화를 받은 인물들이다.

특히 『인현성모행록』과 『여흥민씨가승기략』 내용 중 권 4에 해당하는 『정경부인행록貞敬夫人行錄』은 여흥 민문의 여성에게는 반드시 읽어야 할 필독서였다. 황후의 경우도 마찬가지였을 것이다.

『여흥민씨가승기략』 권 4의 주인공인 정경부인은 민유중의 맏며느리이며 민진후의 부인으로서, 인현왕후의 올케가 된다.

『여흥민씨가승기략』에는 정경부인을 다음과 같이 소개하고 있다.

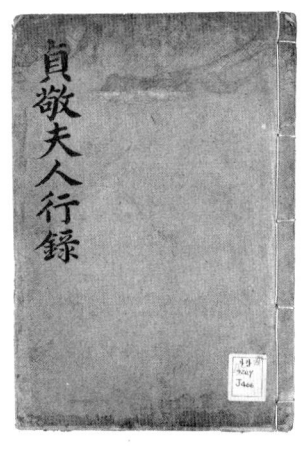

자료 1-9 『정경부인행록』
출처: 서울대학교 규장각한국학연구원

정경부인은 연안 이씨 이석형李石亨(1415~1477)의 9세손으로 아버지 현감 이덕노李德老와 어머니 풍양 조씨 사이에서 태어났다. 10세 때 진사 박공이 『애강남부哀江南賦』를 낭독하는 것을 창밖에서 듣고 이를 수일 만에 외워버릴 정도로 총명하였다. 18세 되던 해 우두를 앓아 얼굴에 흉터자국이 심했지만, 용모는 깨끗하고 덕이 가득한 모습이었다. 성품 또한 인자하고 사리를 알아서 위험에 처해도 마음의 평정심을 잃지 않았고 위급할 때에도 체면을 잃거나 위신을 손상시키는 일이 없었다. 19세에 5살 많은 민진후에게 시집을 가 두 번째 정실부인이 되었다. 민진후의 첫 번째 정실부인은 연안 이씨 이단상李端相(1628~1669)의 딸이며, 24세에 일찍 사망하였다.[47]

---

47   『여흥민씨가승기략(驪興閔氏家乘記略)』, 203~204쪽.

이단상은 진사시에 장원한 수재였으며, 부수찬교리, 인천부사 등을 역임하였고, 김창집·김창흡·임영林泳 등의 학자를 배출시킨 학덕이 높은 인물이었다. 이단상은 당대 영향력이 있는 송준길, 민진원 등에게 요직을 천거받았으나 모두 사양하고 벼슬에 나아가지 않은 청렴한 선비로 평판이 난 인물이기도 하다.[48]

정경부인은 민진후가 문과에 급제하여 호조참의와 충청도관찰사를 거쳐 판의금부사가 됨에 따라 숙부인과 정부인을 거쳐 정경부인이 되었다.[49]

『정경부인행록』을 살펴보면, 정경부인의 삶은 전형적인 조선 상류층 여성의 삶이었다. 황후 역시 가문의 교육을 통해서 정경부인의 삶을 학습하였기 때문에, 『정경부인행록』을 통해서 황후의 삶을 추적하고자 한다.

첫째, 남편 민진후와의 관계에서, 정경부인은 경제적으로 어려운 형편을 남편에게 알리지 않고 혼자서 해결하였다. 또한 남편의 정치적 의논자로서의 역할을 충실히 하였다.

조선 사회에서는 집안의 경제적 어려움이 있을 때, 부인 혼자서 감당하고 해결하는 것을 남편을 내조하는 훌륭한 여성으로 인식되었다. 『정경부인행록』에도 이 같은 내용이 나온다. "시누이 인현왕후가 폐위되어 안국동 사제(감고당)에 있을 때 남편 민진후가 옥에 갇혔다가 풀려난 후에 온 식구가 종가에 의지했는데, 매 끼니가 곤궁하여 걱정되면서도 가장인 민진후가 근심하게 될까 이 사실을 알리지 않았다."[50]는 것이다.

이렇게 남편을 내조한 여인을 훌륭한 부인상으로 여기는 것은 정경부인뿐만 아니라 전통사회에서 훌륭한 여성을 소개할 때 흔히 언급된다. 오늘날 사회에서는 이러한 부인상을 찾기 힘들다. 그렇다면 훌륭한 부인상이 오늘

---

48 『한국민족문화대백과사전』 개정증보판(http://encykorea.aks.dc.kr), 이단상(2016. 10. 5).
49 『여흥민씨가승기략(驪興閔氏家乘記略)』, 204쪽.
50 『여흥민씨가승기략(驪興閔氏家乘記略r)』, 207쪽.

날에는 존재하지 않는 것일까? 이 물음에 대해 전적으로 수긍하기 어려울 것이다. 그 이유는 어떤 삶의 존재양식이든 그 사회의 성격과 연계되기 때문이다. 조선의 훌륭한 부인상이 그러한 모습으로 그려지게 되는 데에는 조선 사회가 갖는 사회·문화적 특성에 연유한다.

조선은 유교의 사회였기 때문에 부부 사이의 기본적인 윤리는 '별別'이다. 오륜의 하나인 '부부유별夫婦有別'은 남편은 외치外治, 부인은 내치內治를 기본으로 하여, 남편은 바깥일을 전담하였고, 부인은 집안의 일을 맡았다. 그리고 이에 대한 역할을 서로가 존중하는 것이 부부간에 지켜야 할 윤리 '별別'의 의미이다.

여기서 남편의 바깥일은 주로 관직생활을 의미하거나, 관직에서 물러난 생활, 아니면 과거를 준비하는 생활을 말한다. 조선의 정치사회는 남성 위주의 역할로 구조화되어 있었기 때문에, 남성의 생활은 주로 관직을 둘러싼 영역으로 이루어져 있다.

부인의 내조는 남편이 정치사회에서 제대로 역할을 잘 할 수 있도록 보필하는 것이다. 경제적으로 어려운 집안의 형편을 알게 되면 남편이 사회적 역할을 충실히 할 수 없기 때문에, 어려운 집안의 일을 전적으로 부인이 감당하는 것을 훌륭한 내조로 여겼다. 경제적으로 어려운 형편을 남편 모르게 부인 혼자서 감당하는 것이, 다름 아닌 남편의 역할을 존중한다는 의미이다. 이를 부인의 덕婦德으로 여겼다. 이런 관점에서 볼 때, 조선 정치사회의 부패를 막는 데 있어서 부인의 내조가 큰 역할을 하였음을 알 수 있다. 부인의 내조에 힘입어, 남편은 자신의 정치적 소신에 따라 관직의 진퇴를 행할 수 있었다.

여흥 민문의 여성이 본받아야 할 이러한 정경부인의 여인상은 이후 황후에게도 큰 영향을 주었을 것이다. 일본이 왕실의 무력화를 시도하기 위해 실시한 정책 가운데 하나가 왕실 재정의 약화이다. 이에 연유하여 당시 왕실의 재정이 매우 어려웠다. 고종의 생일에 옷을 새로 마련할 수 없을 정도로 경제적으로 궁핍한 내용이 궁녀의 편지글에도 나온다. 또한 황후가 친척인 민응소에게 보낸 편지글에서도 경제적 어려운 상황을 해결하기 위하여 돈을 보내달라는 협조문이 나온다.[51] 이처럼 당시 왕실의 어려운 재정의 해결은 고종이 아니라 황후의 몫이었다.

정경부인은 경제적인 문제뿐만 아니라, 남편의 정치적 조언자로서도 충실한 역할을 하였다. 『정경부인행록』에 "선군자가 이따금 부르시고 물으시기를 조정 사정과 벗님들의 언론 중 들을만한 것이 있으면 무엇이든지 말하시오."[52]라는 내용이 나온다. 부부간의 윤리인 '별'의 내용이 위에서 언급한 바와 같이 서로의 역할에 대해 존중하는 것이라고 한다면, 사대부 부인의 관점에서 남편의 역할을 존중한다는 것은 경제적인 문제뿐만 아니라, 남편이 정치적 역할을 잘하도록 보필하는 것도 포함되어 있다.

정경부인은 송시열과 송준길의 양송兩宋가문에서 상제의 예절뿐만 아니라 유림 사이에 있었던 논의의 옳고 그름에 대해 들어서 아는 것이 많았다. 그리고 인현왕후의 올케로서 가끔 궁궐에 드나들 수 있는 위치에 있었기 때문에 조정의 상황을 들을 수 있었다. 또한 여흥 민문은 당시 유력 가문과 학맥·혼맥으로 연결되어 있었기 때문에 그 부인들을 통해서 남편으로부터 들었던 이야기를 전달받을 수 있었다. 정경부인은 이렇게 들었던 내용을 남편에게 충실하게 전달함으로써 남편의 정세판단에 도움을 주었다. 황후 역시 고종의 내조자로서 충실히 정치적 역량을 보인 것은 조선시대 상류층 여성의 삶에서 흔히 찾아 볼 수 있는 현상이었다.

---

51 이기대 편저,『명성황후 편지글』, 다운샘, 2007, 216쪽.
52 『여흥민씨가승기략(驪興閔氏家乘記略)』, 210쪽.

둘째, 어른에 대한 봉양奉養이다. 정경부인은 시어른은 물론 집안의 어른까지도 잘 섬겼다. 맹자는 봉양을 크게 두 가지 형태로 언급하였다. '양구체養口體'와 양지養志'이다. '양구체'는 먹는 것과 입는 것으로 봉양하는 것, 즉 물질적인 봉양이다. '양지'는 부모의 뜻을 받드는 것으로, 부모의 마음을 편안하면서도 기쁘게 해 드리는 것이다. 맹자는 물질적인 봉양을 기본으로 하여 부모의 마음을 받들어 편안하면서도 기쁘게 해드리는 것이 가장 바람직한 봉양이라고 하였다. 이것을 잘 실천한 사람이 공자의 제자 증자曾子이다. 『맹자』에 '증자의 효'에 대해 언급되어 있다.53

정경부인은 시아버지 민유중뿐만 아니라 문중의 어른에게까지 기쁨을 준 며느리였으며, 조카며느리였다. 『정경부인행록』에 의하면, 정경부인은 여섯 살에 이미 언문을 깨우친 천재였다. 인현왕후로부터 편지가 왔을 때, 언문을 읽고 쓰는 것이 어려웠던 시아버지 민유중(문정공)과 문중 어른에게 편지의 내용을 알려드리고 대신 답문의 글을 써서 어른들의 마음을 편안하게 해 드렸다.

그뿐만 아니라 생활의 뛰어난 지혜를 보여 시아버지와 문중 어른을 기쁘게 해 드렸다. 어느 날 시아버지 민유중이 대궐에서 나와 며느리 정경부인에게 묻기를, "네가 오늘 보낸 작은 상자에 검은 엿과 호두만 넣은 까닭이

---

53 증자께서 아버지 증석(曾晳)을 봉양할 적에 (밥상에) 반드시 술과 고기가 있었는데, 장차 밥상을 치울 적에 (증자는) 반드시 "누구에게 주시겠습니까?"하고 청하였으며, (증석이) "남은 것이 있느냐?" 하고 물으면 반드시 "있습니다." 하고 대답하셨다. 증석이 죽자, 아들 증원(曾元)이 증자를 봉양하였는데, (밥상에) 반드시 술과 고기가 있었다. 그러나 밥상을 치울 적에 (증원은) "누구에게 주시겠습니까?"하고 청하지 않았으며, (증자가) "남은 것이 있느냐?" 하고 물으시면, 반드시 "없습니다." 하고 대답하였으니, 이는 그 음식을 다시 올리려고 해서였다. 이것은 이른바 '구체(口体)만을 봉양한다.'는 것이니, 증자와 같이 하면 '뜻을 봉양한다.'고 이를 만하다. 어버이 섬김을 증자와 같이 하는 것이 가하다. "曾子養曾晳 必有酒肉 將撤 必請所與 問有餘 必曰有 曾晳死 曾元養曾子 必有酒肉 將撤 不請所與 問有餘 曰亡矣 將以復進也 此所謂養口體者也 若曾子 則可謂養志也 事親養曾子者 可也." 「離婁」上, 『孟子』.

무엇이냐?" 하니 정경부인이 답하기를 "전에 듣기를 검은 엿과 호두를 함께 먹으면 능히 가래를 가라앉히고, 기침을 멈추게 한다고 해서 넣었습니다." 하니 민유중이 웃으며 말하기를, "형님 문충공(민정중)이 과연 알아보셨도다. 아까 나를 보고 말씀하시기를 '이 며느리가 범연치 아니하니 필연 무슨 묘리가 있을 것 같다. 아마도 의술인가 싶다.' 하시고 너를 칭찬하셨는데 그 말씀이 맞았다."54는 기록이 있다. 이처럼 정경부인의 어른에 대한 봉양은 양지에까지 이르고 있으며, 그것은 지적인 힘이 큰 역할을 하였다.

황후 역시 신정왕후 조대비를 지성으로 섬겼다. 아침저녁으로 문안하는 것은 물론 그 외에도 모든 일을 반드시 먼저 문의한 다음 신정왕후의 뜻을 받들었다. 신정황후의 환후 때에도 그 곁을 떠나지 않고 손수 간호하였다. 고종의 〈어제행록〉에 다음과 같이 언급되어 있다.

> 왕후王后가 입궁하여 우리 신정 성모神貞聖母를 지성으로 섬겼고 크고 작은 일을 환히 알아서 반드시 먼저 문의한 다음 그 의견대로 하였다. 성모가 늘 말하기를, "곤전坤殿55은 효성스럽다."라고 하였다. 성모가 나이 많아지자 아침저녁으로 문안하는 것 외에도 일상생활과 접대하는 절차를 반드시 적절하게 하였다.
>
> 경인년(1890) 환후患候 때에도 황후가 밤낮으로 곁을 떠나지 않으면서 아픈 부위를 손으로 안마하였다. 성모가 그의 수고를 생각하여 그만두고 돌아가 쉬라고 말하였으나 그래도 물러가지 않았다. 침전寢殿의 탕제湯劑와 수라水剌를 황후가 권하고 올리는 것이 아니면 들지 않았다. 때문에 올리는 시간을 감히 어기지 않았다. 하루는 성모가 손을 잡고 하교하기를, "나는 늙고 또 병이 심하다. 그렇지만 한 가지 생각은 오직 백성들과 나라의 바깥일에 대해서는 임금이 있고 안의 일에 대해서는 곤전에게 부탁했으니 내가

---

54 『여흥민씨가승기략(驪興閔氏家乘記略)』, 206쪽.
55 왕비의 처소(處所). 또는 왕비를 달리 이르는 말.

다시 무슨 유감이 있겠는가?"라고 하였다.[56]

셋째, 봉제사奉祭祀이다. 제사는 조상과 후손을 연결해 주는 매개체이다. 며느리로서 시부모의 봉양은 물론 제사를 받드는 것은 중요한 역할이었다. 먼저 돌아가신 분에 대한 제사는 효의 실행으로, 그 대상은 조상이다.

그런데 『정경부인행록』에 의하면, 남편의 전前 부인의 제사를 정성스레 지내는 것은 물론이거니와 혈육이 없는 서출의 시누이와 전前 부인 소생의 제사도 잘 돌보아주고 있다.[57] 조선 여성의 삶이 철저하게 남편 중심으로 구조화되어 있음을 보여준다. 조선의 여성이 남편과 연계된 사람들의 제사를 정성스럽게 받드는 것은 혈통이 다른 자로서 시집의 구성원으로 편재해 가는 행위이다. 따라서 제사는 같은 혈육에게는 선조와 후손의 연속성을 잇게 해주고, 타성인 며느리에게는 그 집안의 구성원으로서 선조와 인연을 맺게 해주는 매개체이다.

또한 부인은 집안 형편이 어렵더라도 정성껏 제물을 마련하여 제사를 거행하였다. 이를 통하여 가문의 사람들을 잘 대접함으로써 가문의 화목을 도모하였다. 이 역할 역시 며느리의 중요한 책무였다. 이처럼 제사는 모든 가문에서 중요시하였기 때문에, 며느리가 연로하거나 집안이 부귀하여 일하는 사람이 많더라도 제사의 음식은 며느리가 직접 장만하였다.

정경부인 역시 '중년 이후에 연세가 많아지시고 지위 높아지시고 일 부릴 사람이 또한 부족하지 않았지만, 제물을 손수 수고롭게 차리시는 일이 많고, 전 부인의 제사에도 그렇게 하시니 우리 셋째 고모 신 부인이 말씀하시기를, "우리 형님의 선조를 받드는 정성이 이 제사에까지 이르러 사람으로 하여금

---

[56] 『고종실록』, 1897년(고종 34) 11월 22일.
[57] 『여흥민씨가승기략(驪興閔氏家乘記略)』, 215쪽.

감격하게 하나 이 아니 너무 과로한 것이 아닌가요?" 함에 …'라고 아들 익수가 기록하고 있다.⁵⁸ 정경부인의 제사에 대한 지극 정성은 전前 부인에게까지 미치고 있음을 알 수 있다. 정경부인은 자신과 전前 부인과의 관계를 같은 운명으로 인식하고 있다.

"생시에 제사를 정성들여 하지 않으면 지하에서 서로 볼 때 능히 쳐들어 볼 수 있겠는가? 또한 뒷날의 장지葬地에서도 마땅히 같은 실室일 것이고 제사에도 마땅히 한 상床일 것이니 생각이 이에 이름에 또한 어찌 정의情意(따뜻한 마음과 참된 의사)가 없겠는가?"라고 하였으며, 매양 소식으로 반드시 3일 동안 함에 여러 자녀들이 2일로 감하자고 청함에 선비께서 웃으며 답하기를 "내 이 제사에 원래 소식素食을 할 필요가 없는데 어찌 이틀을 할 것 있나? 너희가 모두 소식하기 때문에 나도 특히 너희와 더불어 같이 먹을 따름이다. 어찌 소식이라고 할 것 있나? 또한 제사에 임해서 고기를 먹는다는 것은 마음에 불안함이 있어 자연히 먹지 않게 된 것이다."라고 하여 계년季年(말년)에 이르기까지 마침내 고치지 아니하였다.⁵⁹

정경부인은 제사를 통해 자식에게도 제사에 임하는 마음의 자세, 공경과 절제의 정신을 가르치고 있다. 그뿐만 아니라 딸에게도 시집의 제사에 대하여 공경하고 자신을 절제하는 자세를 엄격하게 가르쳤다.

가문마다 제사를 지낼 때 반드시 지켜야 하는 것이 있었는데, 이것은 가법의 형태로 나타났다.

여흥 민문에서는 선대로부터 비록 관직이 없어 경제적으로 어려웠던 시절이라도 거촉炬燭(횃불과 촛불)을 남에게 빌려오지 않는 가법이 있었다. 이 가

---

58 『여흥민씨가승기략(驪興閔氏家乘記略)』, 214쪽.
59 『여흥민씨가승기략(驪興閔氏家乘記略)』, 214~215쪽.

법은 인현왕후의 부친 민유중까지 거슬러 올라간다. 집안 형편이 어려웠을 때 민유중이 손으로 등롱을 만들어서 기름을 태워 제사를 거행했기 때문이다. 이후 촛불이 없으면 바로 저자에서 사 왔으며, 감히 다른 사람에게 구걸하지 않았다. 정경부인은 이러한 가법을 철저하게 지켰으며, 이를 대수롭지 않게 여긴 아들 익수를 꾸짖어 제사에 대한 가법을 존숭하도록 가르쳤다.[60]

제사 음식을 비롯하여 제사에 관한 모든 것을 마련하는 며느리로서는 집안의 가법을 철저하게 지킴으로써 책무를 다하고, 이를 통하여 가문의 구성원으로서 정체성을 지니고자 하였다.

황후 역시 제사에 관해서 지극한 정성을 보였다. 신정왕후의 상을 당하자 장례에 관련한 모든 것을 효성스럽게 하였다. 제사에 올리는 물건을 공경스럽게 하였고, 제사에 사용되는 모든 물건을 정결하게 하였다. 그리고 신정왕후가 평소 좋아하는 것을 얻었을 때는 반드시 효모전孝慕殿에 올렸다. 삼년상을 지낸 뒤 신정왕후의 신주를 종묘에 모실 때 휘장도 황후가 직접 만들었을 정도로 정성을 다했다.

황후는 제사가 천지와 조종을 섬기는 것으로 개혁의 대상이 될 수 없는 절대적인 의식으로 인식하였다. 따라서 1894년 갑오년에 있었던 제도 변경에 대해 부정적 인식을 가졌다. 당시 집권 세력들이 크고 작은 제사들을 다 줄인 데 대하여, 황후는 크게 한숨을 쉬며 말하기를, "이것이 어찌 줄이거나 늘일 수 있는 일이겠는가? 역적들은 이미 하늘과 귀신에게 죄를 지었으니 죄가 가득하다."고 하면서 선원전(창덕궁 안에 조선 역대 왕들의 어진을 모신 전각)에 제사 지내는 물품을 한결같이 옛 규례대로 하게 하였다. 이때 궁궐을 관리하는 액정서의 관원들에게 단단히 타일러 경계시킴으로써 당시 집권세력들이 알지 못하게 하였다. 이러한 내용이 고종의 〈어제행록〉과 순종의 회고에 나온다.

---

60   『여흥민씨가승기략(驪興閔氏家乘記略)』, 213쪽.

여러 역적들이 이어 헌장憲章과 제도를 고치고 크고 작은 제사도 다 줄였다. 황후가 크게 한숨을 쉬며 말하기를, "이것이 어찌 줄이거나 늘일 수 있는 일이겠는가? 역적들은 이미 하늘과 귀신에게 죄를 지었으니 죄가 가득하다."고 하면서 진전眞殿에 제사 지내는 물품을 한결같이 옛 규례대로 하였는데 황후가 액례를 신칙하여 여러 역적들이 알지 못하게 하였다.

(중략)

갑오년(1894)에 여러 흉적들이 조정을 뒤엎고 조종祖宗들이 이루어놓은 법을 다시 남겨두지 않았으며 크고 작은 제사에 이르기까지 모두 줄였다. 어머니가 눈물을 흘리며 말하기를, "때에 따라서 가감하는 것은 시대에 적절하게 하려는 것이며 일부러 바꾸어서 전과 다르게 하자는 것은 아닌데 지금 일체 변역하였으니 어찌 모두 실행하겠는가? 또한 제사는 천지天地와 조종을 섬기는 것이다. 흉악한 무리들의 악행이 이미 가득 찼다. 원통하고 원통하다."라고 하였다.[61]

넷째, 봉빈객奉賓客이다. 봉빈객은 귀한 손님을 잘 대접하는 일이다. 봉빈객의 대상은 주로 집안사람은 물론, 이와 관련된 인물이다. 귀한 손님을 잘 대접한다는 것은 대접하는 사람의 어진 인품을 바탕으로 한다. 어짊이란 상대에 대한 배려의식이다. 어진 성품을 지닌 정경부인은 집안의 어른이나 인척관계에 있는 인물들은 물론, 전前 부인과 관련된 인물에게도 어짊을 베풀었다. 더 나아가 집안의 노비, 가문의 노비, 주변의 약자까지 어짊을 베풀어 그들로부터 신망을 받았다. 배려는 상대방의 행위에 대해 무조건적인 포용만을 의미하는 것이 아니었다.

『정경부인행록』에 다음과 같이 기록되어 있다.

---

61 『고종실록』, 1897년(고종 34) 11월 22일.

"선비께서 남의 질병, 환난, 우민, 측달한 빛이 얼굴에 사무침이 있음을 보거든 반드시 힘을 기울여 구제하였으며 노인을 대접하기를 귀천을 묻지 않고 매양 그 평안하게 해드리는 방도를 다해주었다. 그 인덕仁德이 이와 같으면서도 사리事理의 왕직枉直(굽고 폄)과 사수辭受의 당부當否(옳고 그름)에 대해서는 엄정嚴正 과결果決하여 절대로 구차苟且구련拘攣하는 뜻이 없었기 때문에 일가 대소로부터 문정왕문생文貞門生 고리故吏 가속家屬의 문장門牆(권세 있고 지위 높은 사람의 문하)에 출입하는 자들이 의귀依歸하거나 감탄하지 않음이 없었으며 또한 감히 사경私徑(사사로운 이익을 추구하는 떳떳하지 못한 길) 을 반연攀緣(연줄로 함)하는 꾀를 함이 없었으니, 선군자께서 매우 경중敬重(공경하여 소중히 여김)하였다."[62]

정경부인은 상대방을 대할 때 어질면서도 과단성이 있었다. 그렇기 때문에 가문의 규율이 엄격하게 지켜지면서도 화목이 유지되었다. 만년에 남편 민진후는 가문의 화목이 정경부인의 덕분이라고 생각하여, 부인을 공경하고 존중하였다. 이처럼 조선의 여성들은 봉빈객의 정신을 통해 집안 화목은 물론, 부락 더 넓게는 공동체의 통합을 이끌어내는 구심적 역할을 하였다.

『정경부인행록』을 접하고 학습한 황후도 친척은 물론, 궁궐 안의 어른과 아랫사람에게 어질게 베풀었고, 그 배려는 어짊과 과단성으로 나타나 화목을 도모하였다. 이에 관한 기록이 고종의 〈어제행록〉에 다음과 같이 언급되어 있다.

친척들을 사랑하니 멀고 가까움이 없이 모두 다 기뻐하였다. 혹 은혜를 바라는 사람이 있으면 경계하여 말하기를, "항상 억제하라. 그만해도 오히려 교만하고 사치할까 봐 우려되는데 더구나 깃을 빌려주겠는가? 그것은

---

62   『여흥민씨가승기략(驪興閔氏家乘記略)』, 210쪽.

사랑하는 것이 아니라 도리어 해치는 것이 된다."라고 하였다. 이것은 황후가 화목할 것을 숭상한 것이다.

(중략)

호위 군사들이 고통을 겪고 밖에 나가 있는 군사들이 한지에서 지낼 때에는 특별히 호궤犒饋하여 수고로움을 위문하였는데, 사자使者가 연이으니 군사들이 모두 감격해서 눈물을 흘렸으며 사람들은 저마다 충성을 다할 것을 맹세하였다. 여러 번 화재를 겪었기 때문에 늘 액례掖隷들에게 불을 조심하게 하였으며 진기한 물품이 없어져도 한 번도 물어보는 일이 없었다. 진전眞殿과 남전南殿 은그릇을 잃어버렸는데도 곧 안에서 주조해 주도록 하고 사람들을 따져서 신문하지 못하게 하였다. 이것은 무고한 사람이 걸려들까 봐 우려하였기 때문이다.

아랫사람들을 통제하는 데는 관대하면서도 엄하여 은혜와 위엄을 같이 보이니 궁중에서 감화되어 서로 경계하기를, "황후의 인자하고 두터운 혜택이 사람들에게 깊이 젖어 있는 것을 잊지 말라."고 하였다.[63]

고종의 회고 속에서 황후가 얼마나 상대를 배려하였는가를 느낄 수 있다. 특히 아래 사람이 무고에 걸려들어 억울한 일이 발생하는 것을 막았다. 그렇지만 아래 사람에게 대하는 데 있어서 무한한 용인에서 오는 해이함을 견제하고 절도에 맞게 대하였기 때문에, 아래 사람에 대한 황후의 배려는 관대하면서도 엄하여 은혜와 위엄이 동시에 나타났다. 이것은 중용의 태도이다.

외국인을 접견하는 데에도 그들에 대한 배려가 물씬 풍김을 느낄 수 있다. 황후는 그들을 접견할 때, 양식으로 음식 대접을 하였다. 이것은 그들의 식사문화에 대한 배려라고 할 수 있다.

---

63   『고종실록』, 1897년(고종 34) 11월 22일.

위기가 닥쳤을 때마다 황후를 지켜주고자 하는 주변 사람들이 항상 있었다는 것은, 타인에 대한 그녀의 배려심 때문이었다. 특히 1884년 갑신정변의 위급한 상황 중에도 시종한 사람 가운데 한 사람도 떠나지 않았던 것은 평상시 황후의 베풂을 받았던 사람이 많았기 때문이다.

타인에 대한 배려는 고종의 회고에도 잘 나타나 있다.

> 갑신년(1884) 적신賊臣 김옥균金玉均·박영효朴泳孝·홍영식洪英植·박영교朴泳敎가 난리를 일으켜 변란이 일어났다 거짓말을 하여 (중략) 황후는 성의 동쪽에 피해 있으면서 자성慈聖을 호위하고 세자世子를 보호하였는데 황급한 와중에도 시종한 사람들이 한 명도 흩어져 떠나지 않았다. 이것은 황후가 평상시 은혜로 돌봐 주었기 때문에 어려운 때를 당해서도 용감한 사람이 있었던 것이다.[64]

다섯째, 자녀의 교육이다. 정경부인의 교육 목표는 자녀들이 성숙한 인물로 성장하는 것이었다. 정경부인은 민진후와의 사이에 6남 2녀를 두었으나, 1남 2녀만이 생존하였고 나머지는 모두 어려서 죽었다. 생존한 1남 2녀에 대해서는 매우 인자하면서도 엄격하게 훈육하였다. 정경부인은 크게 해로운 일이 아니면 가능한 어린애들이 원하는 것을 해주었으나, 그렇지 않으면 아무리 졸라도 들어주지 않았다. 정경부인은 『소학』 가운데 여영공呂榮公의 가법家法을 깊이 사모하였다. 소학은 인간교육의 바탕이 되는 유학의 입문서이다. 여영공의 가법은 어릴 때부터 가문의 질서를 무너뜨리지 않도록 엄격히 훈육하는 것을 중요하게 생각하였다.

정경부인은 정자와 주자, 그리고 동방의 유선들을 꿈에서 볼 정도로 유교적 학문에 대한 열정이 대단하였다. 또한 유교적 소양도 깊었다. 그리하여

---

[64] 『고종실록』, 1897년(고종 34) 11월 22일.

자식들에게 항상 말하기를 "나는 너희들이 과거에 합격하여 벼슬이나 지위가 영달함(결과영진決科榮進, 벼슬이나 지위가 높아 영달함)만을 원하지 않고, 진실로 옛 책을 읽어 인격이 성숙한 선비(지명지사知名之士)가 되면 행복하겠다."[65]고 하였다. 정경부인은 자녀들의 교육목적을 지식만 뛰어난 사람보다는 인성적으로 성숙한 사람이 되는 것에 두었다. 인성적으로 성숙한 사람은 유교적 소양이 깊으면서도, 자신의 행동에 대한 책임성이 강하고, 남을 배려할 줄 아는 인간형이다.

정경부인은 남편의 관직이 높아 아들 교육을 직접 시키지 못할 때, 큰 시누이와 조카 이재에게 아들 익수를 보내 교육을 받도록 하였다. 큰 시누이는 인현왕후의 언니이다. 일찍 남편과 사별하였으나, 아들을 어질고 유능한 관료로 키웠던 이재의 어머니이다. 이재를 훌륭한 인재로 키울 수 있었던 것은 그 어머니의 엄격한 교육방식과 지적인 힘이 바탕이 되었기 때문이다.

정경부인은 자식뿐만 아니라, 전前 부인의 형제간 아이들, 시아버지 후실 소생의 자녀들까지도 자신의 자식들처럼 대하였다. 자녀들을 인성적으로 성숙한 인간으로 성장시키고자 하였던 정경부인은 학문을 통해서 뿐만 아니라 평소 생활 속에서도 가르침이 항상 이루어졌다. 아들 익수가 '큰고모가 다른 아이들과 자신을 차별한다.'고 하여 고모에게 가지 않겠다고 하자, 큰고모의 사랑을 깨우치게 하였고, 간혹 어른의 잘못된 행동을 겪더라도 그것을 일절 드러내지 않게 하는 지혜를 아들에게 몸소 보였다.

딸에 대한 교육도 엄격하였다. 막내딸의 시집이 참화를 입고 귀양을 가게 되었다. 막내딸은 임신한 몸으로 남편과 귀양을 가는 도중, 친정에 들르게 된다. 그때가 돌아가신 친정아버지 대상이었다. 모두가 정경부인에게 권하기를, 대상을 지내고 혹 그사이에 출산할 수 있으니, 막내딸이 친정에

---

65 『여흥민씨가승기략(驪興閔氏家乘記略)』, 211쪽.

머물도록 하는 것이 어떤가 하였다. 그러나 정경부인은 '시집의 며느리, 남편의 부인'으로서 그 역할에 충실히 하는 것이 중요하다면서, 막내딸이 친정에 머무는 것을 거절하였다. 그리고 귀양 가는 도중 출산할 것을 대비해 주면서, 막내딸이 남편과 동행하도록 하였다. 막내딸이 떠나자 정경부인은 안타까운 마음으로 딸의 무탈함을 바라면서 가슴을 졸였다. 정경부인의 자녀에 대한 교육은 이처럼 과단성이 있었다.

황후 역시 세자에 대한 교육이 엄격하였다. 어릴 때부터 병약한 세자에게는 한없이 인자한 어머니이면서도, 한편으로 종묘사직에 대한 책임성을 어릴 때부터 심어주었다. 또한 세자에게 민을 배려하고 위하는 '위민의식'을 항상 갖도록 가르쳤다.

황후의 세자에 대한 교육은 순종의 회고에 잘 나타나 있다.

> 어머니가 일찍이 소자에게 가르치기를, "나라가 있는 것은 백성이 있기 때문이다. 백성이 없으면 나라가 어찌 나라를 영위하겠는가? 그러므로 백성은 나라의 근본이라고 말한다. 근본이 굳어야 나라가 편안하다. 혹시 위에서 백성을 돌보지 못한 관계로 곤궁해져서 살아갈 수 없다면 그 백성은 우리의 백성이 아니니 비록 백성이 없다고 말해도 옳을 것이다. 종묘사직宗廟社稷을 너에게 부탁하니, 너는 이것을 깊이 생각하고 오직 백성에 대한 문제로 마음을 삼을 것이다."라고 하였다. 내가 어릴 때여서 그 뜻을 깨닫지 못했으나 그래도 가르친 말은 잊지 않았다. 지금 이 훈계를 더욱 깨닫게 되니 만대萬代의 귀감으로 여길 만하다.[66]

황후는 평소 '민에 대한 배려'를 몸소 실천하는 모습을 세자에게 보여주었다.

---

66 『고종실록』, 1897년(고종 34) 11월 22일.

외조부 순간공純簡公의 묘지를 옮길 때에 상지관相地官들이 아뢰기를, "아무 곳에 좋은 묘墓 자리가 있는데 남의 무덤을 옮겨야 합니다."고 말하니, 어머니가 말하기를, "부모를 위하는 마음은 높은 사람이건 낮은 사람이건 같은데 어찌 나를 이롭게 하기 위해서 남을 해하려고 할 수 있겠는가?"라고 하였다.

좋은 묘墓 자리를 보령保寧에 정했을 때 길이 너무 멀어서 경비가 너무 많이 드는데도 타산하지 않고 모두 내탕고內帑庫의 재력을 내서 마련하였으며 공물公物과 백성들의 노력은 하나도 참여시키지 않았다. 묘를 쓰는 지역 안의 백성들의 집을 철거하는 것과 영구가 지나가는 길의 논밭 곡식이 손상되는 것과 조각돌 하나, 흙 한 삽에 대해서도 반드시 다 해당한 값을 넉넉히 주었으니, 백성들의 생계를 돌보는 어머니의 훌륭한 생각은 어디에나 미치지 않은 것이 없었다.[67]

이처럼 황후의 자녀 교육은 정경부인과 일맥상통하였다.

여섯째, 여성으로서 갖추어야 할 부덕으로서 여공女工(바느질, 길쌈)이 있다. 이것은 더 나아가 집안의 재산을 늘리는 능력까지 포함하고 있다. 조선 여성은 가내家內의 일을 책임졌기 때문에 의식衣食에 대한 기능적인 능력을 중요시하였다. 즉, 음식 솜씨와 의복을 만들 수 있는 바느질 솜씨이다. 더 나아가 집안의 가정경제를 윤택하게 하도록 재산을 늘리는 것도 여성의 부덕의 하나가 되었다. 정경부인의 음식 솜씨와 바느질 솜씨도 상당히 뛰어나 주위로부터 칭찬을 받았다.

정경부인은 집안의 생계뿐만 아니라, 재산의 증식 능력도 뛰어난 우암 송시열의 여형제 송씨 부인(정경부인의 할머니)과 송시열의 모친 선산 곽씨 부인을 높이 평가하였다. 송씨 부인은 항상 집안의 경제를 책임졌을 뿐만 아니라, 재산을 늘려 남편이 하고자 하는 '조상의 묘'를 이장할 수 있도록 하였다. 이

---

67 『고종실록』, 1897년(고종 34) 11월 22일.

후 그동안 소원하였던 부부관계가 좋아졌다.

송시열의 부모는 집안이 매우 가난하여 한 칸의 기와집에 세 들어 여러 자녀를 양육하고 살았다. 송시열의 부친 수옹睡翁 송공은 종일토록 글만 읽고 아들을 가르칠 따름이었다. 송시열의 모친 곽씨 부인이 몸소 베를 짜 시장에 내다 팔면서 양식을 공급하여 식구들이 주리고 헐벗음을 면할 수 있게 하였다. 정경부인은 선조인 곽씨 부인에 대해 '곽부인의 성의와 근력이 이와 같았기에 능히 우암尤庵과 같은 아들을 낳은 것이다.'[68]라고 회상하였다. 여성의 역할이 남성의 권력을 유지하거나 강화시키는 데에 있으며, 이것을 여성의 책임과 부덕婦德으로 연계시켜 사대부 여성 삶의 존재양식에 투영시키고 있음을 알 수 있다.

이처럼 조선 상류층 여성의 삶의 존재양식은 철저하게 남편 중심의 시집 위주의 형태로 구조화되어 갔다. 예禮라는 것이 인간관계의 질서를 유지하기 위한 규범이기 때문에, 예적禮的 행동에는 책임성이 반드시 수반되었다. 시집의 영역에서 타성인 며느리는 강자보다는 약자의 위치에 있다. 따라서 며느리의 역할이 시집살이에서 권리보다는 책임에 역점을 두는 형태로 형성되었던 것이다.

황후도 신정왕후를 봉양할 때, 지극한 정성으로 모셨다. 몸소 음식을 대접한다거나, 병환이 있을 때 간호하는 것, 그리고 신정왕후의 상을 당했을 때도 휘장을 직접 만들었을 정도로 장례에 관한 모든 일을 직접 챙겼다. 이에 대한 내용이 고종의 〈어제행록〉에 나온다.

> 왕후王后가 입궁하여 우리 신정 성모神貞聖母를 지성으로 섬겼고 크고 작은 일을 환히 알아서 반드시 먼저 문의한 다음 그 의견대로 하였다. 성모가

---

68 『여흥민씨가승기략(驪興閔氏家乘記略)』, 224쪽.

늘 말하기를, "곤전坤殿은 효성스럽다."라고 하였다. 성모가 나이 많아지자 아침저녁으로 문안하는 것 외에도 일상생활과 접대하는 절차를 반드시 적절하게 하였다.

경인년(1890) 환후患候 때에도 황후가 밤낮으로 곁을 떠나지 않으면서 아픈 부위를 손으로 안마하였다. 성모가 그의 수고를 생각하여 그만두고 돌아가 쉬라고 말하였으나 그래도 물러가지 않았다. 침전寢殿의 탕제湯劑와 수라水刺를 황후가 권하고 올리는 것이 아니면 들지 않았다. 때문에 올리는 시간을 감히 어기지 않았다. 하루는 성모가 손을 잡고 하교하기를, "나는 늙고 또 병이 심하다. 그렇지만 한 가지 생각은 오직 백성들과 나라의 바깥일에 대해서는 임금이 있고 안의 일에 대해서는 곤전에게 부탁했으니 내가 다시 무슨 유감이 있겠는가?"라고 하였다.

성모의 초상을 당하자 장례와 관련한 모든 일을 반드시 효성스럽게 하였고 궤전饋奠을 반드시 공경스럽게 하였다. 또한 사용하는 모든 물건들을 더없이 정결하게 하기 위하여 힘썼다. 일찍이 성모가 좋아하는 것을 얻었을 때에는 반드시 효모전孝慕殿에 올렸다. 부묘祔廟 때에 휘장도 황후 자신이 손수 만들었다.

늙은 궁인宮人들을 만날 때마다 문득 눈물을 흘리며 말하기를, "눈앞에 부딪히는 것은 모두가 슬프다."라고 하였다. 황후는 성모를 종신토록 사모하였다. 묘궁廟宮과 능원陵園, 여러 산천山川에 제기祭器가 모자라고 제수祭需가 넉넉하지 않으면 모두 내탕고內帑庫의 것을 내서 보충하였다. 기신제忌辰祭에도 반드시 성복盛服을 갖추고 밤을 지새웠으며 개인 제사에도 그렇게 하였다.

매해 음력 2월에는 북원北苑에서 친잠親蠶하여 바쳤으며 제명원齊明苑에 과일이 처음 익으면 햇것을 먼저 올려 제사에 쓰게 하였는데 이것은 황후가 선조를 추모하고 근본을 중히 여겼기 때문이다.[69]

---

69 『고종실록』, 1897년(고종 34) 11월 22일.

일곱째, 정경부인은 노비의 인성교육과 처세를 통해서 집안의 화목을 도모하였다. 그리고 자녀에게도 노비에 대한 처세를 교육하였다. 이는 정경부인의 사고의 유연성과 관용성을 보여주는 것으로, 그러한 모습은 아들에게 그대로 전승되어 교육의 효과를 초래하였다.

정경부인은 집안의 비복婢僕(계집종과 사내종) 무리가 걸인을 홀대하자, "네가 가히 줄 만한 물건이 있으면 주어서 보내고 없으면 주지 말뿐이지 너에게 무슨 괴로움을 주기에 망령되이 고함지르고 발길질하는 것이냐? 네가 만일 입장을 바꾼다면 네 마음이 어떻겠느냐?" 하면서 꾸짖었다. 그리고 항상 늙고 병든 자, 가난한 자를 불쌍히 여기도록 가르쳤다.

그뿐만 아니라, '비복들이 꾀병을 부릴 때나 작은 속임수를 행하더라도 항상 이들을 대함에 있어 더욱 성심껏 신뢰로 대하여 차라리 혹 속임수를 당하더라도 이를 의심해서는 안된다.'고 아들 익수에게 가르쳤다. 또한 '비복들의 곡식과 옷을 항상 먼저 챙겨 주어야만 하며, 그렇게 할 때 이들의 자발적인 신뢰와 충성을 받을 수 있다.'고 가르쳤다.[70] 이처럼 정경부인은 비복들에게 관용을 베풀면서도 또 한편으로 이들에 대하여 상하관계의 엄격함을 보임으로써 집안의 질서를 유지하고자 하였다.

정경부인의 이러한 삶의 태도는 황후에게도 찾아볼 수 있는 관용성과 포용성이다.

임오군란 때 반란을 일으킨 자들을 처벌해야 한다고 할 때, 황후는 모든 것을 자신의 부덕不德으로 돌려 이들의 처벌에 대해 반대하였다. 이에 대한 기록이 고종의 〈어제행록〉에 보인다.

임오군란壬午軍亂 때 황후는 온화한 태도로 임시방편을 써서 그의 목숨을

---

[70] 『여흥민씨가승기략(驪興閔氏家乘記略)』, 233~235쪽.

보전하였다. 환어還御하자 혹자가 아뢰기를 군란을 일으킨 군사에 대해서는 깡그리 죄를 다스려야 한다고 말하였을 때 황후가 이르기를, "내가 덕이 없고 또한 운수에 관계되는 일이기 때문이다. 이것이 어찌 그 무리가 한 짓이겠는가?"라고 하였다. 『주역周易』에 이르기를, '크게 포용하면 덕은 끝이 없다.'라고 하였으니, 황후의 덕이 그러한 것이다.[71]

이외에도 무고한 사람이 생기게 될까 우려하여, 궁궐에서 사용하는 은그릇이 없어져도 이를 곧 주조해 주도록 명하고, 담당자의 책임을 따지지 못하게 하였다. 이러한 것을 통하여 믿음과 관용을 가지고 아래 사람을 대하는 황후의 인간다움을 알 수 있다.

이상으로 정경부인의 행록을 통해서 황후 삶의 존재양식을 추적해 보았다. 『정경부인행록』에서 알 수 있듯이, 정경부인의 삶은 친가 여성과 시가 여성으로부터 학습된 것이었다. 정경부인이 인현왕후를 성인으로 인식한 것은, '성인의 영역이 여성에게까지 확대'되고 있다는 점이다. 이것은 조선 상류층 여성의 유교적 소양이 높은 수준까지 심화되어, 이들의 학문적 경향도 유교의 이상적인 인간상을 추구하고 있음을 의미한다.

황후도 어렸을 때부터 가문의 교육을 통해 여흥 민문의 여성으로서 정체성을 확립해 나갔다. 특히 인현왕후나 정경부인에 대한 행록을 학습하며, 여성으로서 지녀야 할 부덕을 형성하였다. 따라서 황후는 5대조 인현왕후를 생각하면서 단순하게 왕비를 꿈꾼 것이 아니라 바람직한 여성상, 더 나아가 유교의 이상적인 인간상을 지향하였다.

황후의 이러한 꿈은 어려서부터 독서에 대한 열정으로 이어졌고, 왕비가 된 이후에도 책을 손에서 놓지 않았다. 독서의 범위는 『소학』, 『효경』, 『여

---

71 『고종실록』, 1897년(고종 34) 11월 22일.

훈』, 『주역』, 『자치통감강목』, 『춘추좌씨전』 등의 경전과 역사서를 비롯하여 궁중 서적에 이르기까지 광범위하였다. 집안의 가풍이나 개인의 독서 경력을 볼 때, 유교의 이상적인 인간성을 지향하고자 하였던 지적 훈련은 황후의 수양과 경륜에 바탕이 되었으며, 이러한 수양과 경륜은 훗날 황후의 정치적 역량으로 나타나게 되었다.

· 6 ·

16세에 왕비가 되다
- 준비된 왕비

왕비로 간택되기 이전, 황후는 어머니와 함께 감고당에서 살았다. 감고당은 숙종이 장인 민유중에게 하사한 집이다. 영조가 인현왕후를 생각하며 '감고당'이라는 이름을 짓고 어필로 편액을 써서 걸게 하였다. 황후가 감고당으로 옮기게 된 시기는 정확하지 않다.

자료 1-10 감고당

제1부 정치적 학습 83

1864년(고종 1) 3월 감고당에 관한 기사가 몇 차례 『승정원일기』에 언급되어 있다. 감고당을 신성시하여 사람들이 함부로 거처하지 못하도록 하였는데, 심이택이 이를 어겨 불경죄로 처벌하라는 내용이다.[72] 이런 상황을 감안한다면, 황후가 인형왕후의 사저 감고당으로 옮기게 된 시기는, 적어도 이 사건 이후가 될 것이다. 신정왕후와 대원군이 민치록의 딸을 왕비로 염두에 두고, 감고당으로 옮기게 하였을 가능성이 크다. 감고당은 현재 서울 종로구 안국동 덕성여고 자리에 있었으나, 지금은 그 형태가 남아있지 않고 여주시 황후의 생가에 재건되어 있다.

황후가 왕비로 책봉된 것은 1866년(고종 3) 3월 20일이다. 16세로 고종보다 한 살 연상이었다. 왕비 간택과 친영례에 대해서는 한영우 선생의 『명성황후, 제국을 일으키다』에 자세하게 다루어져 있어서 그 내용을 소개한다.

당시 수렴청정을 하고 있던 대왕대비 조씨(순조의 며느리, 익종의 비, 헌종의 모후)는 12세에서 17세에 이르는 전국의 처녀들에게 금혼령禁婚令을 내렸다. 이해 1월 15일에는 초간택에 응하는 처자處子(처녀)들이 분粉을 발라도 좋으나, 성적成赤(혼인날 신부가 얼굴에 분을 바르고 연지를 찍는 일)은 하지 말라는 하교下敎를 내렸다. 아마 피부색을 통해 건강을 알아보기 위함일 것이다. 관례에 따라 왕비의 간택은 3단계로 이루어진다. 초간택은 1866년 2월 25일 12시에 이루어졌다.

이때 민치록의 딸 이외에 유학幼學 김우근金遇根의 딸, 현감 조면호趙冕鎬의 딸, 영슈 서상조徐相祖의 딸, 용강 현령 유초환兪初煥의 딸 등 5명이 뽑혀 재간택에 나가게 되었다. 재간택은 나흘 뒤인 2월 29일 오전 9시에 이루어졌는데, 이때 민치록의 딸만이 삼간택에 나가게 되었다. 삼간택은 3월 6일 오전 9시에 이루어졌는데, 여기서 민치록의 딸이 최종 왕비로 간택되었다. 여기서 탈락한 모든 여자는 혼인을 허락한다는 신정왕후 조대비의 하교가 내려졌다.

---

72 『승정원일기』, 1864년(고종 1) 3월 5일.

간택을 한 사람은 형식적으로는 왕실의 가장 큰 어른인 대왕대비 조씨로서 창덕궁 안에서 이루어졌다. 특히 삼간택을 할 때는 시원임 대신들과 여러 종신이 초빙되어 의견을 물었다. 하지만 대원군과 대왕대비 사이에는 이미 사전에 밀약이 되어 있었다고 한다.

자료 1-11 운현궁 이로당

삼간택이 이루어진 후 대비는 정원용을 비롯한 시원임 원로대신들에게 의견을 물었는데, 대신들은 모두 이의를 달지 않고 찬성의 뜻을 보였다.

간택된 3월 6일, 황후는 창덕궁을 나와 별궁인 운현궁으로 안내되었다. 여기서 왕비 수업이 시작되었다. 별궁을 대원군 사저로 정한 것은 이 혼인을 주도한 것이 대원군임을 말해준다.

가례는 6례六禮에 따라 납채納采, 납징納徵, 고기告期, 책비册妃, 친영親迎, 동뢰연同牢宴의 순서로 진행되었다. 3월 9일 오전 8시에 신랑이 신부에게 혼인을 요청하는 의미로 왕비 집에 산기러기生雁를 보내는 납채가 행해졌다. 3월 11일 낮 12시에는 혼인의 징표로 예물(각종 비단)을 바치는 납징이 이루어졌다. 3월 17일 낮 12시에는 신부에게 길일吉日을 알리는 고기가 이루어지고,

3월 20일 낮 12시에는 신부를 왕비로 책봉하는 교명敎命과 책보冊寶(책문과 도장)를 신부에게 전달하는 책비가 행해졌다. 다음 날인 3월 21일 오전 8시, 드디어 왕이 운현궁에 가서 왕비를 대동하고 창덕궁으로 돌아오는 친영이 행해졌다. 친영의식에서 가장 중요한 것은 신랑이 기러기를 바치는 전안례奠雁禮와 황후의 어머니인 부부인府夫人이 황후의 오른쪽에 서서 '면지, 경지, 석야무위명勉之敬之夙夜無違命(힘쓰고 공경하고 주야로 왕명을 어기지 말라는 뜻)'이라고 훈계하는 의식이다.

『동치오년 삼월 가례도감의궤』에는 82쪽에 이르는 「가례반차도嘉禮班次圖」가 실려 있다. 천연색으로 그려진 이 반차도에는 2,433명의 인원이 등장한다. 약 1,200명 정도가 참여하던 종전의 친영행차에 비해 두 배 정도 큰 규모이다. 왕실의 권위를 높이기 위해 이전보다 규모를 늘린 것으로 보인다. 대원군과 대원군의 부인 부대부인府大夫人도 왕과 왕비 가마의 뒤를 따르고 있다.

궁으로 들어간 왕비는 그날 오후 1시에 신랑인 고종과 함께 음식을 나누는 동뢰연을 가졌다. 동뢰연은 창덕궁의 합실閤室 안에서 이루어졌다. 동뢰연에서 가장 중요한 의식은 신랑과 신부가 술잔과 탕湯을 받아 마시는 것이다.

다음 날 아침에는 궁 안의 어른인 대왕대비, 왕대비(헌종비), 대비(철종비)에게 차례로 아침인사인 조현례朝見禮를 드렸다. 이로써 공식적인 가례는 모두 끝났다. 이제 황후는 창덕궁의 중전이 된 것이다.[73]

황후가 왕비가 된 배경에는 대원군과 신정왕후 조대비와의 협력이 있었다. 조선의 정치문화 전통에는 후계자가 없이 왕이 사망하였을 경우, 후계자 지명권은 왕실의 가장 큰 어른 대비에게 있었다. 철종이 후계자 없이 타계하자, 순조 며느리이면서 헌종 모후인 신정왕후 조대비가 왕실의 가장 큰 어른이었다.

---

[73] 한영우, 『명성황후, 제국을 일으키다』, 23~27쪽.

당시는 안동 김문이 외척세력으로서 정치권력의 중심에 있었다. 신정왕후 조대비는 풍양 조문 출신으로서 안동 김문의 세도를 견제할 필요가 있었는데, 그때 정치적 파트너로 삼고자 하였던 왕실 인물이 흥선군이었다. 흥선군의 부친 남연군南延君 이구李球(1788~1836)는 인조의 후손이다. 인조 셋째 아들 인평대군의 6대손이었으나, 1815년(순조 15) 순조 명으로 사도세자 서자 은신군의 양자로 입양되었다. 남연군은 인평대군 6대손으로 왕위 계승권 영역에서 다소 멀었다. 그러나 은신군의 양자 즉 영조의 증손曾孫(손자의 아들)이 되면서, 그 후손들은 계동궁(은신군 사손嗣孫의 사저)의 상속권 및 왕위 계승권에 근접하게 되었다.

남연군은 은신군의 양자가 된 이후, 여흥 민문 민유중의 후손 민치구 딸을 아내로 맞이하였다. 여흥 민문은 숙종 대 국혼을 맺어 인현왕후의 아버지 민유중과 그 형제들, 그리고 자식과 손자 대 이르기까지 유력한 정치세력으로 활동한 명문이다. 또한 여흥 민문은 17~18세기 송시열과 송준길, 이단상 등 여러 명문과 혼인·학맥으로 연계되면서 서인 선봉장의 역할을 하였다. 순조 대에 이르러서도 민유중의 3대, 4대손이 여전히 명문의 후손으로서 손색없는 관직생활을 하였다. 명문으로 명맥을 유지하고 있었던 이 가문은 순조 명으로 은신군의 양자가 된 남연군에게는 손색없는 혼인의 대상이었다.

명문이었기에 남연군 역시 넷째 며느리를 여흥 민문에서 맞았다. 바로 대원군의 부인 여흥부대부인 민씨驪興府大夫人閔氏이다. 한편 신정왕후 조대비가 송준길의 후손이며, 인현왕후의 어머니가 바로 송준길의 딸이었다. 신정왕후 조대비와 대원군이 정치적 파트너로 맺게 된 데에는 이러한 인맥구조도 중요 요인의 하나로 작동하였을 것이다. 조선 사회에서 가문의 연결은 무엇보다도 정치적 리스크를 줄이고 신뢰를 형성하는 데 좋은 요건이 되었다.

그리고 대원군은 고종의 배우자로서 여흥 민문 가운데, 민유중 직계손인

제1부 정치적 학습

민치록의 딸을 선택하였다. 물론 부인의 권유와 함께 처가의 가문이라는 것이 중요하게 작용하였을 것이다. 그러나 여흥 민문 가운데에서도 '왜 하필 민치록의 딸이었을까?'

인현왕후의 탄생은 여흥 민문을 명문가로 부상시키는 데 중요한 역할을 하였다. 여흥 민문 가운데 인현왕후 부친 민유중의 직계 가문은 숙종 대부터 국왕의 관심을 받았다. 숙종이 민유중의 제사를 나라에서 지내게 하였는가 하면, 영조는 인현왕후의 본댁을 '감고당'으로 명명하였다. 그리고 민유중과 그 아들 민진후, 민진원은 효종과 경종, 영조의 묘에 배향되었다.

다시 말하면, 민유중의 직계손은 대대로 제사를 지낼 수 있는 비용, 즉, 땅이나 노비를 나라에서 제공받았다. 사제賜祭, 사패賜牌의 대상 가문이었다. 이러한 가문은 명문으로서의 명예는 물론 거기에 걸맞은 부를 향유할 수 있다. 따라서 대원군이 고종의 배우자로서 여흥 민문, 특히 민유중 직계손인 민치록의 딸을 며느리로 맞이한 데에는 그러한 이유를 배제할 수 없을 것이다. 민치록이 죽고 난 후 대원군의 처남 민승호가 민치록의 양자로 입적하게 된 데에도 대원군의 뜻이 내포되었을 것이다.

따라서 대원군이 '한미한 집안의 고아'라고 한 점에 역점을 두어 황후를 며느리로 간택하였다는 설은 황후의 집안을 지나치게 폄하시킨 해석이다. 이러한 해석은 황후를 폄하시키고자 의도하였던 반대 세력과 식민사관의 한 형태이기도 하다. 무엇보다도 황후가 왕비가 되기에 손색없는 자질을 갖추고 있음과 함께 여흥 민문의 명예가 왕비 간택의 중요한 요건이 되었을 것이다. 황후의 영민성을 보고 들었던 대원군 부인의 권유가 왕비 간택에 중요한 요인으로 작동된 것은 확실한 것 같다.

이처럼 황후는 유력한 명문 출신으로서 가문의 교육을 받고 성장하였다. 비록 부친을 8세에 잃었어도, 그녀의 성품은 대담하고 냉철하며, 이지적이라는 평가를 많이 받았다. 황후의 이러한 성격형성은 무남독녀였다는 점과도 무관하지 않다고 생각된다. 훗날 황후의 정치적 행위를 살펴보면, 아들이 없는 상황에서 여성이지만 가문을 지켜야겠다는 강한 의지를 가졌을 것으로 충분히 예측된다. 그리하여 그녀가 어릴 때부터 읽었던 독서의 범위는 상당히 광범위하였으며, 그것은 사대부 남성과 별반 다르지 않았다. 이에 기반한 지식과 식견은 황후의 대담하고 냉철한 성격과 함께 훗날 정치적 격동기 속에서 고종의 정치적 반려자, 내조자로서 유감없이 발휘하게 한 토대가 되었다.

제 2 부

정치적 역할
― 정치적 위기에 대한 인식과 대응양태

· 1 ·
가문의 학습이 정치적 자아 형성과
정체성의 자양분이 되다

 황후는 16세에 왕비로 간택되어 궁궐에서 삶을 시작하였다. 궁궐에서의 삶은 황후에게 어떤 의미를 부여하였을까? 여주의 생가, 아버지 부임지, 그리고 왕비로 간택되기 전 감고당에서 지낸 것과는 판이하였던 궁궐의 삶에서, 16세 황후는 무엇을 생각하고 스스로 어떤 다짐을 하였을까? 황후에게 펼쳐진 낯선 환경은 다름 아닌 정치영역이었고, 궁궐의 생활 그 자체가 정치적인 삶이었다.
 정치적 삶은 '정치적 자아와 정체성'으로부터 출발한다. 황후는 왕비가 되기 이전부터 여흥 민문 출신 태종비 원경왕후와 숙종비 인현왕후로부터 정치적 자아 형성에 큰 영향을 받았을 것이다. 원경왕후는 남편 태종이 왕좌에 오르기까지 권력투쟁의 중심에 있었기 때문에 아내로서 강인한 삶을 살았다. 인현왕후는 인자하고 후덕한 왕비로 기억되는 역사적 인물이다. 이처럼 황후는 강인함과 인자함을 갖추어야 하는 학습을 자연스럽게 가문으로부터 받을 수 있었다.
 더욱이 황후는 왕비로 간택되기 전, 인현왕후의 사저 감고당에서 지냈다. 평소 간직하던 생각이 꿈에 나타난다고 하듯이, 이곳에서 황후와 생모가 거의 비슷한 시기에 인현왕후의 현몽을 받았다. 인현왕후는 자신을 시기하고 죽이려고까지 한 장희빈의 아들 경종을 극진하게 보살핀 인물이다.

황후는 친가에서부터 '인현왕후의 후손'이라는 자긍심을 지니면서 성장하였기 때문에, '왕비'의 존재를 친근하게 여길 수 있었다. 후대 기록자들은 인현왕후를 현몽한 것을 두고, 황후가 항상 왕비가 되기만을 꿈꾸는 권력 지향적인 인물로 표현하고 있다.

'왕비에 대한 친근감', 그리고 '인현왕후의 현몽'에 근거하여, 왕비가 되기만을 꿈꾸는 권력 지향적인 인물로 황후를 평가할 수 있을까? 오히려 왕비로 간택되기 전 나타났던 징후들은 황후의 '정치적 자아', 혹은 '정치적 자존감' 형성에 자양분 역할을 한 것은 아닐까?

풍전등화와 같은 격동기 속에서 황후로서 책임과 의무는 바로 그러한 정치적 자아와 자존감에서 배태될 수 있다. 어릴 때부터 형성된 자존감은 왕비로 간택되기 이전부터 조선의 여인상에만 머물지 않고 유교적 인간상, 즉 공적인 인물로 지향하게 하는 자양분 역할을 하였다. 이러한 자존감이 있었기에, 황후는 부친상을 당한 8세 때에도 어린 나이답지 않게 의연하게 대처하였고, 유교적인 인간상에 접근하고자 하는 언행을 보였다.

여흥 민문의 여성 삶에 대한 학습도 황후의 정치적 인식 형성에 한몫을 하였다. 여흥 민문은 시조 민칭도閔稱道로부터 황후의 조부 민기현閔耆顯에 이르기까지 연이어 과거에 급제한 명문이다. 따라서 이 집안과 혼인한 여성들은 관료부인으로서 공직자의 삶을 살아왔고, 황후의 5대 선조인 민진후의 부인 정경부인의 삶은 『정경부인행록』으로 편찬되어 여흥 민문의 교훈서로 이어져 내려왔다.

『정경부인행록』의 주인공 민진후 부인은 시누이 인현왕후 폐위와 함께 닥쳐온 남편의 정치적 위기 속에서, 집안의 어려운 경제적 책임뿐만 아니라 어른을 잘 봉양하여 집안의 유대관계를 끈끈히 해 나갔다. 나아가 노비들의 교육까지 신경을 써서 가문의 품위를 유지했고, 더구나 폐위된 인현왕후를 잘 보좌하였다. 이러한 삶을 기록한 행록을 통해 전습된 교육은 황후의 자존감뿐만 아니라 공적 인식 형성에도 자연스럽게 스며들게 하였다.

전습되어온 가문의 분위기와 가정교육은 황후의 '정치적 자아와 정체성'을 형성하는 내적 요인으로 작용하였다. 동시에 조선의 정치적 전통과 당면한 시대상황은 황후의 '정치적 자아와 정체성'을 형성하는 외적 요인으로 작동하였다. 대표적인 것이 수렴청정이다.

·2·
수렴청정이 황후의 정치적 자아와 정체성 확립에 정초定礎가 되다

당시 조선은 오랫동안 수렴청정을 시행하였다. 황후가 왕비로 간택되어 입궁하게 된 것, 고종高宗이 군주로 등극하게 된 것 등은 신정왕후神貞王后의 결정에 의해 수렴청정의 제도적 절차에 따라 이루어졌다. 수렴청정을 수행하였던 대비의 역할은 국왕과 왕비의 선정뿐만 아니라 국정운영에 이르기까지 광범위하게 이루어졌다. 이러한 점이 황후의 정치적 인식에 큰 영향을 끼쳤다.

황후는 입궁 이후 '조선의 왕비'로서 손색없는 삶을 스스로 다졌을 때, 대비들의 정치적 역할에 많은 영향을 받았을 것이다. 조선 왕비의 삶은 왕실 여성의 정치인으로서 '정치적 자아와 정체성'에 기반을 둔 정치적 삶을 의미한다. '황후의 정치적 자아 형성과 정체성'은 '고종의 아내와 순종 모후'의 역할에서 출발한다. 아내와 어머니의 역할은 여느 여성과 다름없는 형태이지만, 군주와 세자와 연계된다는 점에서는 다른 여성의 삶보다 정치적 색채가 강하다.

지적으로 영민하였던 황후는 대내외적인 위기에 처한 시대상황에서 자신에게 펼쳐진 '조선 왕비의 삶'을 단순히 화려하고 우아한 형태로만 인식하지는 않았을 것이다. 정치사회적 위기를 극복해서 시대적 사명을 완수해야만 한다는 무거운 책임을 인지했을 것이다.

　수렴청정이 연이어 행해졌던 시대상황 속에서, 황후는 고종의 아내와 순종의 모후로서 '종묘사직'을 지켜야 한다는 자신의 본분과 정치적 책임의식을 충분히 인지할 수 있는 학습된 여성이었다. 16세 왕비로 간택됨과 동시에 형성된 '정치적 자아와 정체성' 속에는 국가의식이 자연스럽게 스며들고 있었다. '정치적 자아와 정체성' 그리고 국가의식은 이후 황후의 정치적 행위에 그대로 투영되어 나타났다. 이 과정에서 왕실 여성의 정치역할을 제도적으로 용인한 수렴청정이 큰 영향을 미쳤음은 의심의 여지가 없다.

· 3 ·

수렴청정, 조선의 정치 위기를 관리하다

왕실 여성의 정치적 정체성은 수렴청정 기간 중 시행되었던 국정운영에 잘 반영되어 있다. 수렴청정은 제도상으로 유일하게 용인된 왕실 여성의 국정운영이기 때문이다. 권력의 정점에 있는 군주의 동반자로서, 혹은 왕실의 큰 어른으로서 위치한 왕실 여성이 정치영역에서 직접적으로나 간접적으로 정치적 영향력을 행사하고 있음은 당연하다. 그럼에도 불구하고 유교정치체제의 특성상, 제도적으로 용인되는 수렴청정을 제외하고는 이들의 정치적 영향력은 외형적으로 드러나지 않는다. 그러나 현실정치에서 이들의 영향력이 존재하는 것은 분명하다.

왕정체제에서 왕비는 최고 통치자인 국왕을 내조하면서, 후계자 세자를 낳고 훈육하는 책임과 의무를 지닌다. 이것은 '종묘사직'을 존속시켜야만 하는 책임과 의무와도 연계되어 있다. 왕비의 책임과 의무를 공사公私 측면과 연계시켜보면 다음과 같다. 왕비의 책임과 의무가 남편과 자식의 관계 속에서 형성된다는 점에서 볼 때는 사적 성격을 지니지만, 군주와 세자의 관계라는 점에서는 국가영역과 연계되어 공적 성격을 갖는다. 이러한 측면에서 왕비의 책임과 의무는 사적이면서도 공적인 영역이 관통되어 오버랩Overlap된다.

왕비의 삶 속에서 공사영역이 오버랩되는 또 다른 부분은 사가私家와의 관계이다. 조선시대 왕비는 왕족이 아니라 사대부 명문가 출신이기 때문에, 실제로 국정운영에서 왕비의 친가는 외척세력으로서 정치영역에 큰 영향을 미쳤다. 공사영역이 오버랩되는 현실 상황 속에서, 이에 대처하는 왕비의 정치적 행위는 시기마다 특성을 달리하며 나타났다.

'시가인 왕실과 친가와의 관계를 어떻게 인식하는가?' 그리고 '자신의 정체성을 어떻게 인식하는가?'에 따라 왕실 여성의 정치적 행위는 다양한 형태로 나타났다. '정치적 정체성'은 '정치적 행위'의 근간이 되어 정치영역에 큰 영향을 미치며, 특히 수렴청정의 주체자인 대비의 경우는 더욱 그렇다.

황후가 살았던 정치사회는 대비의 수렴청정이 시행되었던 시기이다. 순조부터 고종에 이르기까지 연이어 어린 왕이 즉위하거나, 철종哲宗이나 고종처럼 세자의 수업을 받지 못한 왕이 즉위하였기 때문에, 왕정체제의 조선으로서는 비상 국면에 처한 상황이다.

수렴청정은 이처럼 비상시 국정의 혼란을 막기 위한 제도로서, 왕실 여성이 유일하게 제도적으로 정치에 참여할 수 있다. '발을 치고 왕과 함께 정사를 듣는다.'는 의미로서, '수렴동청정垂簾同聽政'을 줄여 '수렴청정'이라 한다.[1]

특히 수렴청정이 집중적으로 시행되었던 이 시기의 정치적 상황은 황후의 정치적 인식에 큰 영향을 미쳤을 것으로 생각된다. 조선 정치사에서 수렴청정은 7회에 걸쳐 있었다.

첫 수렴청정은 세조비 정희왕후貞熹王后(1418~1483)에 의해 1469년(성종 즉위) 11월 28일부터 1476년(성종 7) 1월 13일까지 6년 2개월 시행되었다.

---

1 임혜련, 「조선시대 수렴청정의 정비과정」, 『조선시대사학보』 27, 조선시대사학회, 2003, 42쪽.

자료 2-1 정희왕후 광릉
출처: 한국학중앙연구원

정희왕후는 조선의 8대 군주 예종이 타계하자 그의 아들이 너무 어렸기 때문에, 세조 맏아들 의경세자懿敬世子의 둘째 아들 자산군者山君을 후계자로 지명하였다. 단종이 어려 왕권이 허약한 상태에서 발발한 계유정난을 경험하였기 때문에, 정희왕후로서는 예종의 어린 아들이 왕위를 계승하는 것을 허여할 수 없었다.

어린 왕으로 인해 발생할 수 있는 정쟁을 예방할 특단의 조치가 필요하였다. 그렇게 해서 즉위한 이가 조선의 9대 군주 성종成宗(재위 1469~1494)이다. 이로부터 조선의 정치사에서 후계자가 정해지지 않은 상태에서 군주가 타계하였을 경우, 후계자에 대한 지명권은 왕실의 큰 어른 대비에게 있었다. 그리고 지명된 군주가 정치를 직접 할 수 있는 조건이 될 때까지, 군주와 함께 국정을 운영하는 수렴청정이 제도적으로 시행되었다.

두 번째로 중종의 계비 문정왕후文定王后(1501~1565)는 1545년(명종 즉위) 7월부터 1553년(명종 8) 7월까지 8년간 수렴청정을 시행하였다. 명종은 인종의 동생으로서 후계자로 이미 내정되어 있었기 때문에, 문정왕후는 후계자 지명을 할 필요가 없었다. 그런데 흥미로운 것은 명종 즉위년 8월 기사를 보면, 인종의 비 인성왕후仁聖王后(1514~1578)는 명종의 형수지만, 명종이 친모처럼 섬기는 내용이 나온다.² 이는 왕실에서 행해지는 관계가 사적인 성격보다 공적인 형태로 설정되고 있음을 의미한다.

세 번째로 선조 대 명종의 비 인순왕후仁順王后(1532~1575)가 명종이 1567년 6월 28일 타계하자, 7월 3일부터 이듬해 1568년(선조 1) 1월 2일까지 6개월간 수렴청정을 시행하였다.

1392년 조선 건국 후 176년이 지난 성종 시기에 시작된 수렴청정은 이후 약 100년간 걸쳐 3회 14년 8개월 동안 시행되었다. 이로부터 230여 년이 지난 19세기에 이르러서는, 어린 왕이 즉위하거나 혹은 후계자가 정해지지 않은 상황에서 군주가 타계하였기 때문에, 연이어 수렴청정이 행해졌다.

순조 대 영조의 계비 정순왕후가 1800년(순조 즉위) 7월 4부터 1804년 1월까지 약 3년 6개월간 수렴청정을 시행하였다. 순조는 11세 어린 나이로 즉위하였기 때문에, 친정을 하기 시작한 15세까지 정순왕후의 수렴청정이 이루어졌다. 정조의 후계자로 순조가 이미 내정되었기 때문에, 정순왕후의 후계자 지명권은 시행되지 않았다.

순조가 죽자, 손자 헌종이 왕위를 계승하였다. 순조의 아들이면서 헌종의 아버지 효명세자孝明世子(1805~1820)는 왕으로 즉위하기 전에 죽었다. 헌종 역시 8세의 어린 나이로 즉위하였기 때문에, 순조의 비 순원왕후가 1834년(헌종 즉위) 11월 18일부터 1840년(헌종 6) 12월 철렴撤簾까지 약 6년 동안 수렴청정을 시행하였다.

이후 1849년(헌종 15) 6월 6일 헌종이 후사 없이 죽자, 순원왕후는 영조의 유일한 현손인 전계대원군 이광의 셋째 아들 원범元範을 후계자로 지명하였

---

2   『명종실록』, 1545년(명종 즉위) 8월 28일.

다. 바로 조선의 25대 군주 철종(재위 1849~1863)이다. 그리고 1849년(철종 즉위) 6월 9일부터 1851년(철종 2) 2월 철렴까지, 약 2년 6개월간 수렴청정이 시행되었다. 이로써 순원왕후는 조선시대 유일하게 2대에 걸쳐 수렴청정을 수행한 대비가 되었다.

1863년(철종 14) 윤 12월 8일 철종 역시 후계자 없이 타계하자, 헌종의 모후이자 익종(효명세자)비 신정왕후는 흥선군 이하응李昰應의 2남 명복命福을 후계자로 지명하였다. 흥선군은 정조의 이복동생 은신군의 양자 남연군의 4남이다. 지명된 자는 조선의 26대 군주 고종(재위 1863~1907)이다. 신정왕후는 1863년(고종 즉위) 12월 13일부터 1866년(고종 3) 2월 13일 철렴시까지 약 2년 3개월 수렴청정을 시행하였다.

19세기에는 23대 순조 즉위로부터 연이어 26대 고종 대에 이르기까지 63년 동안 수렴청정이 14년 3개월간 시행되었다. 1800년대 초기부터 중기에 걸쳐서 약 63년 동안, 조선 정치사에서 시행된 수렴청정 7회 중 4회가 연속적으로 시행되었다는 것은, 당시 군주 자체의 권력 기반이 허약하였음을 의미한다.

수렴청정은 왕정체제에서 군주의 권력 기반의 허약함을 보완해주는 기능을 하였다. 조선의 정치적 위기가 대비의 수렴청정에 의해 극복되었음을 의미한다. 이처럼 수렴청정 주체자인 대비의 정치적 책임은 막중하였다. 대비들은 군주의 정치적 보필자이면서, 동시에 국정운영을 주도적으로 행하는 정치 주체자로서 정치적 역할을 성실히 수행하였다.

수렴청정에서 공통으로 드러나는 정치적 대의명분은 선왕의 유지를 계승하는 것이다. 그 내용을 대체적으로 살펴보면 '왕실 권위의 강화', '왕권 강화를 위한 정치세력의 변화', '사회폐단의 시정을 통한 위민정책의 실현' 등이다. 정치적 대의명분을 수행하는 과정에는 현실정치에 대한 대비들의 상황인식이 내재해 있다. 특히 신정왕후의 수렴청정은 황후의 정치인식에 크게 영향을 미쳤을 것이다. 그러면 신정왕후의 정치적 인식과 수렴청정은 어떠했을까?

· 4 ·
법통法統의 시어머니 신정왕후

황후의 시부모는 혈통적으로는 대원군大院君과 부대부인이다. 그러나 고종이 익종과 신정왕후의 아들로 입후되었기 때문에 신정왕후가 법통의 시어머니가 된다. 황후는 혈통과 법통의 시부모를 모두 모셨을 것이다.

자료 2-2 효명세자와 신정왕후의 합장릉
출처: 한국향토문화전자대전, 디지털구리문화대전, 한국학중앙연구원

철종(1831~1863)이 후계자 없이 타계하자, 후계자에 대한 지명권이 대비에게 있었다. 1857년(철종 8) 순원왕후가 타계하였기 때문에, 왕실의 큰 어른은 헌종의 모후 신정왕후였다.

신정왕후(1808~1890)는 풍은부원군豊恩府院君 조만영趙萬永의 딸이며, 송준길宋浚吉의 후손인 목사 시연時淵의 외손녀이다. 1819년(순조 19)에 효명세자 부인으로 세자빈에 책봉되었으나, 효명세자가 22세 나이로 죽자 왕비에 오르지 못했다.

1834년 아들 헌종이 즉위하자 효명세자가 익종으로 추대되었고 신정왕후는 왕대비로 되었다. 1857년(철종 8) 순조비 순원왕후가 타계하자 신정왕후는 대왕대비로 되었다. 따라서 신정왕후는 왕실의 최고 어른으로서 수렴청정을 수행함과 동시에 후계자를 지명하게 되었다.

신정왕후는 종친 흥선군 이하응을 정치적 파트너로 삼아, 그의 둘째 아들 명복에게 왕위를 계승하도록 하였다. 조선의 군주 26대 고종이다. 그리고 2년 3개월간 수렴청정을 하였다.

신정왕후는 고종을 남편 익종과 자신의 아들로 입후하였다. 고종은 헌종과 형제간이 되어, 왕통은 '순조 - 익종 - 헌종 = 고종'으로 구성되었다. 이는 당시 외척세도가였던 안동 김문을 견제하면서 동시에 군주의 정통성을 강화하려는 신정왕후의 의도이기도 하였다. 철종의 비가 안동 김문의 출신이었고, 철종 대에 안동 김문이 국정운영의 주도권을 장악하였기 때문에 이에 대한 견제가 필요하였다. 또한 고종의 왕위 정통성을 강화하기 위한 방법으로, 순원왕후가 철종을 자신의 아들로 입적시킨 형태를 롤모델Role Model로 하여, 신정왕후는 고종을 자신의 아들로 입후하였다.

신정왕후는 수렴청정을 통하여 남편 익종의 유지를 실현하고자 하였다. 고종을 자신의 아들로 입적시킴으로써 수렴청정의 통치 권위를 확보하며 동시에 왕의 권위를 강화하고자 하였다. 이 과정에서 이를 지탱시켜 줄 새로운 정치세력의 출현이 불가피하였다. 그 중심에 흥선군 이하응이 있었다.

신정왕후는 차대次對와 소견召見을 통해 정국을 운영하였다. 차대에서는 주도적으로 하교를 내려 정치에 참여하였다. 소견에서는 지방관이나 사신 이외에도 기존의 관료들과 의견을 듣고 나눔으로써 이들과 함께 국정을 운영하였다.[3]

수렴청정은 국정운영을 사적으로 하는 것이 아니라, '차대와 소견'이라는 공적 시스템에 의해 이루어졌다. 대비들은 공적 시스템의 구조 아래에서 주도적으로 국정운영을 해 나갔다. 이러한 형태 속에서 '선왕의 유지' 즉 '시아버지, 남편, 그리고 아들이 실현하고자 하였던 유지'가 국정운영의 목적과 정치적 대의명분이 되었다.

이때 친가와의 정치적 이해관계가 충돌될 경우, 대비들은 대부분 시가 왕실에 역점을 두어 친가세력을 활용하고 있다는 점을 간과해서는 안 될 것이다. 이런 관점에서 본다면 수렴청정을 외척세력이 주도하는 국정운영으로 단순하게 평가하는 것은 재고의 여지가 있다. 신정왕후 역시 이 틀에서 벗어나지 않았다.

신정왕후는 남편 효명세자가 대리청정을 할 당시의 통치목적을 실현하고자 하였다. 효명세자의 통치목적이 부왕 순조와 일치함을 볼 때, 고종 초기 개혁정치는 순조와 효명세자가 실현하고자 하였던 정책과도 맞물려 있다.

경복궁 중건을 통하여 왕실의 권위를 강화하고자 하였고, 이는 조선건국의 정신을 부각해 사회적 폐단을 개혁하고자 하는 의지를 반영한다. 사회적

---

[3] 수렴청정의 운영방식에 대해서는 임혜련, 「19세기 垂簾聽政의 특징」, 『조선시대사학보』 48, 조선시대사학회, 2009, 271~277쪽.

폐단을 개혁하는 것은 위민정치의 실현과 연계된다. 즉, 탐관오리의 비리 근절, 삼정과 과거제의 폐단 개선, 그리고 엄격한 법 적용의 강조 등이다. 모두 순조와 효명세자가 추진하고자 한 정책이었으며, 신정왕후는 이를 계승하였다.

신정왕후의 친가 풍양 조문은 그동안 안동 김문에게 밀려 정치의 중심세력에 있지 못하였다. 신정왕후는 이러한 상황 속에서 자신의 통치목적을 달성하기 위하여 정치적 파트너로 종친 홍선군과 손을 잡았다.

신정왕후는 왜 홍선군을 정치적 파트너로 삼았을까? 여기에는 홍선군의 처가 여흥 민문이 주요 요인의 하나로 작용하였다. 신정왕후는 송준길宋浚吉의 후손이다. 여흥 민문과 송준길 가문은 혼인으로 밀접하게 결합하고 있었다. 한국의 전통사회에서 '혈통과 가문'의 결합은 정치적 신뢰를 형성하는 데 중요한 요인으로 작용한다.

대표적인 것이 외척세력이며, 그들은 군주의 처가, 그리고 세자의 외가로서 정치적 영향력이 적지 않았다. 신정왕후로서는 당시 정치적 개혁을 함께 추진할 세력으로 신뢰할 수 있는 좋은 대상이 바로 홍선군이었다. 홍선군 이하응은 종친이었고, 처가는 신정왕후와 혈통적으로 연계된 가문이기 때문이다.

신정왕후가 홍선군을 정치적 파트너로 택한 이유는 수렴청정을 통해 남편 유지를 달성하고자 하는 의지가 강했기 때문이다. 그것은 수렴청정에 적극적으로 임하는 신정왕후의 태도에서도 엿볼 수 있다. 철종이 승하하던 날 시원임대신과 소견하면서 이미 발을 치고 신하들과 대면하였다. 그 자리에서 언문을 작성하여 교서를 통해 고종을 후계자로 발표하였다. 신하들의 주청이 있기 전에 신정왕후의 행보는 이렇게 적극성을 보였다. 이는 왕실 어른으로서의 책임감을 느끼고, 어린 국왕이 직무를 스스로 할 수 있도록 보

필할 필요성을 인식하였기 때문이다.4

신정왕후의 수렴청정에서 드러난 정치인식과 통치목적은 시아버지 순조, 남편 효명세자, 그리고 아들 헌종이 이루고자 하였던 것의 연장선상에 있었다. 이러한 정치인식과 통치형태는 신정왕후뿐만 아니라, 정순왕후와 순원왕후에게도 나타나는 보편적인 형태였다. 이 같은 왕실 여성의 정치적 역할이 황후의 정치인식과 정치행위에 영향을 끼친 것은 말할 여지가 없다.

---

4 임혜련, 「19세기 神貞王后 趙氏의 생애와 垂簾聽政」, 『韓國人物史硏究』 제10호, 한국인물사연구소, 2008, 236쪽.

왕실 중심의 국가의식이 내면화되다
- 국가의식의 이원적 구조

　왕실과 종묘사직에 역점을 둔 국가의식을 기반하여 정치적 역할에 충실하였던 대비들의 삶을 되새기며, 황후는 자신의 각오를 다졌다. 수렴청정에서 대비의 정치적 역할을 보면, 사적으로는 시아버지, 남편, 그리고 아들의 유지를 실행하는 것이며, 그것이 정치적 대의명분이 되었다. 혼인으로 맺어진 관계의 대상이 군주 혹은 세자였기 때문에, 이에 근거하여 정치적 역할을 성실히 수행하였던 것이다. 이 과정에서 친가의 세력과 이견이 있을 때, 대비들은 시가인 왕실의 관점에서 국가의식을 수반한 정치행위를 보였다.

　대비들이 국가의식에 근거하여 정치행위를 할 수 있었던 것은 교육에 기반하고 있다. 조선은 주자학적 질서체계를 중심으로, 양난 이후 여러 영역에서 무너진 질서를 회복하고자 하였다. 이 과정에서 가문의 의식이 강조되었다. 문중을 중심으로 정체성을 확립해가는 과정에서, 여성교육을 위한 여훈서가 저술되었다. 여흥 민문의 『정경부인행록』(민익수)을 비롯하여, 대표적인 것이 『우암선생계녀서』(송시열) · 『한씨부훈韓氏婦訓』(한원진) · 『내정편』(권구) · 『계자부문戒子婦文』(조관빈) · 『소사절小節』(이덕림) · 『여자초학女子初學』(김종수) · 『계녀약언戒女略言』· 『여소학女小學』(박문호) 등이다.[5]

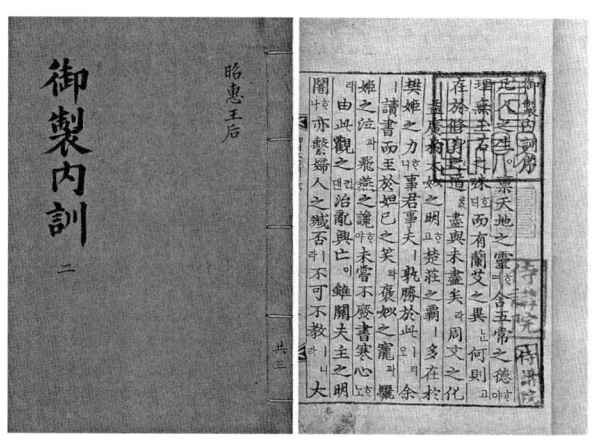

자료 2-3 『어제내훈』
출처: 한국학중앙연구원 장서각

한편 왕실에도 왕실 여성을 위한 체계적인 교육이 지속되고 있었다. 영조는 소혜왕후昭惠王后(1437~1504)의 『내훈』에 직접 소지를 붙여 『어제내훈御製內訓』이라는 제목으로 간행하여 여성의 교화서로 활용하게 하였고, 『여사서女四書』를 간행하여 언문으로 해석하도록 명하였다.

'당판唐板인 『여사서女四書』는 『내훈內訓』과 다름이 없다. 옛날 성왕聖王의 정치는 반드시 가문家門을 바로잡는 일로써 근본으로 삼았으니, 규문閨門의 법은 곧 왕화王化의 근원이 된다. 이 서적을 만약 간행刊行하여 반포頒布한다면 반드시 규범閨範에 도움이 있을 것이나, 다만 언문諺文으로 해석한 후에야 쉽게 이해理解할 수가 있을 것이다.' 하고, 교서관校書館으로 하여금 간행하여 올리게 하였으며, 제조提調 이덕수李德壽로 하여금 언문으로 해석하도록 명하였다.6

5　김언순,「『壼範』을 통해 본 조선후기 女訓書의 새로운 양상」, 『장서각』 제16집, 한국학중앙연구원, 2006, 174쪽; 육수화, 『조선시대 왕실교육』, 민속원, 2008, 27쪽.
6　『영조실록』, 1734년(영조 10) 12월 20일.

영조가 『여사서』에 대해 언문으로 해석을 명한 것은 그 교육의 대상이 왕세자나 왕세손의 배우자 비빈을 비롯한 왕실 여성이었기 때문이다. 그리고 여성 교육을 '왕화의 근원'으로 인식할 만큼 중요하게 여겼다.[7]

사대부가士大夫家의 여성으로서 삼간택이 되면, 그 여성은 사가私家로 돌아가지 않고 별궁에서 여러 영역의 왕실 교육을 받게 된다. 이처럼 왕실의 일원으로 전환된 사대부가의 여성은 사가의 교육에 이어 왕실 교육을 받았던 당대 최고 엘리트 여성이다. 이러한 교육을 통해서 왕실 여성은 공적 인식을 함유할 수 있는 자질을 충분히 형성할 수 있었다. 황후 역시 바로 그러한 지적 능력을 갖춘 여성이었다. 또한, 수렴청정에서 드러나듯이, 왕실 중심의 국가의식에 바탕을 둔 대비들의 정치적 행위를 충분히 인식할 수 있는 그러한 능력을 갖춘 여성이었다.

당시 조선은 개항을 둘러싸고 유례없는 외세의 압박과 내부 세력의 갈등이 서로 뒤엉켜 심각한 국가 위기에 처해 있었다. 이러한 위기 속에서 황후는 자연스럽게 군주의 내조자, 세자 모후로서의 정체성과 맞물리면서 자신의 정치적 역할을 수행하였다. 친가의 학습에서 가문 여성들의 삶을 본보기로 삼았고, 그 위에 국가의식을 기반으로 정치적 역할에 충실하였던 대비들의 삶이 또 다른 본보기로 중첩되면서, 황후의 정치적 인식은 '왕실 중심의 국가의식'으로 자리매김 하게 되었다.

황후는 입궁 후 여러 가지 왕실의 법도를 익힘과 동시에 자신의 본분과 정치적 역할이 무엇인지 자각해야 했다. 황후로서의 정체성과 정치적 자아를 실현해야 하는 삶에 대한 자각이다. 이러한 의미에서, 황후의 정체성과 정치적 자아 형성은 19세기 중엽 조선의 정치적 환경과 문화와의 연계 속에서 배태될 수밖에 없다.

---

7 육수화, 『조선시대 왕실교육』, 27~29쪽.

풍전등화와 같은 조선의 위기 속에서, 황후의 정치적 역할은 내적으로나 외적으로 적극적인 형태를 지닐 수밖에 없었다. 후계자가 없거나 군주가 너무 어린 나이에 즉위하여, 자칫하면 정치적 공황 상태를 불러일으킬 수 있는 국가적 비상상황에서, 대비들의 수렴청정이 국가 위기를 관리하였듯이, 당시 유례없는 국가의 위기 상황은 황후의 적극적인 정치역할을 견인하는 동인으로 작용하였다.

황후의 정치적 역할이 논란되기 시작한 것은 대원군 하야, 그리고 이와 연계된 고종의 친정체제 전환이다. 황후의 정치적 역할에 대해 당대 지식인 황현黃玹은 다음과 같이 기록하고 있다.

> 중궁도 차츰 나이가 들어가자 순원·신정왕후인 두 대비들이 선대의 장성한 임금을 마음대로 주무르는 것을 보고 익히며 내심 부러워하였는데, 하응이 떠나자 자못 힘이 붙었다. 이리하여 중궁이 모든 정사에 참견하여 결정하면 승호는 이를 받들어 실행할 따름이었다.[8]

상기의 글은 황현의 『오하기문』에 기록되어 있는 황후에 관한 내용이다. 황현의 평가가 어느 정도 정확성을 지니는가의 여부를 떠나, 이것은 당시 정황의 일면을 보여주고 있다는 점에서 주목할 필요는 있다.[9]

그러나 황현은 수렴청정을 조선 정치사회의 위기 상황을 관리하는 정치제도로 인식하지 않았다. 게다가 대비들이 국정을 농단하는 것으로 평가하여, 수렴청정에 대해 부정적 견해를 갖고 있었다. 그리고 이것을 황후의 국정농단과 연계시켰다.

황현뿐만 아니라, 당대 유림의 사고에는 여성의 적극적인 정치적 역할에

---

[8] 황현 지음, 김종익 옮김, 『오하기문』, 역사비평사, 1994, 26쪽.
[9] 이희주 편, 『고종시대 정치리더십 연구』, 한국학중앙연구원출판부, 2017, 58쪽.

대해 부정적으로 평가하는 경향이 짙었다. 『대한계년사』의 저자 정교鄭喬, 『한국통사』의 저자 박은식朴殷植 등도 유사한 기록을 남기고 있다.

문제는 그 해석이 '당대 시대정신을 어느 정도 정확하게 꿰뚫고 있으며, 시대과제를 해결하기 위한 적합한 분석인가?' 하는 것이다. 어떤 관점을 가지고 해석하느냐에 따라 황후의 정치적 행위가 다양하게 평가될 수 있기 때문이다. 불행하게도 황후의 평가는 당시 여성의 정치적 역할에 대해 인색하였던 유림의 사유구조에 의해서, 여기에 덧붙여 일본의 고도의 식민지전략과 맞물리면서 확실한 증거 없이 풍문으로 기록된 것이 많았다. 오늘날 황후에 대한 재평가가 이루어져야 하는 이유이다.

황후의 정체성 속에는 공사公私 이원적 구조가 관통되어 있다. 황후의 정치적 역할은 정체성에서 출발하며, 정체성이란 고종의 아내와 순종 모후의 역할에서 형성된다. 부부나 모자의 관계는 여느 여성과 다를 바 없지만, 그 영역이 왕실과 종묘사직에 관련된다는 점에서는 공적인 특성을 보인다.

왕실 여성의 정체성은 공적 인식과 연계될 수밖에 없는 구조적 특징을 지니고 있다. 수렴청정에서 드러난 왕실 중심적 사고, 선왕의 유지를 달성하고자 하는 대비들의 정치적 역할 속에도 왕실 여성의 정체성과 공적 인식의 연계성이 잘 드러난다. 이는 왕실 여성의 정치적 역할이 무엇보다도 '종묘사직'을 지켜야 한다는 책임과 의무에서 출발하고 있는 것과 무관하지 않다.

정순왕후의 경우, 스스로 '여군女君'으로 칭한 사실은 강한 권력의지를 보여주는 면도 있겠지만, '종묘사직', 즉 국가에 대한 강한 정치적 책무감의 징표라고 해석할 수도 있다. 이러한 관점에서 볼 때, 수렴청정을 수행한 대비들은 국정운영이나 '종묘사직의 수호'를 효율적으로 달성하기 위하여 왕권강화의 측면에서 친가세력들을 활용하고 있었다.

왕실 여성 뿐만 아니라, 한국 여성 대부분도 이혼하기 전에는 친가보다는 시가에 역점을 두어 자신의 역할을 수행하는 것이 보편적인 삶의 양식이다. 특히 남성 위주의 유교정치체제에서, 여성이 시가의 구성원으로서 그 역할에 역점을 두는 것은 말할 나위가 없다.

황후의 정치적 역할은 국가권력의 정점에 위치한 군주 고종과 순종의 관계 속에서 출발하고 있다는 점에서 사대부나 다른 왕실 여성과는 달리 '국가권력'과 직접적인 연관성을 지닌다. 입궁 이후 정체성 확립에 있어서 이러한 점이 많은 비중을 차지하였을 것이다. 즉, 황후의 정체성에는 국가의식인 공적 영역과 연계되어 있고 동시에 '종묘사직의 수호'에 대한 책임의식이 수반되어 있었다.

수렴청정에서 드러난 대비의 인식이 왕실유지와 종묘사직이라는 국가존속에 역점을 두고 있듯이, 황후 역시 이와 동일하였다.

① 황후는 경복궁景福宮의 곤녕합坤寧閤에서 8월 20일 무자일戊子日 묘시卯時에 세상을 떠났다. 나이는 45세이다. 이날 새벽에 짐과 황후가 곤녕합 북쪽의 소헌小軒에 있을 때 흉악한 역적들이 대궐 안에 난입하여 소란을 피우니 황후가 개연히 짐에게 권하기를, "원컨대 종묘사직宗廟社稷의 중대함을 잊지 말 것입니다."라고 하였는데 위급한 중에도 종묘사직을 지키고자 하는 마음이 이와 같았다. 조금 후에 황후를 다시 볼 수 없었으니 오직 이 한 마디 말을 남기고 드디어 천고에 영원히 이별하게 되었다. 아! 슬프다.[10]

② 황후는 늘 조선도 미국처럼 자유롭고 힘이 있으면 좋겠다고 희망했으며 서구와의 친교를 적극적으로 모색하였다.[11]

---

10 『고종실록』, 1897년(고종 34) 11월 22일.

①은 1895년(고종 32) 황후가 시해를 당하기 직전 마지막으로 한 대화에 관하여 고종이 회상한 내용이다. ②는 미국 여의女醫인 언더우드 여사Lillian H. Underwood가 황후를 기억하면서 기록한 내용이다. 이를 통하여 황후의 정체성에 '종묘사직의 수호'라는 '국가의식'이 짙게 깔려있음을 엿볼 수 있다.

　그러나 수렴청정을 수행한 대비나 황후의 국가의식은 사대부나 관료의 국가의식과는 차별성이 있다. 왕실 여성은 사적 영역과 공적 영역이 겹치는 특성을 지닌다. 반면, 사대부나 관료들의 '종묘사직'에 대한 인식을 왕실 여성과 비교할 경우, 상대적으로 공적 영역에 역점을 두는 경향이 강하다.[12]

　황후의 정치적 정체성에도 공사公私의 이중적 구조가 관통되고 있다. 황후의 역할이 군주의 동반자, 세자의 모후에서 출발하고 있다는 점은 당시 조선 여성 삶의 보편적 경향과 크게 다르지 않다. 조선시대 여성의 일반적 삶도 남편과 자식에 역점을 두고 있기 때문이다. 남편과 자식의 삶이 바로 여성 자신의 삶이었다. 기존의 연구에서 황후를 전형적인 '권력지향형'으로 평가한 것은, 왕실 여성의 특성 가운데 사적 영역을 지나치게 부각시킨 면이라 할 수 있다.

　황후에 대한 기존의 부정적인 평가의 내용이 대원군을 몰아내고 고종의 친정체제를 구축시켰다는 것, 고종의 군주권을 유지 강화하기 위해 대원군과 권력투쟁을 하였다는 것, 병약한 세자를 위해 무당이나 양의洋醫에게 지나친 비용을 쓴다는 것 등 고종과 세자를 위한 것이었지, 황후 자신의 사치나 허영을 증거를 들어 지적한 면은 거의 나타나지 않는다. 언더우드 여사도 황후의 모습에 대해 '내면적인 미가 단순한 육체적인 아름다움보다 훨씬

11　L. H. Underwood, *Fifteen Years among the Top-Knets or Life in Korea*, American Tract Society, 1904, p.147. 장영숙, 「서양인의 견문기를 통해 본 명성황후의 정치적 위상과 역할」, 『한국근현대사연구』 제35집, 한국근현대사학회, 2005, 23쪽 재인용.
12　이희주 편, 『고종시대 정치리더십 연구』, 58~59쪽.

크고 놀라운 매력을 주었다.'고 기록하고 있다.¹³ 따라서 황후에 관한 부정적 평가는 고종이나 순종과의 관계 속에서 나타난 것으로, 사적 영역에다 역점을 둔 것이다.

그러나 대비나 황후 등 국가권력과 직접적인 연계성이 있는 왕실 여성에게 있어서 '종묘사직'은 '가家'와 '국가'와의 분리가 되지 않은 형태였다. 이러한 정치체제와 제도적 기반 위에서 그들의 정체성이 형성될 수밖에 없음을 고려할 때, 황후의 행위를 지나치게 사적 영역의 차원에서만 평가하는 것은 전체를 보지 못하는 편협성을 지닌다.

황후에게 있어서 '고종과 순종의 안위'는 '종묘사직을 지키는 골간'이 되는 것이다. 이것이 무너질 때 종묘사직과 함께 국가의 붕괴가 초래된다. 황후의 편지글 대부분 서두에 '글시 보고 야간夜間 무탈無頉흔 일 든// 흐며(밤새 무탈하다니 안심되며, 필자 역)'라 하여 먼저 상대방의 안부를 언급하고, 이어서 '상후上候 문안問安 만안萬安(신상이 편안)흐오시고 동궁東宮 제절諸節(기거동작) 튼평泰平// 흐시니 츅슈祝手// 흐며(임금과 세자가 평안하시고, 그러기를 기원하니, 필자 역)'라 하여 고종과 순종의 문안을 전하고 있다. 이것은 단순히 상투적이라기보다 '고종과 순종의 안위'가 '국가의 평안과 중요하게 직결됨'¹⁴을 보여주는 황후의 인식이다.

당시 많은 유림의 비난에도 불구하고, 황후는 병약한 세자를 위하여 무당에게 의존하여 산천에 기도하고, 서양 어의御醫에게 사례금을 지불하였던 것으로 생각된다. 황후를 '지적이고 애국적'으로 평가하는 외국인조차도 '세자의 건강을 위하여 무당에 의존하거나 산천에다 제사 지내는 황후의 행동'

---

13 L. H. 언더우드 지음, 신복룡·최수근 역주,『상투의 나라』, 집문당, 1999, 49쪽. 언더우드 여사 외에도 명성황후를 직접 만났던 대부분의 외국인이 명성황후의 모습에 대해 '내면적인 아름다움'을 기록하고 있다.
14 이기대 편저,『명성황후 편지글』, 다운샘, 2007, 50쪽.

이 이해될 수 없는 기이한 모습으로 비추어졌던[15] 만큼, 특히 '세자의 안위'에 대한 황후의 애착은 강했다.

이처럼 '공'과 '사', '국가'와 '가家'가 분리되지 않는 이원적 구조 속에서 황후의 정치적 역할이 표출되기도 하였다.[16]

---

15   황후를 알현한 비숍 여사는 '그 당시 세자는 완전히 병약한 환자 같은 인상을 풍기고 있었으며 나 역시 그렇게 느꼈다. 그는 외아들이었으며 어머니의 우상이었다. 그의 어머니는 아들의 건강에 대해 노심초사했으며 후궁의 아들에게 왕위를 뺏길지도 모른다는 두려움에 묻혀 살았다. 그는 이런 원인을 해소하기 위해 무절제한 행동을 하기도 했다. 그는 끊임없이 미신의 힘을 빌려 자신의 소원을 기원하고 안정을 찾으려 했으며 스님에게 바치는 시주도 적지 않았다. 내가 그들을 알현하는 동안 왕비와 세자는 서로 손을 꼭 잡고 있었다.'라고 기록하고 있다. 이 기록에서도 '세자의 안위'에 대한 황후의 간절한 마음을 읽을 수 있다. I. B. 비숍 지음, 신복룡 역주, 『조선과 그 이웃나라들』, 집문당, 2000, 247쪽.
16   이희주 편, 『고종시대 정치리더십 연구』, 59~60쪽.

· 6 ·

격동기 속에
대원군의 정치적 기반이 와해되다

황후가 궁궐에서 삶을 시작하였던 당시 조선의 정세는 내우외환에 시달리고 있었다. 19세기 중엽 이후 동아시아 유교문명권의 국가들은 미증유의 근대적 생산력과 군사력을 갖춘 서구 열강들의 외압을 받고 있었다. 조선 또한 서구 열강의 제국주의적 침략에 직면하여 국가적 위기 상황에 처해 있었다.

특히 병인양요와 신미양요 등 서구 열강과의 전쟁뿐 아니라 지정학적으로 청국과 일본, 러시아 세력의 각축장이 됨으로써, 이웃 일본과 비교해 보더라도 조선이 겪은 외압은 '국가의 존립'을 위협할 정도로 심각하였다. 이와 함께 대내적으로도 정치사회적 모순이 누적된 심각한 위기 상황이었다.

조선은 당시 신정왕후의 수렴청정 시기였고, 신정왕후는 정치적 파트너 대원군과 함께 국정을 운영하였다. 고종 즉위 1863년 12월부터 시작된 신정왕후의 수렴청정은 1866년(고종 3) 2월 13일 철렴되었다.

신정왕후가 수렴청정을 거두게 되자, 대원군은 단독으로 국정을 완전하게 장악하였다. 수렴청정을 수행하는 동안 신정왕후가 모든 전결을 하였지만, 실제적으로는 대원군과 함께 국정운영을 의논해 나갔다. 경복궁 중건에 관한 실록기사를 보면, '이처럼 중대한 일(경복궁 중건)은 나의 정력으로는 미

자료 2-4 대원군 초상
출처: 서울역사박물관

치지 못하는 것이므로 일체를 대원군에게 위임하니, 모든 일은 반드시 의논해서 결정하라.'[17] 고 하여, 대원군에게 위임하는 전교를 내리고 있다.

이것은 신정왕후가 국정을 대원군과 운영하였음을 의미하며, 실제로 신정왕후는 대원군과 함께 당시 조선 사회의 전반적인 부패를 개혁해 나갔다. 신정왕후의 수렴청정 운영형태는 이전과는 다른 양상이었다.

19세기에 실시되었던 수렴청정은 대비들이 자신의 친가 세력이나 당대 세도가와 함께 운영하였던 데 비하여, 신정왕후는 친가 풍양 조문이 아니라 국왕의 친부 대원군을 정치적 파트너로 삼았다. 국정운영이 왕실 중심으로 이루어졌다.

신정왕후와 대원군의 국정운영 공조 형태는 그동안 안동 김문 및 그들과 연계된 관료들의 부패, 이에 따른 민의 수탈 등의 폐단을 수습하는 일대 개혁 추진에 상당한 효과를 가져왔다. 일련의 개혁 작업은 신정왕후 남편 효명세자의

---

17 『승정원일기』, 1865년(고종 2) 4월 3일.

대리청정 시기와 아들 헌종 대에 수행하고자 하였던 정책들이었다. 이러한 의미에서 어느 정권이든 정책수행은 이전 정권과의 연계성을 지니고 있다.

당시 개혁정치의 대략을 살펴보면 다음과 같다. 인사정책을 수행함에서도, 안동 김문의 일부 세력만을 남겨둔 채, 당파와 신분을 구별하지 않고 능력에 따라 인재를 등용하였다. 경제적인 측면에서도 문란해진 삼정三政을 바로잡고 농민생활을 안정시키기 위한 정책을 추진하였다.

삼정이라 함은 전정田政, 군정軍政, 환정還政을 일컫는다. 전정에서는 빠진 전토를 찾아내어 세원을 증가시켰고, 지방관이나 토호들의 토지겸병 금지, 수령과 아전의 부정행위 금지 등, 이를 어기는 자를 엄하게 다스렸다. 군정에서는 호포제를 실시하여, 상민에게 징수해온 군포를 양반에게까지 확대 징수하였다. 환정에서는 환곡제를 개혁하였고, 좁은 지역을 단위로 운영하는 사창제를 실시하여 농민들이 실제로 구휼의 혜택을 입도록 하였다.[18]

또한 정치기구의 재정비를 통하여 왕권을 강화하고자 하는 노력도 보였다. 문무고관의 합의체로서 주요 정무를 총괄하고 집권세력의 정치권력을 뒷받침하였던 비변사를 폐지하여 의정부의 기능을 부활시켰고, 삼군부를 다시 설치하여 정치와 군사를 분리했다. 법치 질서를 정비하기 위해『대전회통』과『육전조례』를 간행하였으며, 왕실 국가의 전례를 정비하기 위하여『종부조례』와『오례편고』를 편찬하였다. 이는 조선 건국 초기 정치기구의 형태를 회복시키는 것만이 아니라, 건국 신념을 다짐하면서 왕권의 정통성을 확보하고자 하는 신정왕후와 대원군의 신념이었다. 태조와 태종의 묘호를 정비하는 것도 그러한 의지의 발현이었다.[19]

상기한 정치・경제적 개혁은 효명세자의 유지를 실행하기 위한 신정왕후

---

18 김명숙,『19세기 정치론 연구』, 한양대학교출판부, 2004, 219~220쪽.
19 임혜련,「19세기 神貞王后 趙氏의 생애와 垂簾聽政」, 239~242쪽.

의 의지 발현이었다. 이 시기 개혁 정책을 대원군의 단독 수행으로 보고 있지만, 사실은 신정왕후의 남편 효명세자가 실현하고자 하는 정책들이다. 어떠한 정책이든 그것은 어느 한 집단 혹은 개인의 의지만을 반영하는 것이 아니라, 그 시대 집권층의 개혁의지가 반영되어 계승되어 내려오고 있다는 점을 의미한다.

이외에도 진행된 개혁 내용을 살펴보면 다음과 같다.

지방 양반들의 세력 기반이 되었던 서원을 대폭 정리하여 전국에 47개소의 서원만을 남기고 나머지는 모두 철폐하였다. 철폐된 서원은 600여 개나 되었다. 원래 서원은 선현의 봉사와 교육을 위하여 설립되었다. 그러나 전지와 노비를 소유하고 면세와 면역의 특권을 가지기 때문에, 역을 피하기 위한 자들이 서원으로 모여들었다. 또한 지방 농민을 괴롭히고 지방 행정에 압력을 가하는 등 서원의 폐해는 심하였다. 이때 과감한 서원의 철폐로 그 폐단이 없어지게 되었다.

자료 2-5 경복궁 근정전 전경
출처: 국립고궁박물관

왕권을 강화하기 위한 노력은 경복궁을 중건하는 대역사를 추진하기에 이른다. 임진왜란 때 소실된 경복궁의 중건은 고종 2년에 착수하여 고종 4년에 완성되어, 근정전·경회루·광화문 등을 비롯한 대궁전의 모습이 다시 갖추어졌다.

이처럼 대원군 집정 시기 개혁 정책은 왕권 강화를 추진하는 방향 속에서 국가재정을 강화하고 관료들의 부패를 억제하면서 민의 수탈을 막는 데 주력하였다. 한편으로는, 인사정책을 통하여 외척에게 편중되었던 권력의 불균형을 시정하려고 하였다. 이에 연유하여 유림집단과 민들에게 상당한 지지를 받았다.

그러나 이후 대원군의 지나친 전제적인 국정운영은 신정왕후를 비롯한 동조적인 정치세력에게까지 부담이 되었다. 게다가 경복궁 중건은 많은 경제적 비용과 노동력이 소요되었기 때문에, 백성들의 원성을 자아내어 민심의 이반을 초래하였다. 국가재정을 강화하기 위한 정책으로 시행된 서원의 철폐도, 유림의 지지기반을 와해시키는 결과를 초래하였다. 이렇게 지지기반이 약화하면서 대원군은 하야의 길을 걷게 되었다.

고종, 권력의지로 친정을 시작하다

고종은 왕위에 즉위한 지 10년이 지나도록 주도적으로 국정운영을 하지 못하였다. 그동안 국왕학습을 받아 온 고종은 생부 대원군의 집정이 부담스러웠다.

조선의 정치적 전통은 어린 왕이 즉위하면, 대체로 20세 이전까지 군주를 보필하는 수렴청정이 철회되어 국왕의 친정체제로 전환되었다. 신정왕후가 철렴(1866년 2월 13일)한 지 거의 8년이 지났고 고종의 나이가 22세가 되었음에도 불구하고, 대원군은 아들 고종에게 국정운영권을 넘기지 않았다.

자료 2-6 곤룡포를 입은 고종
출처: 한국연구원

그러나 고종은 1873년(고종 10) 12월 친정을 선포함으로써 대원군은 정계에서 하야하게 되었다. 대원군의 하야는 대원군 스스로가 결정한 것이 아니기 때문에, 국정운영권을 둘러싸고 고종과 대원군 사이에 권력 갈등이 발생하였음을 의미한다. 부자父子간 권력의 갈등양태는 대원군이 군주가 아니기 때문에 당연히 현 군주인 고종에게 유리하게 작용할 수밖에 없었다. 게다가 당시 고종의 권력의지는 대단하였다.

조선은 유교국가체제이다. 유교국가에서 효는 정치사회적 통합에 근간이 된다. 효로부터의 이탈은 정치사회적 통합에 가장 걸림돌이 되는 요인이다. 더구나 국왕의 효, 즉 '군효君孝'는 고종뿐만이 아니라 자칫하면 군주와 신하 혹은 신하와 신하 사이에 정쟁을 불러일으킬 수 있는 예민하고도 중요한 문제였다. 이러한 상황 속에서 대원군의 국정개입과 정책실정에 대해 비판한 자가 있었다. 바로 최익현崔益鉉이었다.[20]

최익현은 1868년(고종 5) 소를 올려, 경복궁 재건을 위한 대원군의 비정批政을 비판하여 시정하도록 건의하였다. 그리고 1873년(고종 10) 〈계유상소〉를 계기로 대원군이 정계에서 하야하는 계기가 되었다.

1868년(고종5)에 올린 소의 내용은 '토목공사중지'·'백성납세중지'·'당백

---

[20] 최익현(崔益鉉, 1833~1906)의 호는 면암(勉庵)이며, 경기도 포천 출신으로 조선 말기 애국지사이다. 14세 때 성리학의 거두 이항로(李恒老)의 문하에서 『격몽요결』·『대학장구』·『논어집주』 등을 통해 성리학의 기본을 습득하였다. 이 과정에서 이항로의 '애군여부 우국여가(愛君如父 憂國如家)'의 정신, 즉 애국과 호국의 정신을 배웠다. 1855년(철종 6) 명경과에 급제해 승문원부정자로 관직생활을 시작한 이후, 순강원수봉관·사헌부지평·사간원정언·신창현감·성균관직강·사헌부장령·돈녕부도정 등의 관직을 두루 역임하고 1870년(고종 7)에는 승정원 동부승지를 지냈다. 수봉관·지방관·언관으로 재직 시, 불의와 부정을 척결해 강직성을 발휘하였다. 특히 1868년(고종 5)에 올린 상소에서 경복궁 재건을 위한 대원군의 비정(批政)을 비판하여 시정하도록 건의하였다. 이 상소는 그의 강직성과 우국애민정신의 발로이며, 막혔던 언로를 연 계기가 되었다. 그리고 1873년(고종 10) 〈계유상소〉를 계기로 대원군의 10년 집권이 무너지고 고종의 친정이 시작되었다. 『한국민족문화대백과사전』 개정증보판(http://encykorea.aks.dc.kr), 최익현 (2016. 10. 5).

전혁파'·'문세금지' 등, 위민爲民의 차원에서 당시 정책실정을 비판한 것이었다.[21] 5년 후, 당시 폐정과 함께 대원군의 국정운영 관여에 대해 다시 비판하는 소를 올렸다. 이 상소를 둘러싸고 대원군 측근을 비롯한 조정의 중신들은 최익현을 처벌하자는 비난이 들끓었다. 고종은 이들의 의견을 무시하였다. 오히려 최익현을 호조판서로 임용하고 12월에는 친정을 선포하는 등, 국정운영에 관하여 강한 의지를 보였다.

고종이 친정체제로 전환하는 전후 과정에서, 황후의 직접적인 역할에 대한 기록은 정사正史 어디에도 보이지 않는다. 고종의 권력의지만이 강하게 드러날 뿐이다. 그러나 대부분 기록에는 이와 다르게 언급되어 있다.

황현은 『매천야록』과 『오하기문』에 '고종의 친정親政'을 언급하면서 동시에 '황후를 권변權變(일의 형편에 따라 둘러대어 처리)의 모사꾼', '방자하여 고종을 제재시키는 여인'으로 기록하고 있다.[22] 박은식은 『한국통사』에서 '대원군의 하야는 고종의 친정체제로의 전환으로 연계되고, 이로 인하여 왕후를 비롯한 민씨세력의 국정농단이 국망國亡의 길을 재촉하였다.'고 기록하였다. 정교는 『대한계년사』에서 '대원군이 정계에서 물러나게 된 것은 대원군의 폭압적인 국정운영, 민승호閔升鎬(1830~1874)의 정권야욕, 고종의 호권好權 등이 통합적으로 작용하였다.'고 기록하였다.

고종의 친정체제 전환을 계기로, 이처럼 황후의 정치적 역할이 고종을 무능하게 만드는 요인의 하나로 기록되었다. 이러한 해석의 공통점은 풍문에 근거한다는 점이다.

그러면 왜 이렇게 기록이 되었을까? 심지어 현대 역사학자 중에도 '명성이 고종을 설득하여 대원군으로부터 권력을 받았다.'고 기록하여, 당대 부

---

21 『승정원일기』, 1868년(고종 5) 10월 10일.
22 황현 저, 김준 역, 『매천야록』, 교문사, 1994, 50-51쪽.

정적인 황후에 대한 평가가 현대까지 확대, 재생산되고 있음을 알 수 있다.[23] 이 모든 기록은 황후를 '고종을 무능한 군주로 만드는 여인'으로 기록하고 있는 식민사관과 일맥상통한다.

황후에 대한 혹평은 식민지의 책임을 '황후의 국정농단'이나 '고종의 무능'에 전가하려는 일본 식민사관의 유용한 자료가 되었다. 그리고 다보하시 기요시田保橋潔는 이것을 충분히 활용하였다.

다보하시 기요시는 대원군의 하야 요인을 '대원군의 폭정과 고종의 강한 권력의지'로 서술하였다. 또한 친정체제 전환 과정에서 '민씨세력과 최익현의 직접 연관성은 보이지 않는다.'고 기록하면서도 동시에 '척족 민승호가 중심이 되어, 대원군 시정에 강한 반감을 품은 유생들을 이용하여 대원군을 실각시킬 것을 계획했다.'고 서술하고 있다. 그리하여 '고종 5년 10월 사헌부 장령 최익현이 상소해서 시정을 논하자, 국왕과 척족 그리고 대원군 사이에 불화가 생겨났으며, 고종 10년 10월 25일 승지 최익현이 다시 상소해서 대원군의 실정을 논하자, 국왕, 왕비, 척족 등 모두 대원군 및 그 무리와 항쟁했다.'라고 기록하고 있다.[24]

다보하시 기요시는 민씨세력들의 적극적인 역할을 강조함으로써, 고종의 국정운영에 관한 권력의지를 약화시켜 놓았다. 그의 기록에서 민씨세력의 중심에 황후가 있음은 말할 나위도 없다. 또한 대원군의 하야에 결정적 역할을 하였던 최익현의 상소에 대해 상세하게 언급하고 있다.[25]

최익현이 대원군을 비판한 것은 '조선의 정치적 전통'과 유교의 정치에서

---

23   다수 한국사의 저서뿐만 아니라, TV 매체 등에 출현하는 자들의 대화 속에서 흔히 볼 수 있는 인식의 형태이다.
24   다보하시 기요시(田保橋 潔) 지음, 김종학 옮김, 『근대일선관계의 연구』上, 일조각, 2013, 70~80쪽.
25   다보하시 기요시(田保橋 潔) 지음, 김종학 옮김, 『근대일선관계의 연구』上, 72~78쪽.

가장 중요한 '위민정책'의 차원에서 이루어졌다. 다보하시 기요시는 최익현이 비판한 본질적인 요소를 간과한 채, 정치세력의 극단적인 대립 구도 아래에서 '정치세력의 분열 상황'만을 부각해 해석하고 있다. 이것은 다보하시 기요시뿐만 아니라, 상기한 바와 같이 당대 조선 지식인의 자료에서도 마찬가지로 나타난다.

다보하시 기요시가 『면암집』을 인용하여 마치 객관성을 띤 기록인 것처럼, 황후와 유림의 연계성으로 '황후의 사찰(편지)'을 제시하고 있다. 그러나 두 세력 사이의 정치이념은 분명한 차이를 보이고 있다. 따라서 두 집단 사이의 연계설은 설득력이 없다. 다보하시 기요시의 저술에서 알 수 있듯이, 당시 일본은 조선의 식민지를 합리화시키기 위해, 기록 하나에도 얼마나 끈질긴 집착을 보였던가를 알 수 있다.

한편, 친정 선언 이후 고종과 황후를 괴롭혔던 것은 바로 '대원군의 회가回家' 문제였다. 친정 선언으로 고종은 국정운영권을 주도하였고, 대원군은 정계에서 물러나 양주로 떠났다. 이것으로 '대원군 하야'와 '고종의 친정' 문제가 끝난 것은 아니었다.

조선은 유교국가로서 '효'가 정치사회적 통합에 매우 중요한 역할을 하였다. 효에서 벗어난 행동을 하면 누구든지 존립하기 어려웠다. 특히 '군주의 효' 즉 '군효君孝'의 문제는 정쟁의 논란거리가 되기에 충분하였다.

조선의 문화적 특성으로 인하여 대원군의 회가, 즉 운현궁으로 다시 돌아오도록 하는 문제가 고종과 관료 사이에서 갈등의 원인이 되어 고종과 황후를 괴롭혔다. 결국 대원군 하야는 '군효'를 둘러싼 또 다른 정치적 정쟁을 불러일으켰고, 고종과 황후에 대한 부정적 여론으로 이어져 갔다. 대표적인 사례가 고종이 친정을 선언하던 해 12월에 일어난 경복궁 자경전 실화失火이다. 당시 기록을 보면, 자경전에 불이 난 원인을 대원군에게 불효를 행한 고종과 황후의 탓으로 여겼다.

그러나 친정에 대한 고종의 의지는 강하였다. 1874년(고종 11) 10월 20일 '대원군 회가'를 문제 삼아 상소를 한 이휘림李彙林을 강진현 고금도에 유배시켰다. 이 외에도 '대원군 회가'로 문제를 삼는 자를 강하게 처벌함으로써 이 문제는 일단락 맺게 되었다.

친정체제로 전환하게 된 것은 무엇보다도 고종의 강한 권력의지에 기인한다. 이러한 고종의 태도를 간과한 채 '황후와 대원군' 사이의 대립 구도로 설정하는 것은 사실을 왜곡시키는 것이다. 일본은 이것을 식민사관에 악용하였다. 이러한 식민사관은 식민지 시대뿐만 아니라, 오늘날 한국인의 인식에도 여전히 잠재되어 있음을 부인할 수 없다.

올바른 역사인식을 위해서라도, 객관적이면서 공정한 황후에 대한 재평가가 요구된다. '황후와 대원군'간의 대립 구도는 결국 '조선의 망국론'으로 악용되었다. 이후 정치사건이 발발할 때마다 양 집단세력을 사건의 배후자로 설정해 놓음으로써, 고종을 '무능한 통치자'로, 그리고 황후를 '국정농단자'로 묘사하였다. 그리고 고종과 황후의 행위를 망국의 중요한 요인으로 부각하였다.

· 8 ·

대내적인 정치적 위기를 겪다
- 친정체제에 대한 반동과 소요

    고종의 친정체제 선언은 반대 세력들의 저항을 불러일으켰다. '대원군 회가'에 대한 논쟁뿐만 아니라, '이재선역모사건', '이준용왕위옹립사건' 등 왕위를 위협하는 사건까지 발발하였다.

    친정체제를 선언한 지 1년이 지난 시점에 황후의 생모가 죽임을 당하는 폭발사건이 일어났다. 1874년(고종 11) 11월 28일에 황후의 생모 한창부부인韓昌府夫人과 오빠 민승호, 민승호의 아들 등이 폭발물에 의해 목숨을 잃었다.

    황후는 이 사건으로 한꺼번에 가까운 피붙이를 잃게 되었다. 무엇보다도 생모를 잃은 황후는 하늘이 무너지듯, 청천벽력을 맞은 듯 가슴이 찢어졌을 것이다.

    이 사건에 대해 정사正史를 제외한 대부분의 당대 기록은 대원군이 사주한 것으로 언급하고 있다.

> ○ 대원군이 민승호閔升鎬를 살해하다
>   왕후 민씨가 이미 대원군의 정권을 모두 빼앗아버렸고, 민승호가 그 일을 모두 주관했으므로, 대원군이 그를 원망하였다. (중략) 사람들은 대원군

이 자신의 권력을 빼앗아간 민씨에게 분노하여, 다른 사람을 시켜 이처럼 잔혹한 계책을 사용한 것이라고 여겼다.[26]

○ 민승호閔升鎬의 변사變死

(중략) 그 순간 꽝 하고 불빛이 새어나왔다. 그의 10세 된 아들과 할아버지가 함께 죽은 것이다.

민승호는 튀어나갔다가 떨어졌다. 그의 온 몸은 숯덩어리처럼 시커멓게 타 있었고 벙어리가 된 채 아무 말도 하지 못하였다. 그런 그는 하룻밤을 지나고서야 사망하였다. 그는 사망할 때 대원군을 두세 번 가리켰다. 자자한 바깥 여론들도 모두 대원군을 지목하였다. 그러나 그 함이 어디서 왔는지 결국 알아내지 못하였다. 양전兩殿도 슬퍼하고 명성왕후도 대원군에게 이를 갈았으나 그 원한을 갚을 길이 없었다. 이때 홍인군의 집에도 화재가 발생하였는데, 명성왕후는 대원군이 홍인군에게 원한을 품고 저지른 것으로 생각하고 있었다. 이 두 곳의 화재는 모두 그의 계략에서 나온 것이었다.

그 후 은밀히 염탐하여 장모張某란 사람을 체포하였는데, 그는 신철균申哲均의 식객이었다. 신철균은 옛날 대원군의 문객門客 출신이므로 그를 고문하여 감옥에 가두었다.[27]

상기한 내용 가운데, 특히 '명성왕후는 운현에게 더욱 이를 갈았지만'으로 서술한 황현은 황후를 인성적인 측면에서 치졸한 인물로 부각하고 있다. 그리고 황후가 1873년(고종10) 12월에 일어난 경복궁 자경전의 방화와 이최응 집의 방화까지 대원군이 사주한 것으로 인식해서, 이를 보복한 극악무도한 인물로 기록하고 있다. 이처럼 황현은 '황후와 대원군의 대립'을 극단적

---

26 정교 저, 조광 편, 변승주 역주, 『대한계년사』 1, 소명출판, 2004, 69쪽.
27 황현 저, 김준 역, 『매천야록』, 58~59쪽.

인 감정의 차원까지 끌어내리고 있다.

그러나 황후 친가의 폭사사건에 대하여 1874년(고종 11) 11월 28일 실록의 기사에는 '(폭발)함이 어디서 왔는지 조사해내지 못했다.'고 되어 있다. 황현이나 정교의 기록이 전거典據에 의해 서술되기보다는 모두 풍문에 의거하고 있음을 알 수 있다.

이 사건에 대해 여흥 민문 종중에서 구전으로 내려오는 내용은 '민승호의 생일 아침, 할머니 무릎에 손자가 앉아서 같이 식사하던 중 변을 당하였다.'는 것이다. 변을 당하기 전에는 무척이나 평화스러운 정경으로, 『매천야록』에서 언급된 분위기와는 사뭇 다르다.

정경뿐만 아니라 내용에도 차이가 보인다. 황후의 조카(민승호의 아들) 죽음에 대한 묘사에서 『매천야록』에는 '할아버지와 함께'로 기록되어 있다. 그러나 여흥 민문에 내려오는 구전의 내용은 '할머니 무릎에 앉은' 것으로 되어 있다. 황현이 언급한 '할아버지'가 누구를 지칭하였는지는 알 수 없으나, 당시 황후의 아버지 민치록閔致祿도 이미 사망하였으며, 민승호의 생부 민치구(1795~1874)도 해당되지 않는다.

한편, 반대세력의 저항도 끊임없이 일어났다. 그들은 때로 외세와 함께 고종의 정치적 지위를 위협하였는데, 왕위를 위협하는 역모의 수준까지 이르렀다. '이재선역모사건'과 '이준용왕위옹립사건'이다.

'이준용왕위옹립사건'은 두 차례 일어났다. 첫 번째는 청국 위안스카이袁世凱가 개입하였고, 다음에는 1894년(고종 31) 일본군의 지원을 받아 대원군이 집권하면서, 대원군과 측근 세력이 일으켰다.

이재선은 대원군의 서자로서, 고종의 이복형이 된다. 이준용은 대원군의 장남 이재면의 아들로서, 대원군의 맏손자가 된다. 1882년(고종 20) 조미수호통상조약과 1884년(고종 22) 조로수호통상조약이 체결되자, 미국과 러시아세력의 조선 내 침투를 우려한 위안스카이가 대원군과 협력하여 고종을 폐위시키고 이준용을 왕으로 옹립하려고 하였으나 이홍장李鴻章의 반대로 실패하였다.

고종의 친정 선언 이후 경복궁 자경전의 화재, 폭발로 인한 생모와 친족의 죽음, 이재선의 역모, 이준용의 왕위옹립사건 등으로 황후는 많은 정신적 불안감에 시달렸다. 고종이 친정을 선언하였으나, 정치세력을 완전히 장악한 것은 아니었다. 여전히 대원군 측근 세력의 저항이 있었고, 또한 고종의 개방정책에 반대하는 위정척사파들의 저항에 부딪혔다. 개항에 동조적인 세력들 가운데, 고종의 정책방향과 다른 성향을 지닌 자들도 외세와 연계되어 고종의 정치적 입지를 상당히 약화시키기도 하였다. 게다가 청국과 일본도 이들 세력을 최대한 이용하여 자국의 이익을 도모하고자 하였다. 이처럼 고종의 정치적 기반은 국내세력과 외세의 위협적인 공세로 불안한 상태였고, 그러한 상황이 심해질수록 왕위를 굳건히 유지하고자 하는 황후의 의지는 강할 수밖에 없었다.

친정체제 전환은 종묘사직을 보존하기 위한 고종의 강한 의지의 반영이기도 하였다. 대외 정세의 변화 속에서 청국과 일본은 적극적으로 서구와 통상을 체결하고 부국강병을 추구하면서 자강을 도모해 가는 상황이었다. 이러한 상황 속에서 조선도 결국 개국할 수밖에 없었고, 대원군이 추구하던 쇄국정책은 당대의 시대과제를 수행하는 데 적실성이 없다고 판단되었다.

친정 선언 후 고종이 적극적으로 청국과 일본을 통해서 서양 문물의 수용형태를 파악하고자 한 것도, 조선의 생존 때문이었다. 따라서 친정 후 대원군의 정책은 대부분 수정되었다. 대외정책은 '쇄국'에서 '개국'으로, 대내정책도 상당 부분 대원군 집정시기에 갈등을 야기했던 정책 일부가 폐지되거나 변경되었다. 특히 대외정책의 수정은 서구 중심의 국제질서체제로 조선이 편재되어 감을 의미하였다.

 이러한 상황 속에서 처음으로 일본과 통상조약이 체결되었다. 1876년(고종 13) 체결된 강화도조약(정식명칭은 조일수호조규朝日修好條規)이다. 조선의 국력이 허약한 상황 속에서 맺어진 강화도조약은 일본에게 유리한 내용을 담을 수 밖에 없었다. 불평등조약이었다. 불평등은 고스란히 조선의 상인이나 어민, 그리고 농민 등 조선민의 수탈로 이어졌다. 통상조약으로 인하여 조선민은 생활고와 정신적인 고통까지 시달려야 했다.

 조선에서 활동한 일본인은 수탈뿐만 아니라 부녀자 폭행까지 일삼는 저급한 행동을 일삼아 조선민의 분노를 고조시켰다. 심지어 '일본인들이 조선 여인의 피를 빨아먹는다.'는 소문이 나돌 정도로 '반일감정'은 심화되었다.

 한편, 개항으로 인하여 수반된 고통은 이를 주도한 민씨세력의 원망으로 이어졌다. 그리고 민씨세력의 중심에는 황후가 있다고 생각하였다. 당대 황후에 대한 혹평은 여성의 정치적 역할을 폄하한 유교의 정치문화 속에서 근거 없는 풍문에 의해 확대 재생산되면서, 일반민의 의식에까지 침투해 갔다. 임오군란 발생 시 황후에게 닥친 위기가 이를 방증한다.

시대적 소용돌이 중심에 서게 되다

개항의 부작용이 민의 고통으로 연계되어 그 원망이 개항의 주도 세력인 민씨세력에게 향하고 있을 때, 임오군란이 발발하였다. 따라서 임오군란의 발발 요인을 단순하게 군인들의 불만만이 아니라, 당시 '정치세력 간의 갈등'이라는 구조적인 측면에서 보아야 할 것이다.[28]

유림의 관점에서도 인사개입 등의 황후의 적극적인 내조는 조선의 여인상에서 이탈되는 형태였다. 민의 관점에서도 당시 개항에서 드러나는 일본인을 비롯한 서양인의 야만적인 약탈이라든지, 서구화 정책에서 주도적인 역할을 하였던 고종의 측근 세력 특히 일부 민씨세력의 부패는 황후에 대한 부정적 인식과 연결될 수 있는 개연성이 많았다. 이러한 상황과 연계된 황후에 대한 당대 부정적 시각은 일본 세력의 조선 침략에 대한 고도의 전략과 함께 더욱 가중되어 전개되고 있었다. 이를 반영하는 것이 임오군란 시기 '황후의 피신'이다.

임오군란은 1882년(고종 19) 6월 9일에 발발하였고, 이에 연유하여 7월 13

---

28   김종학, 『개화당의 기원과 비밀외교』, 일조각, 2017, 153~159쪽.

일 청국이 대원군을 보정부로 납치하였다. 청국이 국왕의 아버지를 납치한 것은 이후 황후가 일본에 의해 시해되는 사건의 전조로서 '굴절된 주권의 징조'를 보여준다.

임오군란은 고종 친정 이후 실각한 대원군이 재집권하게 하는 계기를 열어준 사건이기도 하였다. 당시 도시에 거주하는 군인들은 농토와 무관한 자이기 때문에, 대원군 집정 시기와 개항에 따른 정책의 실정으로 인하여 곡식 등의 물가가 폭등하는 상황 속에서 누구보다도 경제적 고통에 시달렸던 부류이다.

구 5영 소속의 군병들은 신설된 별기군에 비해 열악한 대우에 처해 있었다. 더욱이 그들은 13개월이나 군료를 받지 못하고 있어 불만이 절정에 달했다. 특히 그들은 군료관리인 선혜청29 당상 민겸호와 전前 당상이었던 경기관찰사 김보현에게 깊은 원한을 품고 있었다. 이들은 민씨세력을 비롯한 권세가와 연계된 인물들을 죽이고 궁궐에 난입하여 황후까지 위협하려고 하였다. 이 상황에서 황후는 피할 수밖에 없었다. 이때 궁궐에서 피신하도록 황후에게 도움을 준 인물이 홍계훈洪啓薰(?~1895)과 김중현金中鉉이다. 대부분의 야사에서는 홍계훈이 위기에 처한 중궁을 구하였다고 기록하고 있다. 아래는 황현의 『매천야록』의 기록이다.

> 이때 부대부인도 역시 입궐하였는데, 중궁을 몰래 데려다가 사인교四人轎 안에 숨겼다. (중략) 무예별감 홍재희洪在羲(나중에 계훈으로 개명하였다)가 크게 외쳤다. "이 여인은 상궁으로 있는 내 누이이니까 오인하지 마라." 그가 중궁을 등에 업고 달아났는데, 군중들이 의아하게 여기면서도 더 캐묻지 않았다.30

---

29 『한국민족문화대백과사전』 개정증보판(http://encykorea.aks.dc.kr), 선혜청(2016. 10. 5). 상평청, 진휼청, 균역청 등이 순차로 속하게 되었고, 호조를 능가하는 최대의 재정기관이다.

자료 2-7 장충단비   자료 2-8 김중현의 비

    홍계훈은 죽을 때까지 고종과 황후에게 충성을 보였던 인물이다. 황후가 일본에 의해 무참하게 시해되었을 때, 훈련대장으로서 최후까지 힘을 다했으나 결국 일본군에 의해 살해되었다. 1900년(광무 4) 장충단에 제향 되었다.
    그러나 당시 황후를 업고 나온 인물이 '홍계훈'이 아니라 '김중현'이라는 설이 있다.

> "저 터가 도올 김용옥의 증조부가 머물던 곳이지요. 김병사라고, 창덕궁 수비 책임자였는데 임오군란 때 난을 일으킨 병사들을 피해 명성황후를 업어서 구출한 분입니다. 후환을 피해 우리 가문에 의탁했는데 (중략)"[31]

    위의 기사는 조선닷컴의 '문갑식이 간다.'는 내용 일부이다. 명가名家 해남

---

30   황현 지음, 허경진 옮김, 『매천야록』, 82쪽.
31   「문갑식이 간다」, 『조선닷컴』 2015년 8월 18일.

윤씨 종가 녹우당綠雨堂을 취재하면서 종손 윤형식尹炯植 선생과 대담한 내용 가운데 김중현에 관한 이야기이다. '창덕궁 수비 책임자 김병사'는 김중현을 지칭한다.

실록에는 홍계훈과 마찬가지로 김중현도 '임오난'의 공으로 공훈을 받는 기사가 자주 언급되어 있다. 실록에 의하면, 김중현은 1890년(고종 27) 11월 20일 경상좌도수군절도사, 1891년(고종 28) 전라도 병마절도사로 제수되었다. 김중현은 위기에 처한 황후를 도운 공으로, 임오난 이후 벼슬이 승승장구하였다. 실제로 고종과 순종이 김중현에 대해 임오난의 공적을 직접 언급한 기사가 보인다.

"종2품 김중현金中鉉은 위험을 무릅쓰고 충성을 다한 공로가 있고, 종2품 민형식閔炯植과 상원 군수祥原郡守 현흥택玄興澤은 난리 때에 보위한 공로를 세운만큼 표창을 논하지 않을 수 없습니다. 그러므로 이미 본원에서 의논하였는데, 각 해당 관리에게 모두 서훈하는 것이 어떻겠습니까? 삼가 아룁니다."

하였는데, 받든 칙지에,

"아뢴 대로 하라. (중략) 심승현이 난리 때에 충성을 다한 것은 더구나 가상하니 특별히 2등으로 서훈하고 민형식과 현흥택에게는 특별히 3등으로 서훈하는 동시에 각각 팔괘장을 하사하라." 하였다.[32]

조詔 하기를,

"지난 임오년(1882, 고종19)에 변란이 주액肘腋(매우 가까운 곳)에서 발생하여 궁위宮闈가 크게 놀라서 파월播越하시는 노고에 이르렀다. 그런데 다행히 충량忠良한 신하들이 정성을 다하여 위부衛扶함에 힘입어서 국세國勢가 처음에 위태롭던 것이 마침내 평안하여지고 군강君綱이 거의 실추될 뻔한 것

---

32 『승정원일기』, 1901년(고종 38) 6월 21일.

이 다시 바로 잡히었으니 짐이 어찌 잊을 수 있겠는가? 이에 특별히 뜻을 밝히는 바이다. (중략) 종2품 훈2등勳二等 김중현金中鉉은 훈1등에 (중략) 특별히 승서하여 각각 팔괘장八卦章을 하사하며, (중략)" 하였다.[33]

임오군란이 일어났던 당시 황후의 피신에 관하여 실록 1882년(고종 19) 7월 25일 기사에는 '6월 10일 난병들이 대궐에 침범하자 중궁전은 피하여 사어 윤태준의 화개동 집에 은신, 무감 홍재희 배종, 민응식의 충주 장호원 시골집 은신하였다.'라고 언급되어 있다.

임오군란에 대해서 대원군과 난병 간의 밀약설이 제기되는데, 난의 시발은 자연발생적이나, 경과하면서 대원군이 개입하였다는 것[34]과 처음부터 대원군의 사주에 의해 난이 발생하였다는 것이다. 이 두 가지 모두 '대원군이 황후를 제거하고 정권을 다시 장악하고자 하였다.'고 한 측면에서, 황후와 대원군의 관계를 갈등 구도로 해석하고 있다.

대원군이 만약 난병과 밀약하여 황후를 제거하고자 하였다면, 왜 대원군의 부인은 황후를 숨기려고 하였는지 의문이다. 또한 대원군이 '황후를 승하하였다.'고 한 부분에 대한 해석도 두 가지로 나뉜다.

첫째는, '황후가 죽었다고 하면, 만약 살아 있더라도 돌아오기 힘들 것이라는 것이 대원군의 판단이다.'는 것이 기존의 대부분 해석이다. 이것은 황후와 대원군의 대립을 부각하는 면이 강하다.

둘째, 이와는 달리 '죽었다고 거짓으로 반포하게 되면 난병이 황후를 찾을 필요가 없게 되어, 황후가 피난하도록 도왔다.'는 해석이다. 박은식의 『한국통사』에 '임기응변으로 명성 승하를 반포하였다.'[35]는 기록이다. 이

---

33 『승정원일기』, 1908년(순종 2) 2월 18일.
34 연갑수 외, 『한국근현대사』 1, 푸른역사, 2016, 95쪽.
35 박은식 저, 김태웅 역해, 『한국통사』, 아카넷, 2012, 107쪽.

해석은 황후와 대원군의 갈등 심화가 첫 번째 해석보다는 상대적으로 약하다.

첫 번째 해석은 당대 조선의 지식인층이나 이를 인용한 다보하시 기요시의 기록에서 찾을 수 있다. 이것은 모든 상황을 권력투쟁의 차원에서 '황후와 대원군의 대립 구도'의 측면에다 역점을 두는 관점이다. 대원군이 실각한 지 9년이 지난 시점에서, 그동안 '경복궁화재', '민승호폭사暴死사건', '이재선사건' 등 대원군이 권력을 회복하기 위해 끊임없이 사건들을 사주하였다고 하지만, 이 모든 것은 확실한 정황에 근거한 것이 아니다.

문제는 '정한론征韓論의 수행'이라든가 국가주의에 집착된 일본 정치지도자의 에토스를 고려할 때, 황후와 대원군의 대립 구도는 조선을 식민지화하려는 일본 책략의 하나이다. 이의 연장선상에서 조선 지배층의 분열을 조작하고자 여론을 왜곡시키거나 그런 방향으로 여론을 조성시킬 여지가 충분히 있다.

일본 고도의 식민지 책략은, 당시 조선의 지식인층을 비롯한 여론 형성자들의 인식에 상당한 영향을 미쳤을 것이라는 개연성은 충분하다. 오늘날 한국과 일본은 미래지향적인 동반 국가이다. 그러나 국가의 이해가 충돌할 경우, 특히 독도의 영토문제에서 일본 지도자들의 결집한 아집을 21세기 초 현재에도 여전히 목도하는 바이다.

조선의 전통에서 보았을 때, 두 번째 해석은 설득력이 있다. 대원군이 잃어버렸다는 권력은 타인이 아니라 아들 고종에게 간 것이다. 더구나 대원군은 군주가 아니었다. 대원군은 아들 고종이 권력을 잘 유지하여 종묘사직을 지키기를 원했을 것이다. 대원군의 부인이자 고종의 생모인 부대부인의 처지에서는 더욱 그러할 것이다. 부모의 심정이기에 며느리 황후가 난군에 의해 위험에 빠졌을 때, 부대부인은 본능적으로 황후를 구하고자 하였을 것이다.

만약 황후와 대원군의 관계가 불구대천의 원수지간이라면, 남편의 의도를 알고 있는 부대부인이 황후를 그렇게 적극적으로 구하고자 하였을까? 부모와 자식 사이에 갈등이 있지만, 서로의 파멸을 가져올 정도로 행동하기는 어렵다. 더구나 보편적인 측면에서 부모가 자식을 파멸로까지 몰기는 쉽지 않다.

당시 군료 지급을 담당하였던 최고 책임자인 선혜청 당상 민겸호와 전 당상 김보현에 대한 원망, 개항의 부작용으로 인하여 개항을 주도한 민씨 척족세력을 비롯한 정치세력에 대한 원망, 민씨 척족세력의 중심이라고 여겼던 황후에 대한 원망 등으로 난군들은 격한 감정을 드러냈다.

대원군이 특히 이들의 '황후에 대한 분노'를 그치게 하기 위해서 불가피하게 죽음을 반포했을 것이라는 해석은 충분한 가능성이 있다. 대원군이 이때 완전히 황후를 제거하고자 하였다면, 난군의 행동을 더 부추겨 황후를 찾도록 하였을 것이다.

〈임오유월일기〉에도 다음과 같이 언급되어 있다.

(중략) 잇쩍바로궐너닉젼으로범ᄒ여즁궁젼을너여달나압난간을한도로치고짐밀압희드러서서두는품이당할슈업ᄂ즈음의되완군니드러와호령왈 너희들이즁궁젼을너여달나ᄒ니국모를히ᄒ고너희가아모리우람ᄒ들무ᄉᄒ겟ᄂ냐쌜니헤쳐각각도라가라호령ᄒ니 (중략) 거즛하셰ᄒ셧다반포ᄒ고 (중략)

해석
(난군이) 이때 바로 궐내 내전까지 들어와 중전을 내어달라 앞 난간을 큰 칼로 치고 지밀(처소) 앞에 들어서서 서두는 모습이 당할 수 없는 즈음에 대원군이 들어와 호령 왈 "너희들이 중전을 내어달라 하니 국모를 해하고 너희가 아무리 우람한들 무사하겠느냐? 빨리 흩어져 각자 돌아가라." 하고, (중략) 거짓으로 세상을 뜨셨다고 반포하고 (중략)

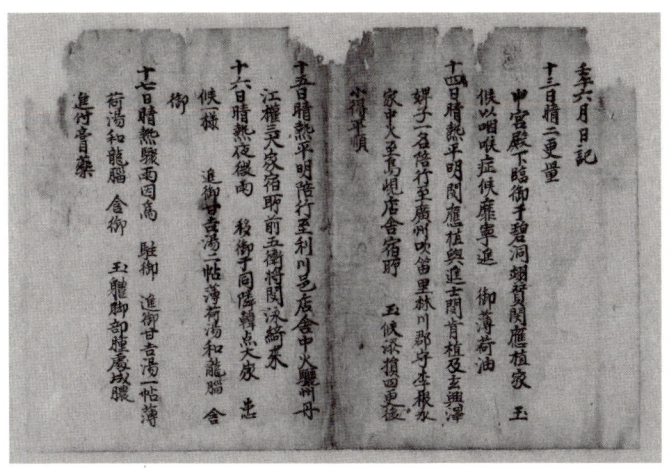

자료 2-9 〈임오유월일기〉
출처: 대전시립박물관

〈임오유월일기〉에 언급된 내용을 살펴보면, 일을 빨리 수습하여 황후가 생명의 위협을 받지 않도록, '황후의 죽음'을 반포하였을 개연성은 충분히 있다.

한편, 이 일기가 세상에 드러남으로써, 기존에 황후가 청국에 원군을 청했다는 해석에도 재고를 요하고 있다. 대원군이 청국에 납치된 날짜는 이해 7월 13일이다. 그러나 이 일기의 내용을 살펴보면, 7월 26일 기록에 '같은 달 19일 전 감찰 심의순이 환정곤위사還正壼位事(중전을 다시 모셔오는 직임)로서 중궁전하를 위한 탄원서를 청국 오장경제독에게 보냈는데, 곧 받들어 영접하라는 희소식이 있을 것'이라고 하였다. 사실 황후는 피해 다니느라 청국에 원군을 요청할 겨를이 없었다. 더구나 병에 시달려 생명이 위태로운 상황이었다. 황후의 삶은 이처럼 대내외적으로 생명을 위협받을 정도로, 조선의 운명처럼 기구하였다.

다음은 〈임오유월일기〉에 나오는 황후의 피난 경로와 상황을 분석한 글을 소개한다.[36]

명성이 궁을 빠져나와 최초로 숨은 곳도 벽동(현 종로구 송현동, 사간동, 중학동 일

제2부 정치적 역할 - 정치적 위기에 대한 인식과 대응양태 **141**

대)에 있는 민응식의 집이다. 6월 13일 자 기록에 따르면, (중략) 다음 날 아침 민응식과 진사 민긍식, 현홍택, 시비 한 명은 명성을 수행해 광주부 취적리로 피란을 간다. 지금의 성남시 고등동 저푸리마을로 추정되는 곳이다.

명성은 도성을 빠져나온 직후 지금의 옥수동, 압구정동 사이의 뱃길을 통해 한강을 건너 남하한 것으로 추정된다. 즉 동호대교를 따라 남하했다. 이후 성남시 고등동(옛 광주부 취적리)과 광주시 목현 1동(새오개)을 거쳐 경기도 이천과 여주 방면으로 갔다. 그리고 충북 충주시 노은면까지 남동진했다가, 다시 서울로 발길을 돌린 것으로 기록되어 있다. (중략)

명성이 환궁할 수 있었던 것도 군란 당시 청군을 지휘한 오장경제독과 연락에 성공한 덕분으로 일기를 통해 확인된다. 7월 26일 일기에는 '중궁 전하를 위한 탄원서를 청국 오장경제독에게 전했는데, 곧 받들어 모셔오라는 희소식이 있을 것이라고 하였다.'는 기록이 보인다. 이러한 기록은 명성이 청국과 접촉하여 대원군 납치에 주도적인 역할을 하였다는 설을 부인하고 있다.

자료 2-10 명성황후 피난 유허비
(충주시 노은면 가신리)

자료 2-11 명성황후 피난 유허 안내석
(음성군 감곡면 매괴고등학교 교정 내)

---

36 박광민 선생이 〈임오유월일기〉를 분석한 「명성황후의 임오군란 피난과 소문에 대한 변정(辨正)」 내용의 일부이며, 미간행 글이다.

한편, 임오군란과 황후에 관하여 고종은 다음과 같이 회고하고 있다.

임오군란 때, 황후는 온화한 태도로 임시방편을 써서 그의 목숨을 보전하였다. 환어하자 혹자가 아뢰기를 군란을 일으킨 군사에 대해서는 깡그리 죄를 다스려야 한다고 말하였을 때, 황후가 이르기를 "내가 덕이 없고, 또한 운수에 관계되는 일이기 때문이다. 이것이 어찌 그 무리들이 한 짓이겠는가?"라고 하였다. 『주역周易』에 이르기를, '크게 포용하면 덕은 끝이 없다.'라고 하였으니, 황후의 덕이 그러한 것이다.[37]

고종의 회고 속에는 황후의 정치적 책임의식이 잘 드러난다. 그리고 지배층으로서 지녀야 하는 도덕성도 갖추고 있다. 이러한 관점에서 황후는 제도적인 지위는 없지만, 군주의 아내로서 정치적 도덕적 책무를 지니고 있었다. 이러한 면에서 조선 여성 정치인의 당당한 모습을 보여준다. 또한 조선이 처한 어려운 상황을 운수와 연계시켜, 현실을 긍정적으로 수용하는 한국인의 전통적인 사유양식도 지니고 있었다.

그러나 이와는 전혀 다르게 황현의 『매천야록』에는 다음과 같이 기록되어 있다.

○ 왕후가 피난길에서 모욕당한 마을을 없애다
중궁이 (피난하면서) 한강을 건너려고 하자 뱃사공들이 난색을 보이면서 "서울에서 뱃길을 끊으라는 명령이 있었습니다. 게다가 행색이 의심스러우니 건널 수가 없습니다."
하였다. 중궁이 금가락지를 빼어 가마 밖으로 던져 주고서야 건널 수가 있었다. 광주를 지나면서 쉬는데 촌 할미가 다가와 보고는 피난 가는 아낙

---

37   『고종실록』, 1897년(고종 34) 11월 22일.

네로 생각하여 서로들 떠들면서,

"중전이 음란해서 이 난리가 일어나 낭자가 여기까지 피난 오게 되었구려."

하였다. 중궁은 말없이 듣기만 하다가, 환궁한 뒤에 이 마을을 모두 없앴다.[38]

상기한 바와 같이, 황후를 '음란한 여인'으로, 그리고 시골 아낙네를 대상으로 보복을 하는 인물로, 그것도 마을 전체를 없애는 극악무도한 치졸한 성격의 소유자로 기록되어 있다. 여러 자료에 의하면, 황후는 수행원과 함께 피난하였다.

뱃사공이 거절하는 상황이 전개되면, 상식적으로 수행원이 어떤 식으로든지 해결하였을 것이다. 황후가 수행원에게 직접 반지를 주는 것도 아니고, '던져 주고서야 건널 수가 있었다.'는 정황은 상식적으로 이해가 되지 않는다.

풍문으로 기록한 자에게도 '기록에 대한 역사적 책임'이 수반된다. 자료 빈곤의 원인도 있겠지만, 황현은 자신이 기술한 '황후의 이미지'가 일본 세력의 식민사관에 악용되었다는 점에서 역사적 책임을 면할 수 없다.

당시 조선의 정치 상황이나 인물에 대한 여론이, 역사적인 흐름 속에서 혹은 세계사적인 흐름 속에서 구조적으로 파악하는 방법이 아니라, 정치세력간의 갈등이나 정치행위자의 개인적 품성 등에 한정시키는 편협된 시각에 의해 생성되었다.

이의 연장선상에서 역사적 사실은 비상식적이며 객관성을 잃고 왜곡되었으며 기록자들에 의해 확대, 재생산되었다. 그리고 일본은 이를 식민사관으로 악용하였다.

---

38 황현 지음, 허경진 옮김, 『매천야록』, 86~87쪽.

황후의 상황인식은 갑신정변이 일어났을 때도 발휘되어 그 대처 능력이 뛰어났다. 정변 주도 세력에 의해 고종과 황후가 경우궁으로 옮겨가게 되자, 황후는 고종이 환궁하는 조처를 하도록 보필하였다.

갑신정변은 1884년(고종 21) 김옥균金玉均, 박영효朴泳孝 등 개화파가 일으킨 정변이다. 청국은 임오군란을 진압하면서 경제적 이권 침탈을 노골화하였다. 동시에 내정간섭도 심하여 '조선의 속방화'를 공고히 하고자 하였다. 조선의 조정에 압력을 가하여 자국에 많은 특권을 허용하도록 '조중상민수륙무역장정朝中商民水陸貿易章程'을 체결하면서 전문前文에 조선을 청국의 '속방屬邦'이라고 써넣기까지 하였다.

청국의 이홍장은 조선 내 러시아와 일본세력의 진출을 견제하기 위해 미국을 비롯한 서구 열강들과의 교섭을 주선하였다. 그러나 서구 열강과의 통상조약을 하게 된 데에는 이홍장의 권유도 있었지만, 고종의 의도도 그 저변에 깔려 있었다. 조선에서 청일세력을 견제하고자 하였기 때문이다.

한편 청국은 베트남을 둘러싸고 프랑스와의 갈등이 고조되어 전쟁의 사태까지 이르게 되자, 조선 내 주둔하고 있던 군사 1,500명을 철수시켰다. 외세를 이용하여 정권을 장악하고자 하였던 김옥균을 비롯한 개화파들은 이를 계기로 친청親淸세력을 비롯한 당시 조정의 주도 세력을 제거할 목적으로 정변을 일으켰다. 갑신정변이다.

김옥균을 비롯한 정변 주도 세력은 우정국 개국 축하연을 빌미로 사건을 일으켰는데, 이 과정에서 황후의 조카 민영익이 피습을 당하였다. 그리고 이들은 창덕궁으로 들어가 '청군이 반란을 일으켰다. 피하라.'고 하면서, 고종을 밤에 경우궁으로 이차하게 하였다.[39]

갑신정변에서 황후의 정치적 역할은 고종의 〈어제행록〉에도 잘 드러나 있다.

39　『고종실록』, 1884년(고종 24) 10월 17일.

자료 2-12 경우궁
출처: 한국학중앙연구원

갑신년(1884) 적신賊臣 김옥균金玉均・박영효朴泳孝・홍영식洪英植・박영교朴泳敎가 난리를 일으켜 변란이 일어났다 거짓말을 하여 전궁殿宮이 파천播遷하고 나라 형편이 위급하기가 호흡 사이에 있었다. 이보다 먼저 황후가 역적 박영효를 타일러 그 음모를 좌절시켰는데 그 세력이 확대되자 여러 역적이 각자 서로서로 의심하며 도망쳤으므로 난리가 곧 평정되었다. 황후는 성의 동쪽에 피해 있으면서 자성慈聖을 호위하고 세자世子를 보호하였는데 황급한 와중에도 시종한 사람들이 한 명도 흩어져 떠나지 않았다. 이것은 황후가 평상시 은혜로 돌봐 주었기 때문에 어려운 때를 당해서도 용감한 사람이 있었던 것이다.[40]

갑신정변은 3일 만에 청군과 관군의 협공 하에 일본군을 격퇴함으로써 끝이 났지만, 이 과정에서 황후는 급히 피신하게 되는 위기를 겪었다. 고종의 〈어제행록〉에는 피난 과정에서 황후가 평소 아랫사람에게 덕을 베푼 인품이 잘 드러나 있다.

또한 임오군란과 달리 갑신정변의 주모자들은 일본이라는 외세를 끌어들여 조선을 위기로 몰아갔고, 갑신정변을 진압한 구실로 조선에서 청국의 위세는 더욱 강해졌다. 황후에게는 견제해야 할 또 하나의 대상으로 청국이 강하게 부각되었다.

고종과 황후는 조선의 앞날을 위해서 청일세력 모두 견제할 필요가 있었다.

---

[40] 『고종실록』, 1897년(고종 34) 11월 22일.

묄렌도르프Paul Georg von Möllendorff, 알렌Horace N. Allen, 安連, 웨베르Karl Ivanovich Veber 러시아공사 등과 개인적 친분을 두텁게 해 놓은 것은 이러한 고종과 황후의 대외인식과 무관하지 않다. 그리고 조선의 위기를 타개하기 위해서는 외세의 견제와 함께 외세와 연계된 국내세력의 활용과 견제도 황후에게는 중요한 정치적 과제이면서 역할이었다. 상기에 언급된 '박영효의 회유'가 황후의 정치력을 보여준 좋은 사례이다.

그러나 황후에게 또다시 절명의 위기가 닥쳐왔다. 1894년(고종 31) 갑오년에 일본 군대가 경복궁을 습격하여 고종과 황후를 감금하였다. 갑오년에 일어난 농민의 저항을 진압하지 못하자, 정부는 청국에 구원을 요청하였다.

청국은 톈진조약天津條約에 따라 군대 파병을 일본에 통고하였고, 일본은 자국민 보호를 빌미로 조선에 군사를 파병하였다. 그리고 톈진조약에 따라 양 군대가 철병해야 함에도, 일본군은 '자국민 보호'와 '조선의 내정개혁'을 빌미로 서울로 진입, 경복궁을 습격하였다. 이것은 청일전쟁의 준비가 완료되었음을 의미한다.

일본 세력은 조선을 식민지화하기 위해 무엇보다도 조선에서 청국의 세력을 완전히 제거해야만 하였다. 이러한 계획에 따라, 톈진조약을 이기고 경복궁을 습격하였다. 그리고 고종과 황후를 감금시켰다. 이 상황을 대처한 황후의 모습이 아래 고종의 〈어제행록〉에 잘 드러나 있다.

> 갑오년(1894)에 외국 군사가 대궐에 들어오므로 짐이 황후와 태자에게 건청궁乾淸宮으로 피신할 것을 권고하였는데 조금 있다가 도로 함화당咸和堂에 돌아와 말하기를, "한 궁궐 안에서 가면 어디로 가겠습니까? 차라리 여기 있으면서 여러 사람들의 심정을 안정시키겠습니다. 그리고 지금 칼자루를 잃어서 이미 역적의 머리를 베지 못할 바에야 우선 포용해서 그 흉악한 칼날을 늦추어 놓는 것이 낫습니다."[41]

자료 2-13 건청궁

고종이 황후에게 권했던 피신처 건청궁은 의미가 있는 곳이다. 건청궁은 1873년(고종 10)에 궁궐 안에서도 가장 깊숙한 자리에 창건되었다. 당시는 고종이 친정을 선언한 해인 만큼, 대원군의 그늘에서 벗어나 국왕으로서 정치적인 독립 의지를 드러내는 징표로써, '건청궁 창건'의 의미를 해석하기도 한다.

고종이 건청궁을 지을 때 정부 대신들에게 알리지 않은 채, 사비(내탕금)를 들여 시행하였다. 그러나 공사 도중 문제가 되어 대신들로부터 중지할 것을 요청받기도 하였으나, 공사는 강행되었다. 이처럼 건청궁 창건에 대한 고종의 의지는 대단하였다. 이는 곧 국왕으로서 자립적인 의지를 의미한다. 고종은 주로 이곳에서 기거하면서 정무를 처리하였다.

건청궁 안에는 장안당長安堂·곤녕합坤寧閣·복수당福綏堂 등이 있다. 장안당 서쪽에는 각감청閣監廳, 남쪽에는 연못과 그 안에 만들어진 섬과 향원정香遠亭 등이 있다. 고종의 서재로 쓰인 집옥재集玉齋는 전통 한옥이 아닌 중국식 벽돌로 지어졌다. 집옥재 옆에는 전통 시계인 자격루 대신 서양식 시계탑이 들어섰다.

---

41 『고종실록』, 1897년(고종 34) 11월 22일.

장안당 뒤쪽 관문각은 외국 외교관들을 접대하는 장소로 활용되었다. 완전한 서양식 건물로 지어져 양관(洋館)이라고도 불렀다. 1887년(고종 24)에는 조선 최초로 전등이 설치되었는데, 이는 중국이나 일

자료 2-14 곤녕합

본의 궁정 설비보다 2년이나 앞선 것이었다. 이후 이 건물은 국왕과 왕비의 거처로 이용되거나 외교관 접대의 장소로 활용되었다. 그러나 1895년(고종 32) 을미사변 때에는 황후가 건청궁 곤녕합에서 일본에 의해 살해되어, 건청궁은 한국 근세사의 비극을 상징하는 장소가 되었다.

한편, 일본은 '조선인의 혼'을 약화하기 위해 궁을 놀이대상으로 격하시키는 작업을 시행하였다. 이때 경복궁 안에 있던 수많은 건물이 파괴되기 시작하였다. 1909년 건청궁도 함께 헐렸다. 1945년 11월 이 자리에는 국립민속박물관이 세워졌다. 그 동쪽에 이승만 대통령의 친필인 '명성황후조난지지(明成皇后遭難之地)'의 표석이 세워졌으나, 2001년 9월 25일 철거되었다.[42]

건청궁은 신문물을 수용하여 근대화를 도모한 산실이라는 의미를 부여받을 수 있다. 그러나 황후가 시해된 비극의 장소로서, 조선의 근대화 의지가 외세에 의하여 꺾인 곳이기도 하다.[43]

상기한 고종의 〈어제행록〉에서, 당시 급박한 위기 상황에서도 침착하고 대담하게 대처했던 황후의 모습을 볼 수 있다. 화를 모면하고자 그 현장으

---

42 한영우, 『명성황후, 제국을 일으키다』, 효형출판, 2006, 56쪽.
43 『한국민족문화대백과사전』 개정증보판(http://encykorea.aks.dc.kr), 건청궁(2016. 10. 5).

로부터 도피하고 싶은 것이 인지상정人之常情이다. 그러나 지도자란 위기 상황에 처했을 때, 그 상황을 해결하고자 하는 강한 의지가 있어야 한다. 동시에 상황에 능동적이면서 주도적으로 대처하는 모습을 지녀야 한다. 이것이 지도자가 지녀야 하는 리더십이다. 황후는 이러한 지도자의 모습을 보였다. 황후의 담대한 리더십은 대외정책에도 어김없이 드러났다. 수원정책綏遠政策이다.

· 10 ·

종묘사직의 수호를 위해
적극적인 외교력을 펼치다
- 수원정책綏遠政策[44]

　　고종의 친정체제 구축은 국정운영권이 대원군으로부터 고종으로 전환된 것은 물론이고, 대외정책의 큰 변화를 가져왔다. 대외정책 변화의 요체는 배외정책排外政策(외국을 배척하는 정책)에서 개방정책으로 전환이다. 당시 국제 정세의 흐름은 서구의 자본주의 세력이 주도하는 상황에서, 해외자원 확보와 시장의 확대를 꾀하기 위한 국가 간의 경쟁이 치열하였다.

　　이러한 상황에서 서구 열강들이 요구하는 통상의 거절은, 결국 상대국가와의 충돌을 초래하였다. 대표적인 사례가 병인양요와 신미양요이다. 일본 또한 조선에 강압적인 통상을 요구하였다. 주변국 중국도 국제 정세 변화에 따라 열강이 요구한 통상을 수용하지 않을 수 없었다.

　　국제 정세 변화 속에서 종묘사직을 유지하고 계승하는 것은 '고종과 세자의 안위'를 지켜내는 것이다. 황후는 이것을 자신의 본분이자 왕실의 최우선 과제로 인식하였다. 고종과 황후는 대원군의 배외정책이 조선의 위기를 가중한다고 인식하였다. 동시에 조선의 생존과 종묘사직을 위해 개방정책

---

[44] 이 내용은 필자가 저술한 「명성황후의 정치현실 인식과 대응」의 관련 부분을 수정 보완한 것임을 밝힌다. 이희주 편, 『고종시대 정치리더십 연구』, 69~73쪽.

으로의 전환을 불가피한 것으로 보았다.

황후는 당시 국제 정세 변화와 시대정신을 파악할 수 있는 뛰어난 정치적 식견과 국제적 감각을 소지한 인물이었다. 직접 만났던 대부분 외국인이 황후를 '지적이고 명민한 인물'로 평가하였다. 특히 언더우드 여사는 '유능한 외교가'로 평가하고 있다.[45]

전통적으로 조선의 대외관과 대외정책은 화이론華夷論을 골간으로 하고 있었다. 화이론은 중국 한족漢族 중심의 세계관이며, 한족이 자민족과 타민족을 구별한 사유체계이다. 한족은 자기 민족이 사는 지역을 세계의 중심이며, 천자天子가 덕치德治를 베푸는 문명적으로도 우월한 곳으로 여겨, 자민족을 '화華'로 생각하는 선민의식을 가지고 있었다. 또한 주변 변방국가의 민족을 문명적으로 야만상태에 있는 오랑캐 '이夷'로, 이들은 항상 한족의 덕치를 받기를 원한다고 생각하였다.[46]

근대 이전 동아시아세계는 중국 중심의 '화이론'적 국제질서가 구축되어 있었다. 조선도 중국의 변방국가로서, '조공과 책봉'의 형태를 취하면서 중국과의 관계를 지속하였다. 화이론적 국제질서는 문화적인 측면에다 역점을 둔 형태였기 때문에, 조선의 정치·경제·군사적인 측면에서 실제로 중국의 내정간섭은 없었다.

19세기 중엽 동아시아에 새로운 문명이 수용되면서, 기존의 화이론적 동아시아 질서체계가 서서히 해체되고 붕괴되기 시작하였다. 그리고 국가평등주의가 그 자리를 대신하게 되었다.

당시 조선은 유교문명과 근대문명의 교체기에 있었기 때문에, 현실정치를 주도하고 있는 정치세력들 사이에 갈등과 대립이 심각하였다. 유교문명

---

45 장영숙, 「서양인의 견문기를 통해 본 명성황후의 정치적 위상과 역할」, 11~13쪽.
46 박충석·유근호 공저, 『조선조의 정치사상』, 평화출판사, 1980, 100쪽.

의 화이론에 기반한 위정척사파와 정치적 리얼리즘에 따라 세계질서의 변화를 수용하려는 개화파 사이의 이념적 갈등이 대표적인 사례다.

친정체제 이후 대외정책의 변화를 보였다고 해서, 고종과 황후의 정치이념이 개화파의 인식과 동일한 것은 아니었다. 고종의 통치행위를 보면, '종묘사직의 수호'라는 목표 아래 정책을 탄력적으로 운영하였다. 고종의 정치적 의지를 누구보다도 잘 이해하고 함께하는 사람은 황후였다.

이러한 측면에서 황후의 정치적 이념을 살펴볼 수 있다. 황후의 정치적 이념은 종묘사직의 수호를 위한 '정치적 리얼리즘'에 기반하고 있으며, 그 속에는 공사의 영역이 중첩적으로 혼재되어 있다. 정치적 리얼리즘은 실질적 국정운영의 과정에서 '유연하고 개방적인 사고와 태도'를 수반하기 마련이다.

친정체제 이후 최초 개방정책은 1876년(고종 13) '강화도조약'의 체결이었다. 이것을 출발점으로 하여 외국과 적극적인 개항정책을 펼쳤다. 개항은 바로 다른 나라와 통상을 맺는 것으로, 대원군 집정 시기의 쇄국정책에서 벗어나 조선의 문호를 활짝 여는 것을 의미하였다. 조선의 문호를 연다는 의미는, 기존의 '중화적 세계관'에서 벗어나 '서양의 국제사회에 개빙'하는 것이었다. 이제 조선은 중국의 변방 국가가 아니다. 어느 국가와도 동등한 독립된 정치단위이다.

여기에 부여된 과제는 하나의 독립된 정치단위로서 조선이 만국공법체제의 국제사회에 편입되는 것이다. 또 다른 하나는 서양문명을 도입함에 따라, 근대 이전의 사회 정치체제를 개혁하는 것이다.[47] 다시 말하자면, 조선의 과제는 대외적으로는 주권을 유지할 수 있는 독립국으로, 대내적으로는 근대사회로 이행할 능력을 갖추는 것이다.

---

47 김영작, 『한말내셔널리즘-사상과 현실』, 백산서당, 2006, 30~31쪽.

그러나 당시 조선의 현실정치를 주도해 가는 정치세력들은 개항에 따르는 이 두 과제의 본질을 꿰뚫어 보는 데 있어서, 지적 능력의 한계가 있음을 지적해 두고 싶다. 중화적 문명관을 지키려고 하는 유림세력들은 말할 것도 없거니와, 개국을 주장하는 세력들에 있어서조차 개항, 개국의 저변底邊에 깔린 '국익을 위한 경쟁'이라는 제국주의의 본질적 요소를 꿰뚫지 못하는 인식의 한계를 지니고 있었다.

중화적 세계관은 상기한 바와 같이 국가와 국가의 관계가 문화적인 측면의 성향이 강하였다. 예를 들면 중국과 조선의 관계를 군신의 관계라든지, 부모와 자식의 관계로 설정하여 명분론적 질서를 구축해 갔다. 이러한 국제질서는 더 이상 존재하기 어렵게 되었다. '만국공법'이라는 것이 존재하기는 하지만, 실제 국가 간에는 자국의 이익을 위해 힘의 경쟁이 펼쳐졌다. 자국의 이익을 위해서라면, 언제든지 국가 사이의 약속은 파기되었다. 중화적 질서관에서 구축되었던 '국가관계의 화和'가, 제국주의적 국제관계에서는 자국의 이익을 위해서 언제든지 외면당할 수 있다. 대표적인 사례가 미국과의 관계이다.

1882년(고종 19)에 체결된 조미수호통상조약 제1조에 '미합중국 대통령과 조선 국왕 및 각 정부의 공민과 신민 간에 영구한 평화와 우호가 있을 것을 기약하고 만일 제3국이 체약국 중의 어느 한 정부에 대하여 부당하게 또는 억압적으로 행동할 때에는 체약국 중의 상대방 정부는 그 사건의 통지를 받는 대로 원만한 타결을 가져오도록 주선을 다 함으로써 그 우의를 표시하여야 한다.'는 내용이 있었으나, 미국은 체약국인 조선을 위해 중간에서 일본과의 충돌을 조정(거중조정居中調整)할 의사가 전혀 없었으며 이행하지도 않았다.[48] 특히 미국은 청일전쟁 이후 정치적 중립을 취하다가, 러일전쟁 후에는

---

48 · 알렌은 미국이 조미수호통상조약 제1조의 합의문을 이행하지 않았음에 안타까움을 표

일본으로 경도된 태도를 보였다.

19세기 중엽 이후 동아시아에서 'Western Impact'가 진행되는 격동기에, 유교문명을 유지하려는 정치세력이나, 변화 흐름에 따라 일본과 서양의 각국을 동지적 관계로 여겼던 정치세력 모두 당시 정세상황의 본질을 파악하지 못하였다. 이것은 자본주의를 전혀 체험하지 못하였던 조선의 정치세력에게 나타나는 불가피한 현상이다.

유림세력은 개항 이후 조선에 들어온 외부인의 야만적 약탈행위를 경험한 후, 개항에 대해 더욱 비판적 태도를 견지하였다. 이들은 조선 후기 실학자들이 주장한 '국익을 위해서라면, 오랑캐의 문물도 수용해야 한다.'는 현실적 리얼리즘 사유마저 비판의 대상으로 삼아, 외부와의 교류를 철저하게 배격하였다. 유림에게 있어서 일본이나 서양과의 교류는 조선을 저급한 오랑캐의 국가로 전락시키는 것이며, 더욱이 그들과의 경제교류는 조선을 망하게 할 것이라는 인식을 하기까지 이르렀다.

황후는 국제 정세의 변화와 이에 따른 국내 정치의 소용돌이 속에서, '종묘사직의 수호'라는 자신의 본분과 책임 속에서 현실정치를 인식해 나갔다. 조선 내에서 자국의 이익을 극대화하기 위해 급박하게 움직이고 있었던 외세, 그리고 갈등과 대립의 날을 세우는 국내 정치세력들 사이에서 종묘사직을 지키려는 황후는 하루도 긴장을 멈출 수가 없었다.

특히 청국과 일본세력의 침투는 조선의 안위를 위협하는 수준에까지 이르렀다. 이러한 국가적 위기 속에서 황후의 지혜로운 외교력이 드러났다. 바로 수원정책綏遠政策[49]이다. 수원정책은 당시 조선의 국내외 정세상황에 적실하게 조응한 황후의 뛰어난 상황인식이며 대응양태이다. 수원정책이 발

현하고 있다. H. N. 알렌 지음, 신복룡 역주,『조선견문기』, 집문당, 1999, 16쪽.
[49] 수원정책(綏遠政策)은 청일세력을 견제하기 위해 먼 곳에 있는 국가와 교류를 강화하여 조선의 주권을 지키고자 하였던 외교정책이었다.

현되기까지 황후가 겪었던 대내외적 정세상황을 추적하면 다음과 같다.

1881년(고종 18) 이재선의 반역사건이 발생한 다음 해에 임오군란이 발생하였다. 임오군란은 황후의 개인적인 측면에서 볼 때, 생존한 상태에서 죽음을 언도받았던 사건이다. 군사들의 급료 문제가 직접적인 원인이 된 이 사건은 민겸호를 비롯한 관료층의 부패와 일본의 침략 등으로 인한 불만이 저변에 깔려 있었다. 이 불만은 민겸호를 비롯한 부패관료의 살해, 포도청에 구금된 동료 구출, 일본공사관 습격 등으로 나타났다.

대원군 하야 이후 고종 친정체제 속에서 진행된 정치적 상황 변화는 10년이 지난 이 시점에서 또 다른 모순의 양상을 보였다. 이 사건으로 인하여 민씨세력에 대한 분노가 황후의 '승하전교반포昇遐傳敎頒布'[50]에까지 이르렀으며, 대원군의 33일간의 재집권, 청일세력의 침투 심화, 대원군 납치[51] 등으로 나타났다.

특히 대원군이 현군주의 부친이라는 점에서 볼 때, 대원군의 납치는 양국 간의 외교적 갈등이 전쟁으로 비화할 수 있다. '조선의 주권'이 외세에 의해 노골적으로 왜곡된 비극적인 사건이기도 하였다.

이 사건은 외세가 조선을 침탈하고 억압하는 강도를 결정하는 지렛대가 되었다. 이러한 측면에서 '대원군의 납치사건'은 1895년(고종 32) '명성황후시해사건'의 전초적인 성격을 지닌다고 볼 수 있다.

임오군란 이후 청일의 경제침탈과 조선 주권의 침해가 더욱 심각하였다. 일본과는 제물포조약 및 수호조규속약을 조인하였다.[52] 청국은 조선 정부에 압력을 가하여 체결한 '조중상민수륙무역장정朝中商民水陸貿易章程'의 전문前文에

---

50 『고종실록』, 1882년(고종 19) 6월 10일.
51 『고종실록』, 1882년(고종 19) 7월 13일.
52 『고종실록』, 1882년(고종 19) 7월 17일.

조선을 청국의 '속방屬邦'이라고 써넣을 정도로 조선의 주권을 침해하였다.

청국의 지나친 조선의 개입은 결국 개화파의 갑신정변을 초래하였다. 당시 국제 정세 상황 속에서, 개화파에게 조선의 독립은 '청국의 종속성'에서 벗어나는 것을 의미하였다. 이를 위해 이들은 일본에 지나친 기대와 의존을 하였다. 결국 이 정변은 3일 만에 끝났다. 서양문물을 적극적으로 수용하고자 한 개화파에게 있어서조차도, 당시 국제 정세의 근간을 이루는 '제국주의의 경쟁적 속성'을 꿰뚫지 못한 인식의 한계를 엿볼 수 있다.

임오군란과 갑신정변 이후, 청일세력의 경제적·정치적 침략이 노골화되고 심화할수록, '조선의 주권'을 수호하려는 의지는 적극적인 형태로 표출되었다. 국기를 제정하여 전국에 반포한 사실은[53] 조선이 '자주독립국'임을 상징하고자 하는 표현이며, 조선 지배층의 의지를 반영한 것이다. 이것은 부국강병으로 연계되었다. 동시에 조선의 부국강병과 주권을 확보하기 위한 황후의 대응양태의 하나가 수원정책이다. 즉, 부국강병의 달성과 조선의 자주권을 가장 위협하는 청일세력을 견제하기 위하여 효율적인 수단으로 활용된 수원정책은, 황후의 국제 정세에 대한 인식과 대응양태의 조응물이기도 하였다.

황후와 빈번한 접촉을 가졌던 언더우드 여사의 기록을 보면, 황후의 이미지는 '지적이고 사려 깊은 친절한 인물로, 그리고 진보적이고 유능한 외교가'로 묘사되어 있다.[54] 이것은 의례적인 표현이 아니라, 황후의 탁월한 정치적 식견과 외교력을 평가한 것이다.

당시 조선의 국제적 위치는 청일세력의 각축장임과 동시에 서구 열강들의 마지막 이권의 쟁탈지였다. 1850년대부터 끊임없이 제기되는 '정한론'과

---

53 『승정원 일기』, 1883년(고종 20) 1월 27일.
54 L. H. 언더우드 지음, 신복룡·최수근 역주, 『상투의 나라』, 49~51쪽.

제국주의적 침략형태에서 오는 일본에 대한 피로감은, 황후에게 '종묘사직의 수호'에 가장 걸림돌이 되는 세력으로서 일본을 인식하게 하였다. 당시 어려운 왕실 재정에도 불구하고 이노우에 가오루井上馨가 제시하는 지원금을 거절할 정도로, 황후는 일본의 침략성을 간파하여 시종 배일관排日觀(일본을 견제하는 인식)으로 일관하였다.

청국과의 관계에서도 일본을 견제하기 위해 전통적 관계를 활용한 면을 보이지만, 청국의 지나친 침투를 견제하기 위해 러시아를 비롯한 구미세력을 활용하는 현실주의적 수원정책으로 대응하였다.55 따라서 수원정책은 조선의 종묘사직수호에 가장 위협적인 청일세력을 견제하면서 조선의 부국강병을 달성할 수 있는 적실한 대응방안이었다. 동시에 황후의 뛰어난 정치적 식견과 국제 정세에 대한 현실인식을 확인할 수 있는 구체적인 외교정책이자 외교 전략이었다.

청일전쟁에서 청국의 패배 이후, 일본의 지나친 세력 확장을 견제하기 위해 러시아·독일·프랑스의 삼국간섭이 일어났다. 이러한 상황을 '인아거일引俄拒日(일본을 멀리하고 러시아와 친교를 맺는 것)' 정책으로 활용한 점에서도, 황후의 뛰어난 정치적 판단과 정세인식 능력을 엿볼 수 있다. 이 점이 일본이 황후를 한반도 침략의 최대 걸림돌로 인식하고 시해한 요인이다.

청일전쟁을 겪으면서 황후는 수원정책의 한계점을 인지하게 되었다.

55　갑신정변으로 인하여 청국의 세력 침투가 노골화되자, 이에 대응책으로 조선 정부는 1886년(고종 23) 러시아공사 베베르에게 '친로항청책(親露抗淸策)'에 관한 국서를 전달하였다. 이후 민영익의 밀고로, 조존두 등이 친로항청책을 도모했다는 죄목으로 유배되었고, 위안스카이는 이 사건을 계기로 '이준용 추대 계획'을 꾸며, 텐진의 이홍장에게 파병을 요청하였다. 또한 위안스카이에게 조로밀약설 해명, 러시아공사 베베르의 조로밀약 관련인 석방 요구, 서상우를 텐진에 파견하여 이홍장에게 조로의 비밀교섭설을 해명한 사실 등이 실록에 보인다. 『고종실록』 1886년(고종 23) 7월 10일; 동년 7월 17일; 동년 7월 21일; 동년 7월 22일; 동년 7월 23일; 동년 8월 13일 등 기사 내용.

긔별奇別훈 말은 ᄂ ᄆᆞ음도 그러나 전후前後 좌우左右가 모다 눈이니 츄신抽身이 극난極難ᄒ고 드나드는 스람도 다 미들 슈 업고 졔일 왜놈이 각문各門에 잇ᄃ니 엇지홀 슈 업고 모쳐某處(대원군)셔도 흔ᄃᆞ 잇스니 탈신脫身이 극난極難ᄒ야 도리 업스니 조조躁躁 갑갑 못 견ᄃᆞ게다 (중략) 양인洋人은 미들 슈 업스니 무슨 도리ᄅ 상냥商量ᄒ야 보게시니[56]

상기의 글은 청일전쟁에서 청국이 패배한 이후, 민병승에게 보낸 황후의 편지이다. 이 글에는 일본군에 감금되어 있는 황후의 불안한 모습이 잘 드러나 있다.

'청일세력의 견제'와 '부국강병'의 이중적 효과를 얻고자 하였던 수원정책은 청일전쟁을 겪으면서 황후에게 많은 실망감을 안겨주었다. '드나드는 스람도 다 미들 슈 업고, (중략) 양인도 미들 슈 업스니'에서 알 수 있듯이, 황후는 수원정책 역시 한계가 있음을 자각하고 있다. 제국주의의 본질을 온전히 꿰뚫지 못했다는 황후의 '국제관계에 대한 인식'의 한계이다. 이는 외세의 정보를 다양하고 정확하게 획득할 수 있는 '정보인프라'가 부족하였던 조선의 현실에 기인한다. 대표적인 사례로, 청일전쟁 시 양국의 군사상황을 제대로 파악하지 못하고 청국의 승리를 기대했다는 점이다. 이것은 황후뿐만 아니라, 조선의 정치세력이 갖는 한계이기도 하였다.

---

[56] 이기대, 「『明成皇后御筆』연구」, 『한국민족문화』 44, 부산대학교 한국민족문화연구소, 2012, 84쪽.

제 3 부

황후의 죽음, '조선의 혼'이 되다

경복궁 습격과 청일전쟁

1894년 경복궁 습격은 일본이 '조선의 내정개혁'을 명분으로 내걸고, 청일전쟁을 일으키기 위해 의도적으로 조선의 궁궐을 침범한 사건이다. 일본이 조선으로 출병하기 전, 조선은 동학농민군의 거대한 저항에 직면하고 있었다. 농민군의 저항이 발발하자, 조선 정부는 자력으로 이를 해결하지 못하고 청군의 출병을 요청하였다. 청국의 조선 출병을 계기로 일본도 '공사관 및 거류민 보호'라는 명분으로 조선에 군대를 파견하였다.

그러나 농민군과 조선 정부 사이에 타협이 이루어졌기 때문에, 일본군의 조선 출병은 명분이 없었다. 더 나아가 일본은 청국의 반대를 무릅쓰고 '조선의 내정개혁'을 구실로 삼아, 조선에 일본군을 계속 주둔시켰다. 그 이유는 조선을 강점하기 위하여 청일전쟁을 개전하고자 하는 의도를 가지고 있었기 때문이다.

동학농민군의 저항은 전라도 고부군수 조병갑의 탐학에서 시작되었다. 1892년 말 고부군수로 부임해 온 조병갑은 탐관오리의 전형적인 인물이었다. 조병갑을 비롯한 탐관오리의 수탈로 농민들이 겪는 괴로움은 형언할 수 없을 정도였다. 심지어 조병갑은 태인현감을 지낸 아버지의 공덕비를 세운다고 강제로 돈을 징수하였다. 대동미를 정미精米로 받는 대신 돈으로 거두고, 그것으로 질이 나쁜 쌀을 사서 상납하여 그 차액을 착복하기도 하였다. 만세보를 이용하는 수세를 고율로 부과하였다. 강 하류에 필요하지도 않은 보洑를 새로 쌓게 하고, 이를 빙자하여 고율의 수세를 농민에게 거두어들였다.

1893년 12월 농민들은 우선 억울한 사정을 군수에게 진정하기로 하였다. 동학접주 전봉준을 장두狀頭로 삼아 군수 조병갑에게 두 차례에 걸쳐 호소하였으나 받아들여지지 않았다. 이에 전봉준을 필두로 한 농민의 저항이 빠른 속도로 거세게 퍼져나갔다.[1]

동학농민군의 봉기를 알게 된 조선 정부는 홍계훈洪啓薰을 양호초토사로 임명하여 이를 진압하려 하였으나 실패하자, 청군의 지원을 요청하였다. 청군의 조선 출병을 계기로, 일본군은 '자국의 공사관 및 거류민 보호'를 명분으로 대거 출병하였다. 일본군의 조선 진출의 명분은 '청일전쟁'을 일으키기 위한 위장술에 불과하였다.

청군이 조선의 지원을 결정하기 이전부터, 일본은 조선 출병을 계획하고 준비가 끝난 상태였다. 일본의 조선 출병은 청일전쟁의 돌입을 의미하였다. 또한 당시 정치적 위기에 직면한 이토내각이 대외전쟁을 발발시켜 대내적 위기를 만회하려는 정치적 상황과도 맞물려 있었다. 그러나 열강들이 동아시아에서 이권을 다투고 있는 상황 속에서, 이들의 전쟁 개입을 막기 위해서는 '전쟁의 명분'이 필요했다. 그때 조선에서 정부군과 농민군의 내전이 발발했다. 이토내각은 재빨리 이것을 이용하여, '자국의 공사관 및 거류민 보호'라는 조선 출병의 명분을 내세워 청일전쟁을 일으키고자 의도하였다.

---

1   이기백, 『한국사신론』, 지식산업사, 1998, 308쪽; 『한국민족문화대백과사전』 개정증보판(http://encykorea.aks.dc.kr), 동학운동(2016. 10. 5).

이처럼 조선 침략을 위한 청일전쟁은 일본이 오랫동안 준비하였던 계획과 일본의 국내 정치 상황과 맞물려 1894년 7월 23일 경복궁 습격과 함께 시작되었다.

일본은 일본군의 대부대를 수도 한성에 침입시켰다. 1882년 임오군란이나 1884년 갑신정변 때처럼 청군이 진격해 올 것으로 예상하였다. 그러나 예상은 빗나갔다. 청군이 진격해 오지 않았기 때문에, 개전의 기회를 포착할 수 없었다.[2]

그리고 조선 정부도 청일 양군에게 간섭의 구실을 주지 않기 위해서, 6월 11일 농민군과 전주화약을 맺어 내란을 수습하였다. 이를 근거로, 조선 정부는 일본군의 불법침입에 항의하고 동시에 조속한 철병을 요구하였다. 조선의 내전이 수습되었기 때문에, 일본 정부가 내세웠던 '공사관 및 거류민 보호'라는 명분이 사라진 것이다.

그럼에도 불구하고, 일본은 '조선의 내정개혁'을 내세워, 양국의 간섭을 청국에 제안하였다. 청국은 '조선에 대한 중대한 내정간섭'이라 하여 거절하였다. 일본은 청국이 이를 받아들이지 않으리라 예상하였다. 단독으로 내정개혁의 실행을 조선 정부에 강요하였다. 이를 빌미로 일본군이 조선에 주둔할 수 있는 구실로 삼았다. 이것은 조선에서 곧 일어날 청일전쟁의 시작을 의미하는 것으로, 청일전쟁의 첫 출발은 1894년 7월 23일(음력 6월 21일) 일본의 야만적 침략행위인 '경복궁 습격'에서 시작되었다.

1894년 7월 23일 일본은 육군 혼성 제9 여단을 경복궁에 침입시켰다. 조선군을 무장해제시키고, 많은 무기와 귀한 왕실문화재를 강탈해 갔다. 특히 무기의 수량은 엄청났기 때문에, 이틀에 걸쳐 일본군의 용산 막영지幕營地로 옮겨야만 했다.[3] 그리고 일본은 대원군大院君을 강제로 입궐시켰다.

---

[2] 박종근 저, 박영재 역, 『淸日戰爭과 朝鮮』, 일조각, 1989, 34~39쪽.

경복궁을 습격한 날, 일본 해군 연합함대는 청국 군함을 포격하기 위해, 군산 앞바다로 진격하였다. 7월 25일에는 풍도豊島(현재 안산시 단원구 풍도동) 앞바다에서 청국 군사가 타고 있는 함대를 포격하여 격침했다. 이날 경복궁을 점령하고 있던 혼성 제9 여단은 수비대를 남기고 남진하여, 28일 밤 아산만 근처 성환成歡(현재 천안시 성환읍)에 주둔하고 있던 청국 군대를 습격하여 패주시켰다. 전자를 '풍도해전'이라 하며, 후자를 '아산만전투'라고 한다. 해전과 육전에서 승리한 일본은 8월 1일 청국에 선전포고하였다. 같은 날 청국도 일본에 선전포고하였다.[4]

이후 9월 15일에서 17일 사이에 있었던 평양전투와 황해전투에서 청국 군대가 처절하게 참패함으로써, 전쟁의 대세는 일본 쪽으로 기울었다. 일본은 이 기세를 몰아 중국 본토까지 진격하여 승전하기에 이르렀다. '전투상황을 주시하면서 촉각을 세우고 있는 러시아, 프랑스, 영국, 독일 등 열강들의 개입'을 우려하여 일본은 재빨리 종전하고자 하였다. 그리고 청국과 1895년 4월 17일 시모노세키조약을 성립시켰다.

경복궁 점령은 청일전쟁의 시작이다. 조선을 강점하기 위해 일본이 자행한 무력도발의 첫 신호탄이며, 선전포고 없이 일으킨 전쟁이다. 조선을 강점하기 위해서는 영향력이 강한 청국 세력을 조선 영토에서 내쫓아야만 했다.

1876년 체결한 강화도조약(일명 조일수호조규朝日修好條規)에서부터 일본의 야욕은 이미 드러났다. 강화도조약 제 1조에 '조선은 자주국'임을 명시하고 있다. 조선 침략에 가장 큰 걸림돌이 되는 것이 청국의 세력이었고, 조선과 청국과의 전통적인 관계를 단절시키는 것이 무엇보다 중요하였다. 따라서 강

---

3 박종근 저, 박영재 역, 『淸日戰爭과 朝鮮』, 64~65쪽.
4 김문자 지음, 김승일 옮김, 『명성황후 시해와 일본인』, 태학사, 2011, 187~188쪽.

화도 조약 제1조 '조선의 자주국' 명시는 '청국으로부터 자주'를 의미하는 것이었으며, '근대국가의 평등주의' 원칙에 따라 근대국가의 일원으로서 '조선의 자주'를 존중해서 명시된 사항은 아니었다.

    1876년 강화도조약 체결로부터 18년이 지난 1894년 일본은 조선을 강점하기 위해 본격적인 무력도발을 시작하였다. 그동안 일본은 국가의 목표인 조선 침략을 위해 조선의 정치세력을 끊임없이 이용해 왔다. 그리고 드디어 조선을 강탈하기 위해 침략전쟁을 본격적으로 시작한 것이다. 그 첫 번째 도발이 경복궁 습격이었고, 이어진 청일전쟁을 통하여 조선 강점에 걸림돌이 되는 청국의 세력을 조선 영토 내에서 완전히 제거하였다. 이렇게 경복궁 습격과 청일전쟁은 결부되어 있었다.

· 2 ·
고종과 황후의 감금

경복궁 점령은 조선 공간의 심장을 찌르는 것으로, 일본은 고종高宗과 황후를 포로로 감금하였다. 경복궁은 조선의 주권을 행사하는 군주가 거주하는 장소이다. 조선과 왕실의 권위를 상징하고 있다. 권위의 상징성은 주권행위의 실현에서 배태된다. 주권행위가 이루어질 수 없는 궁궐은 한낱 건물에 불과하다.

경복궁 점령은 고종을 협박하여 조선의 주권을 침해시켜 일본 자국의 목표를 실현하기 위함이었다. 만약 고종이 경복궁을 벗어나게 되면, 일본이 의도한 계획은 난관에 부딪힐 수밖에 없다. 더구나 열강에 보이기 위한 '조선 독립의 보호'라는 명분이 거짓임이 드러나는 것이다. 그렇기 때문에 고종이 경복궁으로부터 탈출하는 것을 경계하여, 일본군은 고종의 동향을 본국에 끊임없이 보고하였다. 일본 정부 차원에서 고종의 경복궁 탈출방지에 관한 구체적인 대책을 세웠다는 증거도 포착되고 있다. 나가오카長岡와 오오시마大島가 본국에 보고한 내용이다.

"위안스카이袁世凱가 온갖 계책을 다하여 국왕을 받들어 수원부水原府 부

근의 이궁離宮으로 옮기려는 조짐"이 있으나 일본군은 위력으로써라도 저지할 예정임.5

국왕이 북한산으로 피난한다는 풍설이 있으므로 재경성在京城 보병 제11연대 제1대대에서 정찰을 위해 장교를 파견함. 그러나 북한산에는 조금도 이상이 없고 국왕이 피난할 기색이 없음.6

고종의 경복궁 이탈에 대해 일본이 얼마나 노심초사하였는지 잘 보여주는 기록이다. 이 외에도 안경수安駉壽와 오카모토岡本가 나눈 대화에도 잘 드러난다.

안경수   "청일이 개전하면, 국왕은 춘천이든 어디든 피난하지 않으면 안 된다."
오카모토   "국왕이 일보라도 왕궁을 나오면 조선의 종묘사직은 그때가 멸망이다."7

일본이 행하였던 조선 강점의 첫 수행이 '경복궁 점령'과 '고종의 포로'였다. 일본의 간교한 계략을 예상하여, 조선의 조정에서도 나름대로 대책을 강구하였겠지만, '고종의 이궁설離宮說'에 대한 자료는 아직 없다.8

경복궁 강점으로 고종은 일본의 포로가 되었다. 임오군란 당시 대원군이 납치되어 청국 보정부에 감금된 이후, 외세에 의해 조선의 왕족이 포로가 된 두 번째 참사였다. 그러나 고종의 감금은 청국이 대원군을 납치하여 감

---

5 「旅團報告」 1894년 6월 27일, 326~327쪽; 박종근 저, 박영재 역, 『淸日戰爭과 朝鮮』, 73쪽 재인용.
6 「報告綴」 1894년 6월 30일條; 박종근 저, 박영재 역, 『淸日戰爭과 朝鮮』, 73쪽 재인용.
7 박종근 저, 박영재 역, 『淸日戰爭과 朝鮮』, 74쪽.
8 박종근 저, 박영재 역, 『淸日戰爭과 朝鮮』, 73쪽.

금했던 의미와는 크게 다르다. 대원군의 납치와 보정부의 감금도 현군주의 생부라는 점에서 간단치 않은 외교의 분쟁거리이다. 그러나 군주와 황후의 감금은 외교 분쟁의 차원을 넘어서서, 일본의 반인륜적이고 야만스러운 침략전쟁의 행위이다. 동시에 1년 후 일어났던 '명성황후시해사건'의 서막이기도 하였다.

1894년 6월 21일(음력) 일본군의 경복궁 습격에 대한 『승정원일기』기록은 다음과 같다.

> 일본 공사 대조규개大鳥圭介가 군병을 이끌고 새벽을 틈타 처들어와 영추문迎秋門에 육박하였다. 빗장을 부수고 곧장 들어와 궁 안의 각사各司를 휘젓고 다니며 총포銃炮, 창도創刀 등 기물을 표략剽掠하고 창호窓戶를 부수고 시어소時御所에 육박하였다.[9]

일본공사가 일본 군대를 동원하여 조선의 궁궐 경복궁을 습격한 것은 명백하게 선전포고 없이 행한 전쟁행위였다. 이들은 무기를 탈취하였다. 그뿐만 아니라 조선 왕실의 귀중한 문화재도 갈취해 갔다. 그리고 조선의 군주 고종을 감금하고 포로로 삼았다.

이 사태에 대해 '황후의 대응'을 보여주는 기록이 있다. 황후가 시해된 지 2년이 지난 후, 1897년 고종이 황후를 생각하면서 직접 지은 〈어제행록〉이다.

> 갑오년(1894)에 외국 군사가 대궐에 들어오므로 짐이 황후와 태자에게 건청궁乾淸宮으로 피신할 것을 권고하였는데 조금 있다가 도로 함화당咸和堂에 돌아와 말하기를, "한 궁궐 안에서 가면 어디로 가겠습니까? 차라리 여기 있으면서 여러 사람의 심정을 안정시키겠습니다. 그리고 지금 칼자루

---

9 『승정원일기』, 1894년(고종 31) 6월 21일(음).

를 잃어서 이미 역적의 머리를 베지 못할 바에야 우선 포용해서 그 흉악한 칼날을 늦추어 놓는 것이 낫습니다."라고 하였다.[10]

황후는 '일본의 강압을 피할 수 없다는 것', '조선의 힘으로 일본을 제압시킬 수 없다는 것' 그리고 이로 인하여 '인심이 불안하다는 것' 등 당시 상황을 정확하게 진단하고 있었다. 야욕으로 가득 찬 일본에 생존의 위협을 받고 있는 조선의 운명, 그 위협에서 벗어나기 위해서, 황후는 우선 일본의 서슬 시퍼런 침략을 완만하게 늦추는 것이 최선의 방책이라고 생각했다. 일본에 대하여 '강경한 대항'보다는 '완만한 태도'로서, 조선의 위기를 극복할 때까지 시간을 지연시킬 것을 고종에게 건의하고 있다. 이 같은 황후의 대응에는 청일전쟁에서 청국이 승전할 것이라는 기대가 한몫을 하였다.

자료 3-1 함화당
출처: 국립고궁박물관

---

10 『고종실록』, 1897년(고종 34) 11월 22일.

제3부 황후의 죽음, '조선의 혼'이 되다

실록에 언급된 바와 같이, 위기 속에서도 좌절하지 않고 의연하게 대처하는 황후의 모습은 목숨에만 연연하여 도피하는 소인배의 삶이 아니다. 일본의 마수魔手가 곳곳에 뻗쳐있는 상황에서, 조선의 위기를 반전시킬 기회를 도모하고자 하는 현명하고도 지혜로운 모습을 갖추고 있었다. 황후는 위기 상황 속에서 도피하지 않았다. 위협을 느꼈지만, 고종과 함께 이 고난을 헤쳐나가기 위해 함화당으로 돌아왔다.

한편, '황후와 세자의 피신'을 권하는 고종의 모습에서, 지아비로서 갖는 인간적인 면모뿐만 아니라, 세자를 지켜서 종묘사직을 유지하고자 하는 '군주의 의지'도 간파할 수 있다. 그리고 종묘사직을 지키기 위해, 이 절박한 상황 속에서 어떻게 대응할 것인가 하는 고종의 생각은 황후와 같았다. 바로 '지연작전'이었다.

3

민의 희생을 막고
지연작전으로 대응하다

일본군의 경복궁 습격에 고종의 첫 대응은 '시위군의 희생'을 막는 것이었다. 경복궁 습격에 대하여 실록에는 다음과 같이 언급되어 있다.

> 일본日本 군사들이 대궐로 들어왔다. 이날 새벽에 일본군日本軍 2개 대대大隊가 영추문迎秋門으로 들어오자 시위 군사들이 총을 쏘면서 막았으나 상이 중지하라고 명하였다. 일본 군사들이 마침내 궁문宮門을 지키고 오후에는 각영各營에 이르러 무기를 회수하였다.[11]

일본군의 습격을 받은 시위대(왕궁수비대)는 과감하게 항전하였다. 시위대 무기 가운데는 우수한 독일제 연발총도 있었고, 병사의 전투의욕은 왕성하였다. 그러나 고종은 '전투 중지 명령'을 내렸다. 시위대는 고종의 명령을 거절할 수 없어서 분노하며 철수하였다. 일본군 대대장이 건청궁까지 침입하여 고종을 겁박하였지만, '전투 중지 명령'은 고종 스스로가 내린 결단이었다.

---

11 『고종실록』, 1894년(고종 31) 6월 21일.

시위대의 4배 이상 달하는 일본 침입군과 일본 제21연대 제3대대가 '막영 지역의 북방고지를 점거'하고 있었던 상황을 고려하여, 시위병의 희생을 적게 하려는 것이었다.[12] 그리고 고종은 일본의 요구에 지연작전으로 대응하였다. 그럼에도 불구하고 국력이 약한 조선의 슬픈 운명은 왕실과 조선민의 희생을 초래하였다.

고종과 황후는 일본의 경복궁 점령 의도를 꿰뚫고 있었다. 그렇기에 고종이 경복궁을 벗어나려고 했는지는 알 수 없다. 고종이 경복궁을 이탈하게 되면, 일본은 계획대로 청일전쟁을 순조롭게 수행할 수 없다. 전쟁의 명분이 없어지고 동시에 전쟁을 수행하는 데 있어서, 물적·인적 자원의 동원도 난관에 부딪히게 된다.

일본의 위협 속에서 고종과 황후 그리고 세자의 안위를 지킬 방안은 없었을까? 세 사람의 안위를 지키기 위하여 일본과 타협하면 되지 않았을까? 그러나 고종과 황후는 일본과 타협하지 않았다. 경복궁을 이탈하지도 않았다.

고종과 황후가 택한 길은 무엇이었을까? 종묘사직을 수호하고 '민의 희생'을 막는 것이었다. 그래서 경복궁 습격 시 고종의 첫 대응이 '시위군의 발포중지'였고, 다음으로 일본이 요구하는 것에 '지연작전'으로 대응하였다. 여기에는 청국이 승전할 것이라는 기대와 함께 전쟁이 끝날 때까지 일본의 강압에 지연작전으로 대응하면서 종묘사직을 지키고자 한 '고종과 황후의 의지'가 깔려 있었다.

그러나 전쟁이 일어나면 전쟁 당사국보다 전장戰場인 나라의 피해가 더 크다. 2차 세계대전 '독소獨蘇전쟁'에서 폴란드의 경우이다. 패전국은 승전국에 배상금을 지불하고 파병된 군인들의 희생으로 끝난다. 그러나 전쟁터 폴란드의 국민은 삶의 전부를 송두리째 빼앗겼다. 청일전쟁의 전장이 되었

12 　박종근 저, 박영재 역, 『清日戰爭과 朝鮮』, 62쪽.

던 조선도 마찬가지였다.

전쟁의 악마가 지나간 3주 후의 황주와 평양의 모습을 비숍 여사는 다음과 같이 전하고 있다.

> 황주는 최근의 청일전쟁으로 피해를 입어 고통받는 도시로서는 내가 처음 본 곳이기에 잊을 수가 없다. 그곳에서 일본군은 중국군과 마주쳤지만, 전투는 없었음에도 불구하고 무슨 일이 있었는지 3만여 명의 인구가 5천 내지 6천으로 줄었으며, 도시가 소유했던 풍요로움을 파괴했다. 나는 수문을 지나 폐허로 변한 황주로 들어섰다. 그곳은 모든 것이 파괴되었으며, 일부는 불에 검게 그을리고 집들이 모두 부서진 채 지붕과 서까래가 무너져 가는 집을 버티고 있었다. 이 넓은 곳에 단지 황량한 집만이 거리에 남아 있었으며, 더욱 슬픈 것은 일본군이 야영을 위해 문과 창문을 모두 불태우고 지붕 없는 흙더미 담만이 거리에 홀로 서 있었다. (중략) 파괴된 마을, 경작되지 않은 평야, 불에 타 나무가 없는 산비탈을 지나는 그 날의 여정은 우울했다.[13]
>
> 평양의 첫인상은 나를 기쁘게 해주었다. (중략) 일본인들이 들어와 주민의 대부분이 달아났다는 것을 알게 되었다. 군인들은 기둥과 목조물, 그리고 가끔은 지붕을 뜯어내 땔감으로 썼으며, 마루에 불을 지르고 내버려 둠으로써 집들은 불에 타 쓰러졌다. 그들은 전쟁 이후 3주 동안 피난민들이 남기고 간 재산을 약탈했다. 상관들에게 허락을 받은 일이었기 때문에 모펫 목사도 700달러 상당의 물품을 약탈당했으며 (중략) 조선에서 가장 번영한 도시의 재산이 파괴되었다. 「번성한 도시」에서의 전쟁 결과가 그러했다면, 「메마른 도시」의 결과는 어떠했겠는가? (중략) 건물이 파괴되고 새로 지어졌다. 일본 상인들은 모두 적당한 장사터를 얻어 좁고, 어둡고, 낮

---

[13] I. B. 비숍 지음, 신복룡 역주, 『조선과 그 이웃나라들』, 집문당, 2000, 300~301쪽.

은 조선 상점을 크고, 밝고, 활력 있고, 우아한 일본식 건물로 바꾸고, 일본 상품으로 가득 채웠다. 특히 다양한 모양과 가격의 등유 램프가 뻔뻔스럽게 데프리스 앤드 힝크스사Defries & Hinckes 특허품의 모조 제품으로 진열되어 있었다.

(중략)

나는 봉천奉天 사령관이었던 좌보귀左寶貴 장군의 가족과 부인을 위해 사진을 찍었다. 그는 중국 군대에서 가장 잘 훈련되고 최신식으로 무장된 기병여단의 대장이었다. (중략) 일본군은 그 자리에 둥글게 난간이 쳐진 말끔한 비석을 세웠고, 비문의 내용은 「奉天司令官 左寶貴將軍之墓」라고 되어 있고, 뒷면에는 「평양에서 일본군과 싸우다 전사함」이라고 새겨 있었다. 그것이 그의 적이 세운 우아한 찬사였다. (중략) 3주일 후에 모펫 목사가 평양으로 돌아왔을 때 그곳은 시체와 말들로 덮여 있었다고 한다. (중략) 2천~4천 명에 이르는 병사가 수천 마리의 말과 소와 함께 죽은 것으로 추정되었고, 수백 명의 기병대 시체는 말과 뒤섞여 작은 언덕을 이루고 있었다. 왜냐하면 일본군이 언덕을 둘러 가면서 불을 질렀기 때문이다. 3주일 후 그곳에 가 보았던 모펫 목사의 표현에 의하면 「말로 표현할 수 없는 공포」였다고 한다.[14]

전장의 비참한 광경이 묘사되어 있다. 황주와 평양의 거류민 삶이 전쟁 중에는 말할 것도 없고, 전쟁 이후에도 다른 나라 군대에 의해 무참하게 짓밟히고 있었다. 그뿐만 아니라, 거류민 생업의 터가 일본상인에게 빼앗긴 현장모습이 기록되어 있어, 일본인의 경제적 침탈을 생생하게 읽을 수 있다. 약소국의 한이 그대로 묻어난다. 한편, 일본인의 상품 모방이 당시에 이미 나타나고 있음을 알 수 있다.

또한 일본은 청일전쟁에서 자국 군대의 강성함을 드러내기 위한 전략으

---

[14] I. B. 비숍 지음, 신복룡 역주, 『조선과 그 이웃나라들』, 301~307쪽.

로, 청국 장군 좌보귀左寶貴의 비석을 세우는 간교함도 보이고 있다.

청일전쟁은 전장의 거주민 희생으로 끝나지 않았다. 일본은 전쟁을 수행하기 위하여, 인적·물적 자원을 조선에서 조달하고자 고종을 협박하였다. 그것은 전쟁의 명분인 '청군구축의뢰서'를 받아내는 것이었다. 게다가 조선이 근대화를 향해 하나씩 쌓아갔던 통신 분야의 주권이 겁탈되기 시작했다. 바로 일본의 '전신선 장악'이다.[15] 고종은 이것을 막고자 지연작전으로 대응하였다.

---

15 김문자 지음, 김승일 옮김, 『명성황후 시해와 일본인』, 398쪽.

· 4 ·

전쟁 명분과 자원 수탈

 일본은 승전을 위하여 조선에서 전쟁의 물적·인적 자원이 신속하게 조달되는 것이 무엇보다 중요하고 필요하였다. 이 목표를 위해 경복궁을 강제로 점령하였다. 그러나 일본은 서구 열강들을 의식하지 않을 수 없었다.
 당시 조선의 국제적 위치는 열강들의 마지막 이권 쟁탈지였으며, 청일세력이 조선 영토 내에서 자국의 이권을 위해 치열한 경쟁을 벌였던 곳이다. 조선은 여러 나라가 이해관계를 둘러싸고 치열한 경쟁을 벌이고 있는 지정학적 위치에 있었음을 의미한다. 그렇기 때문에 일본의 조선 강탈은 청국과의 문제만은 아니었다. 일본은 조선의 문제에 열강들이 개입할까 우려하였다.

청군구축의뢰서

 일본은 조선 강점의 첫 단계로서 청국 세력을 조선의 영토에서 몰아내는 것이다. 청일전쟁의 수행을 의미한다. 그리고 열강들의 눈치를 보고 있는 일본으로서는 전쟁의 명분이 필요하였다. 그 명분은 '조선 스스로 일본에 의뢰해서 청군을 몰아낸다'는 것이다. 청국으로부터 조선을 독립시키기 위해, 일본이 조선을 대신하여 전쟁을 수행함을 의미한다. 그리고 전쟁에 필요한 인적·물적 자원을 강압적으로 동원하게 하였다. 군량미와 물자수송, 전신선 장악 등이다. 경복궁 점령의 목적은 고종을 강압해서 청일전쟁의 명분과 전쟁에 필요한 인적·물적 자원의 동원서를 받아내는 것이다.

청일전쟁이 '조선의 독립을 돕기 위한 전쟁'이라는 것은 기만이었다. 경복궁 점령 때 일본이 가장 먼저 한 것이 조선군의 무장해제와 무기강탈이다. 그리고 귀중한 문화재를 강탈하였다. 일본의 이러한 야만적 침략행위는 '청일전쟁이 조선을 위한 전쟁'이 아니라는 기만성을 여지없이 보여준다. 일본은 전쟁 명분인 '청군구축의뢰서'와 그것을 받기 위해 '경복궁 점령과 국왕포로'라는 작전까지 구상하였다. 청일전쟁 수행 방법과 '청군구축의뢰서' 달성에 관하여 무츠는 다음과 같이 언급하고 있다.

> "오오토리 공사가 건의에서 밝힌 대로, 병력으로써 한정韓廷(조선 조정)을 압박하고 왕궁을 포위하여 강제로 우리나라(일본)의 요구에 응하고 따르게 하는"
>
> (중략)
>
> "우리 군(일본군)이 아산에 있는 청군을 공격하고 싶어도 반드시 한정(조선 조정)의 위탁을 기다리지 않으면 안 된다. 따라서 한정이 위탁을 하기에 앞서 우리가 강력한 힘으로 한정을 압박하여 우리에게 굴종시켜야 한다. 가혹하게 말하자면, 조선 국왕을 먼저 우리 수중의 포로로 하지 않으면 안 된다."[16]

일본공사 오오토리는 경복궁을 점령하자마자 이 작업에 착수하였다. 그러나 고종은 '잠을 잔다'는 구실로 오오토리를 만나지 않았다. 강제로 입궐

---

16 박종근 저, 박영재 역, 『淸日戰爭과 朝鮮』, 76쪽.

했던 대원군도 일본공사 오오토리의 '청군구축의뢰서' 요구에 대해서 '3일간의 유예'를 요청하면서 지연작전으로 저항하였다. 일본의 계획이 진행 과정에서 난관에 부딪혔다.

'청군구축의뢰서'가 지연되자, 서울에 주둔한 일본군은 경복궁 점령 후 예정되었던 아산진격을 연기하였다. '청군구축의뢰서' 없이는 조선 내에서 식량이나 이를 운반할 인부를 동원하기가 용이하지 않았기 때문이다.

청군을 공격하기 위해 아산으로 향하고 있었던 혼성여단은 일본공사 오오토리에게 조속한 '청군구축의뢰서' 획득을 요구했다. 4천여 명에 달하는 일본군의 식량과 이것을 운송할 인부를 조선 내에서 징발하는 것은 중요한 일이었다. 식량과 인부를 징발하기 위해서는 고종의 '청군구축의뢰서'가 절대적으로 필요하였다. 당시 조선인의 반일감정은 고조되어 있었기 때문에, 일본군의 징발에 응하는 사람이 거의 없었다.

혼성여단이 아산으로 출발할 즈음에 조선 인부를 무력으로 강제 징용하였지만, 그나마 밤(25일)에 인부들은 수원에서 우마牛馬를 데리고 도망쳤다. 아산진격에 큰 지장을 초래하였다. 혼성여단장 오오시마는 오오토리 공사에게 노골적인 불신감을 드러내면서 '청군구축의뢰서' 획득을 독촉하였다.[17]

> "일본 군대가 통과하는 연도의 지방관은 식량, 신탄(땔감), 운반자재 등을 주선하여 상당한 편의를 도모해야 한다는 조선관부의 공문 수매를 얻는 일에 대하여는, 일찍이 소관으로부터 각하에게 협의한 사정이 있으므로 애초부터 각하께서 잘 아시는 일이라고 확신합니다. (중략) 그런데도 이 아주 쉬운 일조차 각하께서는 바로 지금까지 실행에 옮기시지 않았기" 때문에, 여단은 출발 당초부터 "미증유의 곤란을 극하고" 병대는 1일분의 양식으로 출발하지 않을 수 없어, "도중에서 굶어 죽느냐 아니냐 하는 것은 각하가

---

17   박종근 저, 박영재 역, 『淸日戰爭과 朝鮮』, 76~78쪽.

위에서 말한 공문을 조선 정부"로부터 수령하여 여단에 "넘겨주느냐 아니냐에 달려 있습니다." 그러므로 "급히 서둘러 위의 일에 진력"하기 바란다 하며 노골적인 불신감을 드러내면서 다급히 독촉하고 있었다.[18]

일본은 왜 고종과 대원군에게 협박하여 '청군구축의뢰서'를 획득하려고 하였는가? 일본군은 조선 국왕의 '의뢰'로 조선을 대신해 '불의不義'의 청군을 조선으로부터 구축하는 '의군義軍'이기 때문에, '청군구축의뢰서'는 일본군에 대해 인부와 식량 등의 징발에 협력할 의무가 있다는 증명서이다.[19] 즉 '청군구축의뢰서의 부여'는 조선의 자원과 인민의 생명을 일본에 그대로 이양하는 행위이다. 강제적으로 입궐하였던 대원군조차도 최후까지 이를 거부하였다.

일본의 『아사히朝日』신문(1895. 5. 11)도, '일본병은 왕성을 포위하고 대원군의 머리에 칼날을 들이대고 강박하다.'라고 보도하고 있다. 무쓰도 '한정(조선 조정)에서 아산에 있는 청국 군대를 국외로 구축하는 위탁을 강취强取하다.'고 진상의 일단을 기록하고 있다. 그러나 '강취하다'고 되어 있지만, 그 '청군구축의뢰서' 내용의 전문은 남아있지 않아 강제로 취했는지조차도 확인할 수 없다.[20]

청일전쟁의 명분과 전쟁 수행의 효율성을 확보하기 위해, 조선 정부로부터 '청군구축의뢰서'를 받아내려는 일본 야욕은 '청일전쟁을 조선을 위한 전쟁'으로 둔갑시켰다. 이후 일본의 위정자들은 이러한 야만성을 오히려 '일본의 조선시혜론'으로 둔갑시켜, '일본에 대한 조선인의 저항'을 배은망덕한 행위라고 비판하였다.

---

18 박종근 저, 박영재 역, 『清日戰爭과 朝鮮』, 77~78쪽.
19 박종근 저, 박영재 역, 『清日戰爭과 朝鮮』, 78쪽.
20 박종근 저, 박영재 역, 『清日戰爭과 朝鮮』, 79쪽.

대표적인 인물이 일본 근대 지식인으로서 유명한 후쿠자와 유기치福澤諭吉이다. 후쿠자와 유기치는 "조선의 독립을 위해 많은 비용과 인명의 희생을 한 일본에게 배은망덕한 조선"이라고 비판하였다.[21] 자가당착에 빠진 일그러진 지식인의 모습이다. 2019년 이전까지 1만 엔 일본 화폐에 그려져 있는 인물이며, 일본인에게 가장 존경받고 있다. 일본인의 역사관과 가치관을 보여준다.

한편, 일본이 강취하려고 하였던 '청군구축의뢰서'를 끝까지 거부하였던 고종과 대원군의 행위를 통하여 그들의 열정적이면서도 애처로운 국가의식을 읽을 수 있다. 그러나 국력이 약하면, 위정자의 국가에 대한 열정이 아무리 많더라도 그 결과가 어떠하다는 것을 보여주어, 국력의 중요성을 새삼 되새기게 한다.

전신선 장악

일본은 청일전쟁을 승리로 이끌기 위해서 식량과 인부의 동원뿐만 아니라, 무엇보다도 조선의 기반시설을 장악하여 전쟁에 동원해야만 했다. 그 가운데 중요한 것이 '전신선 장악'이다.

고종은 근대화 추진의 일환으로 통신 분야의 발전에 힘을 기울였고, 전신선 개설에 열정을 가졌다. 통신망 구축은 조선이 새로운 문물을 수용하는 데 중요한 기지 역할을 하였다. 반면, 침략국의 수탈기지 역할을 하는 이중적 모순도 지니고 있다. 국력이 약한 조선의 경우, 통신망 구축은 주권 침해에 지대한 영향을 미쳤다.

조선 영토 내에서 '청일세력 각축전'이 '통신망 구축의 경쟁'으로 나타나

---

[21] 김영작, 『한말내셔널리즘 - 사상과 현실』, 백산서당, 2006, 190쪽.

는 것도 수탈기지의 성격을 반영한다. 그러나 조선은 양국의 자본을 빌리면서도 '전신선 운영의 주권'을 지키려는 노력을 포기하지 않았다.

일본은 조선의 정세와 기반시설(철도, 전신선, 항만)을 파악하기 위한 정보활동을 메이지유신 직후부터 본격적으로 하였다. 처음에는 부산에 거주하고 있는 쓰시마對馬인을 통해 이루어졌으나, 강화도조약 이후에는 약장수와 관광객 등으로 변장시켜 오지에까지 숨어들게 하였다.[22] 청일전쟁을 승리로 이끌기 위해 예상되는 일본의 전략이었다.

청국의 세력을 조선 영토 내에서 몰아내지 않고서는 조선의 강점이 불가하다는 것을 인식하였기 때문에, 그들에게는 조선 강점과 청일전쟁이 동전의 양면처럼 연결되어 있었다. 청일전쟁의 수행은 더 나아가 중국본토 침략까지 확대되어 있었다. 이 거대한 전쟁을 수행하기 위해서, 전신선의 장악은 전쟁의 승패를 가름할 정도로 중요하였다. 실제로 청일전쟁에서 일본이 승전한 이유 중 하나가 '조선의 전신선 장악'이었다.

조선에 파견되었던 혼성 제9여단 참모장 나가오카 가이시 육군소좌는 "용병상 전신이 없는 것은 맹인에게 지팡이가 없는 것보다 더 불안하다."[23] 라고 하였다. 전신선의 장악이 일본인들에게 얼마나 중요하게 인식되있는지 알 수 있다.

경복궁 습격 당시 조선의 전신선 상황은 다음과 같다.

당시 조선은 1883년(고종 20) 3월 부산에서 나가사키까지 이어진 해저전신선이 있었다. 해저전신선을 관리하기 위해, 부산에 일본통신성 출장국이 있었다. 그리고 서로·남로·북로 전신선이 있었으며, 서울·인천·평양·의주·부산·대구·전주·청주·원산 등의 전신국이 있었다.

---

22 박종근 저, 박영새 역, 『淸日戰爭과 朝鮮』, 14쪽.
23 김문자 지음, 김승일 옮김, 『명성황후 시해와 일본인』, 395~396쪽.

• 서로전신선

　서로전신선은 조선의 최초 전신선으로 1885년(고종 22)에 준공되었다. 이 전신선은 인천을 기점으로 한성(지금의 서울)~의주 간 구간으로 청국의 봉황鳳凰까지 연결된다. 구체적인 경유지는 황해도 평산, 평안남도의 평양과 숙천에 이르고, 의주의 운유정까지 이른다.

　서로전신선이 가설됨으로써 봉화를 이용하던 전근대적인 통신방식에서 전기통신이라는 근대적 통신방법을 사용하는 계기가 되었다. 그뿐만 아니라, 이 전신선은 중국은 물론 중국을 경유하여 세계 각국과 전신에 의한 통신의 길을 열어 줌으로써 국제전신의 성격을 가지게 되었다. 또한 조선 정부가 1870년대 이후 계속 추진해 온 근대화 의지가 조선민에게 가시적으로 전달되는 계기가 되었다.

　서로전신선은 청국의 자금과 당시 청국에 진출해 있던 덴마크 소속의 대북전신주식회사의 기술을 제공받았다. 조선 정부는 전선가설에 필요한 전신주와 노동력을 제공하였고, 또한 전신선로의 경비 병력을 제공하였다. 조선과 청국의 합작으로 건설되었다.

　서로전신선의 운영은 한성전보총국에서 관할하였다. 운영은 '의주전선합동조약義州電線合同條約'에 의거하여 청국이 담당하였기 때문에, 직원은 모두 청국 사람으로 구성되었다.

　그러나 조선인 학생도 파견되어 기술습득을 위하여 함께 견습하였다. 1894년 청일전쟁 발발 후 서로전선이 일본군에 점령당하자 그 기능을 상실하고 실질적으로 해체되고 말았다.[24]

---

[24] 『한국민족문화대백과사전』 개정증보판(http://encykorea.aks.ac.kr), 서로전신선(2016. 10. 5).

• 남로전신선

　남로전신선은 한성에서 부산 구간으로 1888년(고종 25)에 준공되었다. 이 구간은 일본의 이해와 관련되어 양국의 외교적 마찰이 있었다.

　초기 가설계획에는 한성을 기점으로 하여 대구를 경유하여 부산에 이르는 최단 거리로 구상되었다. 일본이 한성으로 진출하는 데 유리한 형태다. 그러나 착공 당시 조선 정부는 공사의 어려움을 감수하더라도 행정연락의 효용성을 고려하여 전선 구간을 변경하였다. 결국 한성에서 충청감영의 소재지인 공주와 전라감영이 있던 전주를 경유하여 대구를 거쳐 부산에 이르는 선로로 가설되었다. 조선전보총국의 주관하에 독자적으로 가설된 셈이다.

　남로전신선의 가설공사 초기에는 덴마크인 뮐렌스테드Muhlensteth, H.J.와 영국인 헬리팩스Helifax, T.E. 등의 서양인이 기술자로 참여하기는 하였으나, 전 공사를 우리의 기술진이 시공하여 뒷날 초창기 전기통신사업에 있어 발전의 밑거름이 되었다.

　조선전보총국은 당시 청국이 관장하고 있던 서로전신선을 제외한 한반도의 모든 전신선을 관할한 우리나라 최초의 전신사업 중추기관이었다.

　초대 총판에는 한성판윤과 공조판서를 역임한 바 있는 홍철주洪澈周(1834~1891)가 임명되어, 전선 가설에 커다란 공을 세웠다.

　홍철주는 조선전보총국의 본격적인 업무 개시에 앞서 『전보국전무국기電報局電務局記』를 펴내 전신의 중요성과 전신 개설의 의의를 밝히고 종사원들의 책임의식을 강조하였다. 또한 오늘날 국내전보규칙의 전신이 된 우리나라 최초의 전신법규 '전보장정電報章程'을 제정하여 근대 전신의 토대를 닦는 데 앞장서기도 했다.[25] 당시 조선 관료들의 근대화에 대한 의지와 수준이 상당히 높았음을 가늠하게 한다.

25　『한국민족문화대백과사전』 개장증보판(http://encykorea.aks.dc.kr), 남로전신선, 홍철주(2016. 10. 5).

• 북로전신선

　북로전신선은 1891년(고종 28)에 준공된 한성~원산 간의 전신선이다. 서로전신선이나 남로전신선이 청국과 일본 등의 이해관계가 반영된 데 반해, 이 전신선로는 조선 정부가 이 땅에 진출하려는 외국세력을 견제하고자 하는 의도에서 완성하였다.

　이 전신선은 남로전신선의 가설공사가 진행되던 1888년 2월 남로가 준공됨을 기다려 곧 그 선로를 다시 연장하여 한성으로부터 함경도에 이르는 육선을 가설하고 블라디보스토크Vladivostok의 러시아 전신선에 접속시킨다는 조선 정부의 비밀계획에서 비롯되었다. 조선 정부의 계획은 청국의 반대로 실현되지 못했지만, 조선 정부의 강행으로 춘천과 원산까지 각 전보국을 설치하여 1891년 4월 25일 북로전신선의 전신업무가 개시되었다.

　북로전신선의 가설은 조선 정부가 자의로 발안하여 가설을 위한 자재의 준비와 기술부담도 조선전보총국에서 단독으로 수행하였다는 점에서 그 의의가 크다.[26]

　조선 정부는 통신 분야의 중요성을 인식하고 열정을 쏟았다. 근대화를 지향하고자 하는 고종의 자강 의지의 투영이다. 고종은 조선의 근대화를 위해 하나씩 과업을 수행하고 있었다. 그러나 조선 근대화의 징표인 전신선은 조선을 침략하기 위한 일제의 병참기지로 바뀌고 말았다. 일본은 청일전쟁에서 승리하기 위해서 조선의 전신선을 장악해야만 하였다. 이 목적을 위해 경복궁을 습격하여 고종과 황후를 감금시켰다. 그리고 전신선을 강탈하였다. 경복궁을 습격한 후 바로 한성전보총국과 조선전보총국을 장악하였을

---

[26] 『한국민족문화대백과사전』 개정증보판(http://encykorea.aks.dc.kr), 북로전신선(2016. 10. 5).

뿐만 아니라 종사원까지 감금하였다. 물론 전쟁에 동원시키기 위함이었다.²⁷ 이처럼 일본은 조선이 스스로 구축해 온 통신 분야의 주권을 무력으로 무참하게 짓밟았다.²⁸

---

27 박종근 저, 박영재 역, 『淸日戰爭과 朝鮮』, 123쪽.
28 김문자 지음, 김승일 옮김, 『명성황후 시해와 일본인』, 402~403쪽.

대원군의 강제 입궐

경복궁을 습격한 당일, 일본공사 오오토리는 '청군구축의뢰서'를 받아내기 위해 입궐하였지만, 고종을 만날 수 없었다. 고종은 일본이 취하고자 하였던 '청군구축의뢰서'를 거부한 것이다.

일본도 고종이 순순히 협조하지 않으리라 예상하여 대책을 강구하였다. 바로 대원군을 강제로 입궐시키는 것이다.

'대원군을 입궐시킨다.'는 일본의 계획은 순탄하지 않았다. 대원군은 완강하게 저항하였다. 일본 정부 요원이 운현궁에 사람을 파견하여 대원군의 속을 떠보기도 하였다. 일본공사 오오토리는 본국 정부로부터 조선 정계의 매수공작자금을 제공받아 적극적으로 대원군 추대공작에 착수하였지만, 대원군의 강경한 태도로 실패하였다.

일본은 경복궁 습격 당일에 대원군을 강제로 입궐시켜야만 했다. 일본군 1개 중대를 운현궁에 배치해 무력으로 위협하였다. 그럼에도 불구하고 대원군의 저항은 완강하였다. 이 과정에서 대원군은 일본 요원에게 "원래 그대들은 외국인이며 우리 조선 왕실에 관해 이러쿵저러쿵 해서는 안 된다. 또한 설령 상담을 들어 주기는 하되 반드시 대답해야 할 바는 없다."[29]고 일

언지하에 거절하였다.

일본은 대원군 의사와는 관계없이 운현궁의 뜰에 마차를 준비해 놓고 있었다. '강제적으로 대원군을 입궐시키겠다.'는 의도였다. 일본 요원은 대원군에게 "귀국 종사의 안위가 어떻게 될지도 또한 알 수 없는 일이다. (중략) 권고를 받아들이지 않으면 우리나라(일본)는 따로이 생각을 바꾸지 않을 수 없다."고 협박하였다.[30]

대원군은 '종묘사직의 수호'를 위해, 어쩔 수 없이 입궐하기로 마음을 바꾸었다. 그리고 '조선의 한 치의 땅도 할양하지 않을 것', 또한 입궐도 '고종의 명'에 응하도록 하는 절차를 요구했다. 이에 따라 궁중을 습격한 일본군 지휘관도 "국태공이 아니면 오늘의 비상사태는 결코 수습할 수 없다."하고 대원군의 입궐을 고종에게 강요하였다.[31]

대원군은 오전 11시경 영추문으로 입궐했다. 그때 일본군 1개 중대와 일본경찰 20명이 호위 명목으로 주위를 방비하고 있었다.[32]

대원군의 입궐은 일본의 협박에 의하여 진행되었다. 그럼 왜 일본은 대원군의 완강한 저항에도 불구하고 강제로 입궐시키려고 했을까?

경복궁 점령의 목표를 순조롭게 진행하기 위해서였다. 고종이 저항한다면, 이를 대신할 인물로서 고종의 친부인 대원군이 적격이었다. 동시에 황후와 대립시킬 수 있는 인물로서, 조선 망국의 책임을 '조선 내부의 권력투쟁'으로 몰아갈 수 있는 최적의 인물이라고 여겼기 때문이다.

경복궁을 습격한 다음날 6월 22일(음력) 고종은 모든 서무와 군무를 '대원군의 질정'을 받도록 하명하였다.[33] 그러나 강제 입궐에서도 나타나듯이, 대

---

29 『居留民之昔物語』, 54~55쪽; 박종근 저, 박영재 역, 『淸日戰爭과 朝鮮』, 68쪽 재인용.
30 『苦心錄』, 53쪽; 박종근 저, 박영재 역, 『淸日戰爭과 朝鮮』, 68쪽 재인용.
31 박종근 저, 박영재 역, 『淸日戰爭과 朝鮮』, 69쪽.
32 박종근 저, 박영재 역, 『淸日戰爭과 朝鮮』, 71쪽.

원군 역시 '종묘사직의 수호'가 주요 과제였기 때문에, 일본의 제의에 순순히 응하지 않았다. 황후와 인식을 같이 하는 부분이다. 이런 관점에서 황후와 대원군의 대립 구도는 '조선 망국의 책임'을 조선 내부의 권력투쟁으로 위장시키려는 일본의 간교한 계책이었다.

정치적 리얼리즘 측면에서 본다면, 어느 정치세력이든지 일관되게 대립하거나 협조적인 관계로만 지속하기는 힘들다. 왜냐하면 정치 현상은 항상 변화하기 때문이며, 정치공학적인 측면이 존재하기 마련이다.

고종과 황후, 대원군은 '종묘사직의 수호'라는 근원적인 목표가 같았다. 그럼에도 불구하고 당시 조선의 정치 현상은 외세의 이해관계가 중층적으로 얽혀 있었기 때문에, 그들과의 연계성도 정치세력간의 갈등으로 발생할 수 있는 개연성은 충분히 있었다. '종묘사직의 수호'를 위하여, 상황 변화에 어떻게 대응할 것인가의 차이가 있었을 뿐이다. 종묘사직의 근간이 흔들리는 위기 속에서, 결코 개인적인 이익만을 위해 권력투쟁을 일삼는 치졸한 인물들은 아니었다.

이러한 관점에서 황후와 대원군의 갈등 구도를 재고할 필요가 있다. 여기에 대해서는 후술하기로 한다.

---

33 『승정원일기』, 1894년(고종 31) 6월 22일.

· 6 ·

감금 속에서도 외교력을 펼치다
― 균세와 자강

일본의 경복궁 점령은 고종과 황후의 운신의 폭을 제한시켰다. 조선을 여행하기 위해 내한하였던 비숍 여사는 당시 일본의 위세를 '해가 치솟는 기세'[34]라고 표현하고 있다. 그리고 당시 상황을 이렇게 기록하고 있다.

> 도성 안에 일본은 많은 수비대를 주둔시켰으며, 일부 각료는 일본의 추천을 받았으며, 일본군 장교는 조선군을 훈련시키고 있었다. (중략) 육중한 문(경복궁) 앞에는 일본 경찰이 지키고 있었다. 내부의 문에도 일본 헌병이 즐비했으며, 거기에는 6명의 조선 감시병들이 어슬렁거리고 있었. 우리가 가까이 다가가자 그들은 자세를 가다듬고 받들어 총을 했다.[35]

외국인 눈에 조차도 경복궁 습격이 '일본의 침략 도발'로 비춰지고 있음을 의미한다. 일본에 상당히 호의적이었던 영국의 『타임즈』조차 '일본의 군대는 목하 경성을 점거하고 국왕은 그들의 포로가 된 상태'라고 보도하였다.[36]

---

34 이사벨라 버드 비숍 지음, 이인화 옮김, 『한국과 그 이웃나라들』, 288쪽.
35 I. B. 비숍 지음, 신복룡 역주, 『조선과 그 이웃나라들』, 238·245쪽.
36 박종근 저, 박영재 역, 『淸日戰爭과 朝鮮』, 74~75쪽.

고종과 황후는 일본의 감시 하에서도 대담하게 외국인을 접견하였다. 일본이 열강을 의식하지 않을 수 없다는 국제 정세를 충분히 간파하고, 조선의 주권 회복을 위해 최선을 다하였다. 일본도 고종과 황후가 미국인, 영국인 등 외국인을 접견하는 것까지 막을 수는 없었다. 그러나 일본은 경계를 늦추지 않았다.

비숍 여사가 알현할 때도 마찬가지였다. 비숍 여사의 저서에 다음과 같이 언급되어 있다.

> 일본이 왕실을 상당한 기세로 압도하고 있었다. 그런데도 왕과 왕비는 유럽인들에게 특별한 관심과 친절을 베풀었다.[37]
>
> 나는 알현실에서 한 사나이의 그림자가 비치는 것을 문틈으로 확실하게 보았다. 뒤이어 통역관이 "오늘은 전하의 말씀을 통역해 내기가 퍽 어렵나이다."라고 말한 것은 재치있는 것이었다.[38]

고종과 황후의 일거수일투족은 이렇게 감시자에 의해 일본에 보고되었다. 고종과 황후는 '감금과 포로'라는 제약된 상황 속에서 외국인과의 접견을 끊임없이 진행하였다. 균세와 자강정책을 통하여 조선의 주권을 강화하고자 하였던 고종으로서는 외국인과의 접견이 매우 중요하였다.

고종은 청일전쟁에 관해서 외국인 생각을 확인하고자 하였다. 동시에 이들을 통해 당사국의 지원을 받아 조선의 주권을 강화하고 싶은 열망도 강했을 것이다. 비숍 여사를 만났을 때도 고종은 '영국 총영사 힐리어씨에 대한 존경과 경의'와 '영국은 조선의 가장 우호적인 친구'라는 점을 표했다.[39] 조

37　I. B. 비숍 지음, 신복룡 역주, 『조선과 그 이웃나라』, 252쪽.
38　이사벨라 버드 비숍 지음, 이인화 옮김, 『한국과 그 이웃나라들』, 303쪽.
39　I. B. 비숍 지음, 신복룡 역주, 『조선과 그 이웃나라』, 255쪽.

선의 후원자로서 영국의 역할을 갈망한 고종의 의지가 드러난 것이다.

그뿐만 아니라, 이전부터 수행하였던 근대식 교육도 중단할 수가 없었다. 교육은 자강의 근원이다. 자강을 위해서 개화는 선택이 아니라 필수였고, 고종과 황후는 인재육성인 교육을 중요하게 생각하였다. 근대식 교육을 수행하기 위한 파트너 대부분이 고종과 황후와의 친분이 두터운 외국인이었다. 동시에 당시 많은 외국인의 근대식 학교 설립에는 고종과 황후의 든든한 지원과 후원이 있었기에 가능하였다.

고종과 황후의 근대식 교육에 대한 열정은 대단하였다. 푸트공사에게 육영공원에서 근무할 미국인 교사를 추천하게 한 점, 최초로 외국인이 설립한 근대학교 배재학당의 교명을 1886년 고종이 하사한 점, 1887년 황후가 이화학당의 교명을 하사한 점, 황후와 친분이 두터운 벙커 여사Annie Ellers Bunker의 정신여학교 수립 지원 등은 고종과 황후의 교육에 대한 열정을 보여주는 좋은 사례이다.⁴⁰

 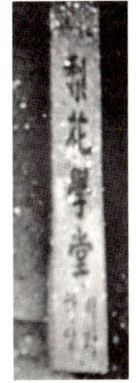

자료 3-2 이화학당 전경과 현판
출처: 이화여자고등학교 이화박물관

---

40 『한국민족문화대백과사전』 개정증보판(http://encykorea.aks.dc.kr), 배재학당, 이화학당(2016. 10. 5).

황후는 근대식 학교설립을 계획하고 언더우드Horace Grant Underwood에게 이를 추진하도록 하였다. '명성황후시해사건'으로 무산되기는 하였으나, 학교설립의 지원금과 운영경비의 지급을 약속하기도 하였다. 언더우드 여사Lillian H. Underwood는 다음과 같이 언급하고 있다.

> 봄에 영의정이 와서 언더우드 씨에게 양반의 자제를 교육시키기 위한 학교의 설립을 계획하고 비용을 산출하라는 요청을 하기 위해 왕비가 자신을 보냈다고 말했다. 선정된 위치는 동쪽의 궁전과 서쪽 궁전의 중간에 있었다. 왕비 전하는 나의 남편에게 추천을 요청했던 미국인 교사들을 위한 거처를 세우도록 했다. 영의정의 말에 의하면, 왕비는 그 학교를 위해 즉시 3만 달러를 지불할 준비가 되어 있으며 계속되는 비용에 대해서는 매년 2~3만 달러를 지급할 것이라고 말했다. (중략) 왕비의 승인을 얻으러 보내기 단 2주일 전에 커다란 강풍이 불어 그의 백성을 향상시키려던 자비롭고 계몽적인 계획은 무산되고 말았다.[41]

황후에 대한 언더우드 여사의 회고에서 '백성을 향상시키려던' 것과 푸트 공사 부인이 언급한 '조선을 일으켜 세우려는 왕후의 열정' 등의 내용은 교육을 의미하였다. 벙커에게 교육공로로 당상관 3품을 하사한 것도 고종과 황후의 교육에 대한 열정을 보여주는 일면이다.

경복궁을 외교장으로 활용하여, 마지막 순간까지 균세를 통해 일본의 위협을 견제하고, 교육을 통해 자강을 확립하려는 고종과 황후의 의지와 열정은 이처럼 대단하였다. 고종과 황후가 외국인 접견에 적극성을 보인 것도 '균세와 자강정책'을 통해 '조선의 안위'를 지키려는 목적이었다.

---

[41] L. H. 언더우드 지음, 신복룡·최수근 역주, 『상투의 나라』, 집문당, 1999, 151~152쪽. 이와 유사한 내용이 메리 V. 팅글리 로렌스·제임스 앨런 지음, 손나경·김대륜 옮김, 『(미 외교관 부인이 만난)명성황후 ; (영국 선원 앨런의)청일전쟁 비망록』, 살림출판사, 2011, 90쪽에도 언급되어 있다.

외국인에게 비추어진 황후의 이미지

황후는 경복궁 습격 이전부터 궁궐을 외교의 장으로 적극적으로 활용하였다. 조선의 주권을 강화하기 위해서, 고종이 지향하고자 하였던 외교정책의 근간은 균세정책이었고, 황후는 열정적인 고종의 후원자였다. 균세정책은 청국과의 전통적 관계를 유지하면서도 내면적으로는 근대적인 주권국으로서 조선을 지키기 위한 전략이기도 하였다. 고종이 외교정책의 고문을 이홍장李鴻章에게 추천, 의뢰하였던 것은 이러한 이중적인 의미가 담겨져 있었다.

이홍장의 추천으로 조선에 첫 부임한 외교정책 컨설턴트Consultant가 묄렌도르프Paul Georg von Möllendorff이다. 이홍장은 묄렌도르프를 외교 고문으로 추천하면서 조선 내에서 청국의 이해관계를 항상 유리하게 유지하고자 하였다. 그러나 묄렌도르프는 부임하면서부터 무엇보다 고종의 의지를 반영하는 외교정책을 수립하려고 하였다. 조선에서 봉급을 받는 컨설턴트로서는 당연한 처사였다. 고종도 묄렌도르프에게 관직을 주었고, 동시에 조선의 관복을 입기를 요청하였다. 이것은 조선을 위해 최선을 다해 줄 것을 당부하는 고종의 의중이 담긴 것이다.

그리고 조선 대표단의 첫 머리에 묄렌도르프의 이름을 올리게 하여 일을 수행하게 하였다. 이것은 묄렌도르프로부터 고종에 대한 충성심을 끌어내는 중요한 계기가 되었다. 조선 대표단 첫 머리에 외국인인 자신의 이름이 게재된다는 것은, 조선 군주로부터 받는 엄청난 신임이었다. 묄렌도르프는 고종의 이러한 처사에 상당히 고무되었다. 조선을 위해 최선을 다하고자 하는 열정이 생겼다.[42] 묄렌도르프에게 있어서 조선에 대한 최선은 고종에 대한 충성을 의미했다. 고종의 리더십 한 면을 볼 수 있다.

황후는 조선에 부임한 외국인의 부인을 주로 만났다. 묄렌도르프가 조선에 부임한 이후, 그의 가족이 내한하였다. 고종과 황후, 그리고 세자가 이들을 접견하였다. 묄렌도르프의 부인은 당시 황후의 이미지를 이렇게 적고 있다.

> 왕비는 극히 호감을 주는 인상이었으며, 매력적이고 퍽 섬세하며 온정이 가득한 모습인데다가 지적이기도 했다.[43]

묄렌도르프 부인에게 비춰진 황후의 이미지는 품격 있는 인물이었고 왕비로서 손색이 없었다. 묄렌도르프가 황후에게 느낀 이미지도 마찬가지였다. 갑신정변 당시 민영익이 김옥균 등 개화파에게 상해를 당하여 목숨이 위태로웠을 때, 묄렌도르프와 푸트공사, 그리고 알렌의 도움으로 목숨을 구했다.

이후 황후는 묄렌도르프에게 감사의 표시를 하였는데, 묄렌도르프는 부인에게 그 일을 다음과 같이 전했다.

> 전 같으면 반쯤 열린 문을 통해서 겨우 내게 모습을 보였던 왕비가 최근에는 스스로 그의 두 손으로 내 손을 꼭 잡아 주었다오.[44]

42　묄렌도르프 지음, 신복룡·김운경 역주, 『묄렌도르프自傳(外)』, 집문당, 1999, 77~78쪽.
43　묄렌도르프 지음, 신복룡·김운경 역주, 『묄렌도르프自傳(外)』, 91쪽.

묄렌도르프 부부가 황후에게 느낀 이미지는 국왕의 단아한 내조자이면서 전통적인 조선의 여인상을 지니고 있었다. 그렇지만 나서야 할 때는 나서는 당당함을 잃지 않은 모습도 견지하고 있었다.

당시 청일세력 각축전이 치열한 상황 속에서, 조선의 균세정책은 러시아를 주목하고 있었다. 유럽이나 미국은 지리적으로 멀리 위치해 있기 때문이다. 조선이 러시아와 조약을 체결하려고 추진하자, 이에 불만을 품은 이홍장은 외교 고문 묄렌도르프를 사임하게 하고, 후임으로 미국인 데니Owen N. Deny를 추천했다.

묄렌도르프의 사임은 고종의 의사와는 무관한 것이었다. 고종은 묄렌도르프가 조선을 떠나는 것이 아쉬웠다. 묄렌도르프도 조선을 떠나기를 원하지 않았다. 황후는 묄렌도르프 부인에게 "묄렌도르프가 조선에 남아 조선을 위해 일할 수 있기를 바란다."고 전달하였다. 그러나 고종과 황후가 원하는 대로 되지 않았다. 약소국 조선이 갖는 한계이다. 조선에 남기를 원했던 묄렌도르프는 자신을 지켜주지 못했던 고종과 황후를 원망하면서 조선을 떠났다.[45]

이와는 달리, 황후와 푸트공사 부인과의 관계는 끝까지 믿음을 보여주고 있다. 두 사람의 관계는 정신적 유대감과 인간적 친밀감으로 끈끈하게 연결되어 있었다. 푸트공사는 1882년(고종 19) 체결한 한미수호조규(일명 조미수호통상조약)의 비준서를 교환하기 위해, 1883년(고종 20) 4월 초대 조선 주재 미국 특명전권공사朝鮮駐在美國特命全權公使로 부임하였다. 한반도의 외교무대에서 열강과의 정치·외교 문제에 관하여 고종에게 많은 조언을 한 인물이다.

푸트공사 부인이 조선을 방문하기 전에 접한 황후에 대한 이미지는 상당

---

44 묄렌도르프 지음, 신복룡·김운경 역주, 『묄렌도르프自傳(外)』, 106쪽.
45 묄렌도르프 지음, 신복룡·김운경 역주, 『묄렌도르프自傳(外)』, 111~112쪽.

히 부정적이었다. '왕국 안으로 서양인 남자가 입국하는 것을 강하게 반대해왔던 권력자', '유교에 심취한 학자일 뿐만 아니라 정부 문제를 다루는 데 통달했고, 모든 조선의 정치적인 위기 상황마다 눈에 띄는 인물', '북경에서 베틀뿐만 아니라 자수전문가로부터 가장 화려하고 멋진 고급의상을 사오는 사치스러운 인물'로 기록하고 있다.[46]

물론 이 기록은 푸트공사 부인이 직접 한 것이 아니라 친구가 저술하였다. 그리고 핵심은 직접 만나기 이전의 풍문이다. '폐쇄적 사고의 소유자, 지식을 사적인 권력쟁취에만 활용하는 권력집착형, 그리고 사치스러운 인물' 등의 이미지는, 황후를 직접 만나지 않은 자들 대부분의 기록에서 언급되는 내용이다.

푸트공사 부인 역시 황후를 만나기 전까지 이러한 정보를 접하였다. 그러나 푸트공사 부인은 황후를 만난 지 얼마 지나지 않아서 "왕후가 지금껏 상당히 잘못 알려져 왔고 오해받아왔으며, 실제로는 고상하고 자애로운 영혼을 가지고 있다는 것을 확신하게 되었다."고 토로하고 있다.[47]

이러한 오해가 풀렸던 것은 행동에서 드러난 황후의 인품 때문이었다. 황후는 푸트공사 부인을 비롯한 외국인 여성을 자주 접견하고, 그들을 위하여 궁궐에서 원유회를 열기도 하였다. 이것은 타국에서 임무를 수행하고 있는 자의 노고에 대한 배려이지만, 동시에 그들의 본국으로 하여금 조선과 좋은 우방 관계를 유지하도록 인적 자원을 활용하기 위한 것이기도 하였다. 그러한 정치적 목적이 있더라도, 인간관계에서 인품은 오랫동안 숨길 수 없다. 황후는 그들과의 만남에서 최선을 다하였다. 그리고 타인을 배려하는

---

[46] 메리 V. 팅글리 로렌스·제임스 앨런 지음, 손나경·김대륜 옮김, 『(미 외교관 부인이 만난)명성황후 ; (영국 선원 앨런의)청일전쟁 비망록』, 33-35쪽.

[47] 메리 V. 팅글리 로렌스·제임스 앨런 지음, 손나경·김대륜 옮김, 『(미 외교관 부인이 만난)명성황후 ; (영국 선원 앨런의)청일전쟁 비망록』, 54쪽.

품성이 그대로 묻어나왔다.

외국인 부인과의 모임에서 황후는 신중하게 행동하였다. 하나의 예로, 푸트공사 부인과 너무 친숙한 척하지 않으려고 조심스럽게 행동하여 다른 사람이 소외감을 느끼지 않도록 하였다. 타인에 대한 배려는 동서양 어디에나 공통되는 문화적 요소이다. 황후와 푸트공사 부인은 이러한 점 때문에, 동서양의 문화적 차이에도 불구하고 정신적 유대감을 형성할 수 있었다. 또한 이것이 체화體化되었다는 점에서, 두 여성 모두 높은 품격을 갖춘 인물이었다. 두 사람의 정신적 유대감은 강한 신뢰로 이어졌다.

특히 푸트공사 부인의 황후에 대한 신뢰감은 대단하였다. '왕후의 지식과 지성, 그리고 깊이 간직해 온 재치를 드러내는 것이 기뻤다. (중략) 그리고 한국에 있는 내내 (왕후는) 이방인에게 진정어린 관심을 가지며, 밤과 아침에 전령을 보내 따뜻한 안부 인사를 전하며 자신의 좋은 벗을 위해 할 수 있는 일이 무엇인지 물었다. 이에 푸트공사 부인도 언제나 감사의 말로 응답했다.'[48]고 기록하고 있다.

푸트공사가 공직을 수행하고 본국으로 돌아가는 도중, 일본에 잠시 머물게 되었다. 일본은 미국 푸트공사 부부를 극진히 대접하였다. 조선을 떠나 일본 나가사키에 도착하자, 나가사키의 일본인은 조선에서 갑신정변 때 일본인의 목숨을 구해준 데 대해 감사함을 표시하였다. 나가사키 지사는 조선에서의 상황을 연극으로 펼쳐 관람하게 하였고, 미국 국기를 걸고 국가를 연주하여 푸트공사 부부에게 감동을 주었다. 상대의 마음을 훔치는 데 있어서 일본인의 치밀함을 엿볼 수 있다.

동경에서도 천황 부부는 푸트공사 부부를 환대하였다. 천황 역시 갑신정

---

[48] 메리 V. 팅글리 로렌스·제임스 앨런 지음, 손나경·김대륜 옮김, 『(미 외교관 부인이 만난)명성황후 ; (영국 선원 앨런의)청일전쟁 비망록』, 54·70쪽.

변 때 곤경에 처한 일본인의 목숨을 구해준 데 대해 감사함을 표시하였다. 천황의 비도 푸트공사 부인에게 고급스런 선물과 식사대접을 하였다. 누군가가 황후에 대해 거리낌 없이 험담하자, 푸트공사 부인은 즉시 나무라며 그들의 입을 다물게 했다.

> 죄송하지만, 여러분이 왕후마마를 비방하도록 내버려둘 순 없군요. 왕후마마의 고귀하고 고상하며 열정적인 성품을 제대로 이해하지 못하고 계시네요. 왕후를 겪어본 저로서는 조선을 일으켜 세우려는 마마의 열망에 대해 신뢰와 깊은 애정을 가지게 되었답니다.[49]

푸트공사 부인의 당당함이 그 빛을 발하는 순간이었다. 감히 천황비의 초청 자리에서, 일본인에게 공공의 적이었던 황후를, 푸트공사 부인은 본 그대로 말하였다. 그 당당함은 아마 천황의 비를 비롯한 그 자리의 모든 일본인에게 날카로운 비수가 되어 꽂혔을 것이다.

2년 전 본국 미국에서 일본을 경유하여 조선으로 향할 때만 해도, 푸트공사 부인은 황후에 대해 왜곡된 이미지를 가졌다. 그러나 조선을 떠나 조선 침략에 혈안이 되어 온갖 책략을 벌이고 있는 일본에서, 그것도 천황비의 초청 자리에서, 푸트공사 부인은 황후의 이미지를 그들에게 당당하게 전달하였다. 푸트공사 부인이 지닌 정직함이다. 기독교 신앙심이 깊었던 푸트공사 부인은 하느님 말씀대로 행동하는, 그야말로 '행동하는 양심의 실천가'였다.

일제강점은 한국의 올바른 역사를 묻어버렸다. 그 가운데 조선을 위해 헌신하였던 외국인에 대해, 늦었지만 그들에게 감사함을 상기하는 역사를

---

[49] 메리 V. 팅글리 로렌스·제임스 앨런 지음, 손나경·김대륜 옮김, 『(미 외교관 부인이 만난)명성황후 ; (영국 선원 앨런의)청일전쟁 비망록』, 85~86쪽.

이제는 꺼내야 하지 않을까? 역사 속에서 푸트공사 부부도 한국인이 감사해야 할 인물이다.

한편 푸트공사 부인이 목격하였던 상황, 즉 천황의 비가 주최한 연회자리에서 황후에 대해 거리낌 없이 험담하였던 분위기는, 1880년대 일본이 이미 황후를 주적으로 삼고 있음을 방증한다. 이로부터 10년 이후 발생된 '명성황후시해사건'이 단기간 계획 하에 이루어진 것이 아니었음을 말해준다. 일찍이 일본의 주적이 되었던 조선의 황후는 일본 정부의 조직된 계획 하에서 1895년 10월 8일 형언할 수 없을 정도의 비참한 죽음을 맞았다. '조선인에게 있어서 그날(황후의 장례)은 참으로 슬픈 날이었다. (중략) 그날은 사랑하는 조국을 장례 치르는 날이었다.'[50]는 푸트공사 부인 친구의 기록은, 오늘날 한국인에게 상당한 의미를 던져준다.

황후와 친교를 맺은 또 다른 인물이 언더우드 여사이다. 미국 장로교 선교국에 의해 1888년 3월 조선에 파견되어, 이듬해 언더우드 목사와 결혼한 여성이다. 결혼 전의 이름은 릴리아스 S. 호턴Lillias Sterling Horton이며, 시카고여자의과대학을 졸업하였다.

을미사변이 일어날 때까지 황후의 어의御醫로 활약하면서 황후의 총애를 받았다. 조선에 33년간 거주하면서 선교사업 등 많은 활동을 하였으며, 1921년 타계하여 양화진 외국인 묘지에 묻혀 있다.[51] 벙커 여사와 함께 벽안의 여성으로서 황후의 인산因山(장례)에 참여한 인물이다.

아래는 언더우드 여사가 황후를 처음 만났을 때 이미지이다.

왕비는 나의 깊은 관심을 끌었다. 약간 창백하고 아주 가냘프며, 어느 정

50　메리 V. 팅글리 로렌스·제임스 앨런 지음, 손나경·김대륜 옮김, 『(미 외교관 부인이 만난)명성황후 ; (영국 선원 앨런의)청일전쟁 비망록』, 93쪽.
51　L. H. 언더우드 지음, 신복룡·최수근 역주, 『상투의 나라』, 8쪽.

도 뚜렷한 얼굴과 명석하고 날카로운 눈을 가진 그는 언뜻 보기에 아름답
게 보이지는 않았지만 어느 누가 보기에도 그 얼굴에서 보이는 힘과 지적
이고 강한 성격을 읽을 수 있었다.

그가 말을 시작했을 때 쾌활성, 순수성, 기지 이 모두가 그의 용모를 밝
게 해 주었으며 단순한 육체적인 아름다움보다 훨씬 크고 놀라운 매력을
주었다. 나는 조선의 왕비가 가장 아름답게 보였을 때 그를 보았다.[52]

언더우드 여사가 황후를 만났을 때는 1888년(고종 25)이다. 묄렌도르프 부
인과 푸트공사 부인이 황후를 만났을 때보다 약 5년 후이다. 언더우드 여사
가 황후를 처음 만났을 때, 조선의 운명이 갈수록 위태로워지고 있음을 황
후의 이미지에서 그대로 읽을 수 있다. 조선의 운명이 위태로워질수록 황후
는 강해질 수밖에 없다. 그것이 언더우드 여사의 눈에 그대로 투영되었다.

그러나 언더우드 여사는 얼마 되지 않아 황후의 고유한 품성을 읽게 된다.

왕비가 고상한 정신적 자질을 소유하고 있다는 것을 나는 곧 알게 되었
으며, 모든 아시아인들처럼 그도 주로 중국의 고전을 배우고 있었다. 그는
많은 것을 물었다. (중략) 폭넓고 진보적인 정책에 탁월성을 보였고 애국적
이었으며 또 조국의 최대 이익에 헌신했고 동양의 왕비들에게 기대되는 것
보다 훨씬 더 적극적으로 백성에게 이익을 주었다. 또한 그는 온화한 마음
을 가지고 있으며 작은 어린아이들을 소중히 아꼈고, 그와 관계된 사람들,
적어도 우리 선교단에게는 세심한 배려를 보이고 있어서, 유럽의 어느 고
위층 숙녀에게도 존경을 받았다.[53]

언더우드 여사에게 황후는 지적이면서 서구 근대화에 호기심이 많은 인

---

[52] L. H. 언더우드 지음, 신복룡·최수근 역주,『상투의 나라』, 49쪽.
[53] L. H. 언더우드 지음, 신복룡·최수근 역주,『상투의 나라』, 49~51쪽.

물이었다. 그리고 위민정신과 상대에 대한 배려심이 많으며, 황후로서의 자질과 높은 품격을 갖춘 인물로 비추어졌다.

그런데 '왕비가 고상한 정신적 자질을 소유하고 있다.'는 것을 곧 알게 되었다는 언더우드 여사의 고백은 무엇을 의미할까? 언더우드 여사가 황후를 처음 알현했을 때 '그 얼굴에서 보이는 힘과 지적이고 강한 성격'이라는 황후의 이미지가 얼마 후 다른 의미로 바뀌는 것은 아닐까?

대부분 서양인은 조선의 정보, 특히 황후에 대한 정보를 서구화에 먼저 발돋움한 일본으로부터 획득하고 있었다. 황후를 부정적으로 평가하는 자들의 기록, 특히 '조선근대사'를 저술한 대부분 일본인에게 황후의 지성은 '지적 사고에 근거하여 합리적으로 상황을 판단하는 힘'이 아니었다. 대부분이 황후의 지성을 '권력을 사유하기 위하여 지식을 오용하는 능력'으로 기술하고 있다.

그래서 언더우드 여사가 처음 황후의 이미지에서 표현한 '지적'의 의미가 얼마 후에는 '고상한 정신적 자질의 소유'로 바뀐 것은 아닐까? '고상한 자질의 소유자'인 황후는 바로 지성인이었다. 그러한 지성이 있었기에 조선의 주권 회복을 위해 '서구 근대화에 관한 관심과 열정'을 가졌고, 백성을 위하는 '애민정신'과 어린이를 소중히 여기는 '인명존중의 정신'의 소유자로 언더우드 여사에게 그대로 투영되었던 것이다.

황후의 '타인에 대한 배려심'은 이방인에게 존경의 대상이 되기에 충분하였다. '황후를 직접 만난 사람들 모두는 그녀에게서 강하게 끄는 매력을 느꼈으며 곧 그녀의 친구가 되고 조언자가 되었다.'[54]고 기록한 언더우드 여사처럼, 황후의 진정성은 외국인의 마음을 감동시켰다. 나아가 이들과 친교를 모색해서 조선의 후원자들이 확대되기를 갈망했던 황후의 열정이 외교력으

---

[54] L. H. 언더우드 지음, 신복룡·최수근 역주, 『상투의 나라』, 148쪽.

로 발휘되었다.

　언더우드 여사와 함께 황후의 인산에 참여한 여성이 벙커 여사이다. 벙커 여사는 언더우드 여사보다 조선에 먼저 입국하였다. 그녀는 미국인으로 의과대학에서 선교에 필요한 의학을 수학하던 중, 조선에서 선교사이자 고종황제의 어의御醫로 활동하던 호레이스 알렌의 요청을 받았다. 미국 북장로회 의료선교사로 선발되어 1886년(고종 23) 7월 4일 한국으로 왔다. 이듬해 벙커와 결혼하였다. 황후와의 인연은 1886년(고종 23) 9월 14일 첫 진찰로 시작되어, 황후의 시해 2주 전까지 만났던 인물이다. 황후의 주치의로서 공로를 인정받아, 1888년(고종 25) 3월 여관女官의 직임을 받았다.

　그녀는 근대식 병원인 제중원濟衆院에서 의사로 활동하였다. 황후의 주치의로서, 그 공로를 인정받아 정3품을 하사받았다. 한국에서 40년간 선교활동을 하였고, 1887년(고종 24) 6월 고종이 하사한 정동 사택에다 정신여학교 전신인 정동여학당을 설립하여 교육자로서도 활동하였다. 1926년 미국으로 돌아갔다가, 남편 벙커D.A.Bunker가 사망하자 유언에 따라 남편의 유해를 가지고 다시 조선으로 왔다. 이후 인천 소래 인근 지역에서 선교사로 활동하다가 1938년 10월 8일 사망하였다. 지금은 양화진 외국인 선교인 제1묘역에 안장되어 고요히 잠들어 있다.[55] 두 사람의 인연이 예사롭지 않음을 말해주듯, 벙커 여사가 세상을 떠난 날짜도 황후와 동일하다.

　1926년 순종 인산을 계기로 벙커 여사가 직접 게재하였던 글 가운데 황후와 관련된 글을 소개한다.

　　명성황후께서는 남자와 견주실 말한 패기가 있으시니 그야말로 여걸이
　　셨습니다. 그런 반면에는 백옥같이 고상하시고 아랫사람을 대하시는 것은

---

[55] 『두산백과』(http://www.doopedia.co.kr), 애니 엘리스 벙커(Annie Ellers Bunker).

부드럽기 한이 없으시기 때문에, 황량하나마 친어머니를 대하는 듯한 마음으로 모시게 되었습니다. 인정이 매우 많으셔서 나를 대할 때마다 나의 몸을 어루만지시며 말씀을 하였습니다. 그리고 며칠만 입시를 아니 하여도 보시고 싶다고 어사를 보내실 때 참으로 감사히 생각하였습니다. 우리 부부가 결혼할 때는 나에게는 순금팔찌를 친히 주셨습니다. 내가 40년간 한 시도 내 몸에서 떼지 않고, 내 왼쪽 팔목에 끼고 있는 것은 황후마마께서 주신 순금팔찌입니다. 나는 죽을 때도 그것만은 끼고 죽으려합니다.

　황후마마께서는 황공하오나 그야말로 조선여성으로서의 모든 미를 구비하신 미인이셨습니다. 크지도 적지도 않으신 키, 가느다란 허리시며, 희고 갸름하신 얼굴과 총명과 자애의 상징인 흑진주 같으신 눈, 흙같이 검으시고 구름 같으신 머리, 이 모든 모습이 아직도 내 눈에서 사라지지 않습니다. 그리고 취미에 부富하심은 우리 미국여성을 엿볼 수 있었습니다. 의복, 화장, 음악 등 가지가지로 취미가 다양하였습니다. 더욱 음악에는 많은 취미를 가지신 줄을 알고 있습니다. 여가가 있으시면 노래와 춤, 음악을 왕의 앞에서 펼쳐 보이게 하고, 흔연히 구경하시는 것을 보았습니다. 얼마 후에 나는 세부난시 병원사(세브란스병원사)의 임무로, 황후마마를 가까이 모시는 주치의를 못하게 되어 사퇴하려 하였습니다. 그러나 명성황후는 간절하게 만유하심으로 부득이 최후까지 모시게 되었습니다.

　삼십 여년을 지낸 지금에 추억하여도 눈물을 막을 수 없는 찢어지는 듯한 1895년 10월 8일에 큰 변고는 그때 나의 가슴을 몹시 아프게 하였습니다.

　바로 큰 변고가 있기 2주일 전 9월 25일 나는 입시하여 뵈었습니다. 그러나 좀 분망하신 일이 있으시다 하여 오래 모시지 못하고 어전을 물러나왔습니다. 그 때 민비께서는 긴장하시던 얼굴빛을 멈추시고 흔연히 손을 내여 내손을 힘껏 쥐시며 수일간 또 들어오라고 미안한 얼굴로 나를 보내셨습니다. 나는 그것이 황후를 뵙는 최후의 일이였음을 꿈에나 생각하였겠습니까? 아아 무어라 표현할 수 없이 슬픕니다. 2주일 후 잊으려 하여도 잊어지지 않는 천추의 큰 변고를 기별로 들은 것은 지금 생각만 하여도 온 몸이 떨립니다. 큰 변고 후 나는 마지막 봉사로 황후를 추모하는 일을 조용히 하였습니다. 그리고 인산 당일에도 장사 지내러 가는 행렬을 따라 영가가 대지에 안장되는 것까지 보았습니다. 국장에 길게 줄을 선 사람들을 보면 내외백관이며, 외국사절도 많았습니다. 여자로서 참가한 것은 나의 친구 언더우드목사 부인과 나 두 사람 뿐이었습니다.[56]

황후에 대한 애틋한 사랑을 느낄 수 있는 벙커 여사의 글이다. 벙커 여사는 황후의 주치의로서, 가까운 거리에서 오랫동안 황후를 지켜보았다. 9년이라는 짧지 않은 기간에 황후를 지켜본 벙커 여사의 평가는, 개인적인 친밀성 때문에 객관성을 결여하였다고 생각될 수 있다. 그러나 범사凡事의 일을 보건대, 가까운 거리에서 지켜보았던 인물의 평이 가장 정확하다는 사실도 부인할 수 없다. 고위층 인물에 대한 사실적인 평판이 대부분 가까운 거리에 있는 사람으로부터 나온다는 것이 이를 방증한다.

황후에 대한 직접적인 자료가 부족하여 풍문으로 왜곡된 기록이 재생산되는 상황에서, 벙커 여사의 기록은 황후를 이해하는 데 보석과 같은 귀중한 자료가 될 수 있다. 더구나 1926년은 일본제국주의가 세계적으로도 강세를 떨치고 있었던 시기이다. 일제의 무언의 압력에도 벙커 여사는 일본 최대의 적인 황후를 그리워하면서 대담하게 게재하였다. 벙커 여사의 용기와 당당함이 높이 평가된다.

동시에 여기에는 황후의 신뢰가 벙커 여사 내면에 굳건히 자리하고 있었다. 푸트공사 부인이 천황의 비가 개최한 자리에서 당당하게 황후를 이야기하듯이, 벙커 여사도 일제의 시퍼런 서슬 앞에서 당당하게 황후를 이야기하

---

[56] Bunker, Annie Eellers, 「閔妃와 西醫」, 〈純宗實記〉(『新民』 1926년 6월 특집 因山奉圖號), 신민사, 209~211쪽. 필자 번역.

고 있다. 이들의 평가가 결코 '사적인 관계로 황후를 비호하거나 미화시켰다.'는 것으로 폄하될 수만은 없다. 제삼자적 위치에 있는 외국인은 정치권력 관계로부터 자유로울 수 있기 때문에, 다른 관점에서 보면 오히려 더 객관적일 수 있다.

그들의 내면에는 무엇보다도 상대를 진심으로 대하였던 황후의 진정성이 깔려 있었다. 그 진정성은 외국인뿐만 아니라, 누구에게나 한결같았던 황후의 처세였다. 상대에 관한 관심과 애정이 단발적인 것이 아니라, 일괄되게 지속되는 황후의 품성이 상대에게 큰 신뢰감을 주었다. 집안의 아이 '충경'이에게 보였던 관심과 애정을 보아도, 그러한 품성이 유감없이 발휘되어 편지글에 잘 드러나 있다.[57]

특히 벙커 여사의 글에는 황후의 외적인 이미지가 잘 드러나 있다. 황후의 외모가 동양적인 미인형으로, 지성을 갖추고 품격이 높은 인물인 것만은 사실인 것 같다. '적당한 키, 하얀 피부, 갸름한 얼굴 모양, 총명하고 자애로운 눈빛과 검은 눈, 갓처럼 검은 머리카락, 가느다란 허리를 지닌 체구'로 기록되어 있다.

벙커 여사의 글에서, 황후는 조선 어머니의 강인한 모습으로 묘사되어 있다. 기울어져가는 운명 속에서 종묘사직을 지켜야 하는 황후의 책무는 마냥 우아한 자태로만 머물 수 없게 하였다. 긴박한 상황에서는 남자 이상으로 장부의 기질을 발휘하여야만 하였다. 그러나 아래 사람을 대할 때는 그지없이 자상하고 인정이 많은 어머니 모습으로 돌아왔다.

조선의 어머니, 우리의 어머니도 모두 강인하면서도 자상한 양면성을 지녔다. 황후는 조선의 어머니였고, 한국의 어머니였다. 황후의 강인하면서도 자상한 모습은 벙커 여사에게 전일全—하게 투영되었다. 그 투영은 벙커 여

---

[57] 이기대 편저, 『명성황후 편지글』, 다운샘, 2007.

사의 충정심을 끌어내어 마치 어머니를 모시듯, 두 사람의 관계는 모녀지간처럼, 정신적 유대감으로 형성되어 갔다. 푸트공사 부인을 비롯하여 황후를 만난 외국인 여성 대부분이 황후와 정신적 유대감을 가졌던 것처럼, 벙커 여사도 동일하였다. 황후의 사람됨을 가늠할 수 있는 부분이다.

다음으로 황후를 직접 만났던 여성이 비숍 여사이다. 비숍 여사는 영국 왕실의 일원이다. 63세의 노령에도 불구하고 1894년(고종 31) 1월에 요코하마를 경유하여 2월 조선으로 왔다. 그리고 1897년까지 극동에 머물면서 4차례 조선을 방문하여 장기 체류를 한 지리학자이기도 하였다. 비숍 여사는 일본의 경복궁 점령과 황후가 시해되기 직전에 만났던 인물로서 그녀가 진단한 황후의 평가는 상당한 의미가 있다.[58]

비숍 여사가 황후를 처음 만났을 때 이미지는 다음과 같다.

> 왕비 전하는 그 당시 40세가 넘었으며 매우 멋있어 보이는 마른 체형이었으며 (중략) 얼굴빛은 상당히 창백했는데, (중략) 눈은 냉철하고 예리했으며 반짝이는 지성미를 풍기고 있었다. (중략) 진한 남빛의 아름다운 무늬를 넣어 짠 비단 치마를 입고 있었으며 (중략) 저고리는 소매가 넓었으며 비단에 심홍색과 푸른색으로 무늬를 넣어 만든 것이었다. (중략) 머리 장식으로는 왕관을 쓰지 않았고 모피로 가장자리를 단 검은 비단 모자를 쓰고 있었다. (중략) 특히, 대화에 관심을 갖게 되자 그의 얼굴은 환하게 밝아졌다.[59]

외국인이 황후를 만난 시기에 따라, 그 이미지가 다름을 알 수 있다. 비숍 여사가 황후를 만났을 당시, 동학농민군의 저항을 빌미로 일본이 조선의 주

---

58 I. B. 비숍 지음, 신복룡 역주, 『조선과 그 이웃나라들』, 역자 서문.
59 I. B. 비숍 지음, 신복룡 역주, 『조선과 그 이웃나라들』, 246쪽.

권을 상당히 위협할 때였다. 1880년대 초 묄렌도르프 부인과 푸트공사 부인이 만났을 때, 1880년대 중반 이후 언더우드 여사가 만났을 때, 그리고 1895년 비숍 여사가 만났을 때, 황후의 모습은 체구와 얼굴빛에서 갈수록 더 야위고 창백함이 깊어짐을 알 수 있다.

비숍 여사의 '내가 그들을 알현하는 동안 왕비와 세자는 서로 손을 꼭 잡고 있었다.'[60]는 것과 1895년 1월 홍범 14조를 발표할 당시 '일본은 왕후에 대해 음모를 꾸미는 것'[61]으로 소문이 퍼져 있었다는 기록의 정황을 보았을 때, 황후는 당시 일본에 의해 자신이나 고종, 그리고 세자에게 닥칠 운명을 직감하지 않았을까? 황후가 20세가 넘은 '아들의 손을 잡았다.'는 것을 비숍 여사나 이후 연구자들은 '순종의 나약함'과 황후의 자식에 대한 지나친 '과잉보호'로 해석하였다.

그러나 앞으로 닥칠 '기가 막히는 운명'을 예상할 때, 모자간에 한시라도 그 애틋함을 나타내는 모습은 오히려 더 자연스럽다. 조선의 운명처럼, 황후의 삶은 하루하루가 신경을 죄는 듯한 압박감과 긴장감 그 자체였다.

아래 언급된 언더우드 여사와의 대화에서, 황후의 긴장감과 생존의 절박함이 절절히 묻어나고 있다.

"조선도 미국처럼 자유롭고 힘이 있으며 또 행복했으면 (중략)" 하고 다소 슬픈 듯이 말했다. (중략) 미국이 부유하고 힘이 있기는 하지만 가장 훌륭하거나 최선의 국가는 아니며 죄나 고통과 눈물이 없는 더 좋은 땅, 끝없는 영광과 선과 기쁨이 있는 곳(천국, 필자 해석)을 묘사했다. 왕비는 말할 수 없는 비애를 느끼며, "아, 왕과 왕세자 그리고 내가 모두 그 곳에 갈 수 있다면 얼마나 좋을까!" 하고 외쳤다.[62]

---

60   I. B. 비숍 지음, 신복룡 역주, 『조선과 그 이웃나라들』, 247쪽.
61   I. B. 비숍 지음, 신복룡 역주, 『조선과 그 이웃나라들』, 238쪽.

미국처럼 강한 조선을 갈망하고, 천국과 같은 곳에 남편과 자식과 함께 가고픈 간절한 소망 속에서, 황후의 심리적인 불안감이 어느 정도였는지를 느낄 수 있다. 동시에 '그날(황후의 인산)은 사랑하는 조국을 장례 치르는 날이었다.'는 푸트공사 부인 친구의 기록이 떠오른다. 그만큼 황후의 삶은 고종과 순종, 그리고 조선의 운명을 구하기 위하여 치열할 수밖에 없었다.

　한편, '대화에 관심을 갖게 되자 그의 얼굴은 환하게 밝아졌다.'고 한 기록은, 비숍 여사가 황후를 만났을 때 두 사람 간의 긴장 관계가 대화를 통하여 해소되었음을 의미한다. 비숍 여사 외에도 황후를 만났던 외국인에게 비추어진 황후에 대한 이미지의 공통점은, 대화할 때 황후의 매력이 돋보였다는 점이다. 이것은 많은 의미를 던져준다.

　대화는 그 사람의 생각과 가치를 드러내는 수단이다. 당시 외교정책의 근간이 균세정책이었기 때문에, 유럽인이나 미국인과의 교류는 황후에게 중요하였다. 이들에게서 서구 근대화의 정보를 얻을 수 있고, 그리고 조선의 사정을 알릴 필요도 있었다. 단순한 친목이 아니라 황후에게 이들과의 교류는 '조선의 생존'을 위하여 지푸라기라도 잡는 심정의 소중한 기회였다. 이러한 간절함이 대화에서 드러났던 것은 아닐까?

　외국인과의 대화는 황후의 내면에 깊숙이 억눌려 있던 갈망을 쏟아낼 수 있는 통로였다. 대화할 때, 황후의 내면에 있었던 모든 지식과 지성, 인품과 매력이 분출되었다. 그리고 무엇보다도 외국인에게 돋보였던 것은 황후의 품성이었다. 외국인 대부분이 대화를 나눈 이후에, 황후의 이미지를 수정하였던 것도, 당시 황후에 대한 정보가 얼마나 심하게 왜곡되었는가를 반증한다.

62　　L. H. 언더우드 지음, 신복룡·최수근 역주, 『상투의 나라』, 147~148쪽.

·8·
고아高雅한 품위와 언행으로
왜곡된 이미지를 걷어내다

    황후의 왜곡된 이미지를 바로 잡는 데 기여한 또 하나의 덕목은 타인에 대한 배려심이었다. 특히 조국을 떠나 타국에 온 이방인에게 고종과 황후가 베푸는 배려는, 이들에게 심적인 안정감을 갖게 하는 데 크게 기여하였다. 그것은 다름 아닌 일상에서의 배려였다.
    외국인이 한강에서 스케이트를 탄다는 소문을 듣고, 고종과 황후는 그들에게 경복궁 안 연못을 스케이트장으로 제공하였다.[63] 명절이나 대비생신 날에는 선교단과 공사관의 부인에게 하사품을 내리기도 하였다. 그 품목은 꿩, 생선, 쇠고기, 곶감, 닭, 달걀, 건어물, 꿀, 과일 등이다.[64]
    특히 황후는 외국인 여성이 궁궐에 들어올 때, 많이 걷는 불편을 덜어주기 위해 가마를 제공 하는 등 세심한 관심과 배려를 보였다. 특별한 날에도 잊지 않고 관심을 표명하였다. 주치의인 언더우드 여사와 벙커 여사가 조선에서 혼인할 때도 선물을 잊지 않았다. 특히 언더우드 여사의 선물에 관한

---

[63] L. H. 언더우드 지음, 신복룡·최수근 역주, 『상투의 나라』, 148쪽; 헐버트 지음, 김동진 옮김, 『헐버트 조선의 혼을 깨우다』, 참좋은친구, 2016, 80~81쪽.
[64] L. H. 언더우드 지음, 신복룡·최수근 역주, 『상투의 나라』, 53~54쪽.

기록 때문에, 황후의 지나친 허영심이 종종 언급되곤 한다.

언더우드 여사가 결혼 선물을 언급한 부분이 두 군데 나온다.

> 언더우드씨와 나는 초가을에 약혼했으며, (1889년) 3월 14일에 결혼하여 그 지방으로 출발하기로 약속되어 있었다. 모든 외국인 단체는 그 때 친절과 호의의 표시로 서로 경쟁하는 듯이 보였다. 그 중요한 날 아침에 많은 짐을 실은 조랑말의 딸그랑거리는 종소리가 우리의 정원에서 들렸다. 나는 작은 동물들의 긴 행렬이 왕비 전하의 선물을 싣고 도착했다는 것을 곧 알았다. 그리고 현금 1백만 냥이라니! (중략) 그 당시에는 2천오백 내지 3천 냥이면 부유한 축에 속했기 때문에 그 거액은 관대한 조선의 왕비도 쉽게 줄 수 있는 것이 아니었고 선교단도 쉽게 처분할 수 없는 것이었다.[65]

> 우리가 돌아온 지 얼마 되지 않아서 왕비는 개인적으로 나를 초대해서 나에게 아주 특이한 금팔찌 한 쌍을 주었다. 그것은 결혼 선물로 그가 주문해서 만든 것이었으며 우리가 시골로 떠난 후에 준비되었던 것이었다. 그는 또 남편을 위해 아름다운 진주 반지 한 세트를 주었다.[66]

언더우드 여사가 언급한 결혼 선물 '1백만 냥'을 들어, 황후가 재정을 낭비하는 부정적인 인물로 묘사되곤 하였다. 그러나 이 기록이 오기誤記가 아닌가 하는 의구심을 떨칠 수 없다. 외국인 부인을 초청한 자리에서, 황후가 푸트공사 부인과 친함을 내세우려 하지 않으려고 조심하고 절제하는 태도에, 푸트공사 부인은 황후의 인품을 높이 평가하였다.

그런데 언더우드 여사보다 친근도가 결코 낮지 않는 벙커 여사 결혼의 선물은 순금팔찌였다. 황후의 인품이나 상대에 대한 배려를 보았을 때, 두 사

---

65   L. H. 언더우드 지음, 신복룡·최수근 역주, 『상투의 나라』, 60~61쪽.
66   L. H. 언더우드 지음, 신복룡·최수근 역주, 『상투의 나라』, 119쪽.

람의 결혼 선물은 크게 차이나지 않았을 것이다.

'왕비가 언더우드에게 학교설립 지원금 3만 달러와 계속되는 비용에 대해 매년 2~3만 달러를 지급할 예정이라는 것을 영의정을 통해 전달했다.'⁶⁷고 한 것이나 '2천오백 내지 3천 냥이면 부유한 축에 속했기 때문'이라는 언더우드여사가 직접 쓴 기록을 보았을 때, '1백만 냥'은 당시 부유한 축의 400배에 달한다. 따라서 '1백만 냥'의 표현은 잘못된 듯하다.

또한 1880년대 초 조선 정부의 총 세입은 100만 석石 내외였는데, 화폐로 환산하면 약 500만 냥에 해당했다.⁶⁸ 이것을 감안한다면, 언더우드 부부의 결혼 축의금 '1백만 냥'은 조선 정부 총 세입의 5분의 1에 해당한다. 더욱이 임오군란 이후 조선 정부의 재정상황은 국고에 1개월분의 여력도 없는 상태였다.⁶⁹ 언더우드 부부가 아무리 국왕 내외의 총애를 받는 인물이라고 하더라도, 축의금 1백만 냥은 현실적으로 타당성이 적다.

이러한 기록이 사실 여부의 확인도 없이 그대로 인용되어, 현재까지 황후의 부정적 이미지를 재생산하는 데 한몫을 하고 있다.

실제로 만났던 외국인은 황후를 '검소하면서도 동시에 왕후로서도 품격을 잃지 않은 인물'로 묘사하고 있다. 그들은 외모보다는 내석인 아름다움에 더 공감을 표시하였다. 그리고 그들의 기록에서 황후의 외모는 상당히 검소하게 묘사되고 있다. 머리 장식도 신분을 나타내는 것 이상으로 사치하지 않았으며, 의복이나 장신구도 화려하지 않았다. 언더우드 여사는 황후의 모습을 다음과 같이 전하고 있다.

> 왕비 전하는 장식에 신경을 많이 쓰지 않는 것 같았으며, 또 거의 달지도

---

67 L. H. 언더우드 지음, 신복룡·최수근 역주, 『상투의 나라』, 151쪽.
68 김종학, 『개화당의 기원과 비밀외교』, 일조각, 2017, 166쪽.
69 김종학, 『개화당의 기원과 비밀외교』, 164~165쪽.

않았다. 북부 지역의 젊은 여성들이 커다란 귀걸이를 하는 것을 제외하고는 어떠한 조선의 여성들도 귀걸이를 하지 않았다. 왕비도 예외가 아니어서 이제까지 그가 목걸이 브로치 또는 팔찌를 한 것을 본 일이 없다. (중략) 조선의 관습에 따라서 그는 긴 비단 술이 달려 있는 금세공의 장신구 몇 개를 옆구리에 매달고 다녔다. 그를 반쯤 문명화된 국가의 왕비라고 생각하기 어려울 정도로 그의 옷 입는 취미는 아주 단순하고 아주 지극히 세련된 것이었다.[70]

황후의 검소한 외모는 언더우드 여사만이 아니라, 직접 만났던 다른 외국인도 동일하게 받았던 인상이다.

그러나 푸트공사 부인과 외국인 부인을 초청한 모임에서 황후는 화려한 모습으로 나타난다. 이 모임은 외교사절의 친목성격을 가졌기 때문에, 황후의 의상은 조선을 대표하는 것이다. 이러한 모임에서는 조선의 아름답고 품격 높은 의상을 선보일 필요가 있다. 푸트공사 부인 역시 다이아몬드의 화려한 의상을 갖추었다. 외교관 부인과의 모임에서 화려한 의상은 사치가 아니라, 조선의 황후로서 지닌 품격, 더 나아가 조선의 고급문화를 나타내는 국격國格의 표상이다. 이처럼 황후는 의상을 착용하는 데 있어서도 균형감을 잃지 않았다.

황후는 기독교에도 관심을 가졌는데, 그것은 그들에 대한 배려였다. 기독교 신앙은 외국인에게 마음의 안식처였다. 황후가 그들과 함께 '성경말씀'이나 '천당'에 대해 거리낌 없이 논할 수 있었던 것은, 다른 문화를 이해하고 소통할 수 있는 지적 능력과 사고의 유연함, 상대에 대한 배려심 때문이었다. 유교 이외에는 배타적이었던 조선의 문화 속에서, 사고의 유연성, 타인에 대한 배려가 없었으면 불가능한 일이다. 외국인의 일상에 대한 배려와 신뢰가 있었기 때문에, 그들은 조선의 든든한 후원자가 되었다. 탁월한

---

[70]   L. H. 언더우드 지음, 신복룡·최수근 역주, 『상투의 나라』, 120쪽.

황후의 정치력과 외교력을 보여주는 일면이다.

일본 천황 부부가 있는 자리에서 황후의 인품을 당당히 말하였던 푸트공사 부인, 일본제국주의의 기세가 세계적으로 뻗쳐 나갔던 1920년대, 무언의 압력 속에서 황후에 대한 호의적인 글을 당당하게 게재하였던 벙커 여사, '미국이 조미수호통상조약을 파기하였다.'고 본국을 비판한 알렌, 고종을 위하여 평생을 헌신한 헐버트Homer B. Hulbert가 대표적인 조선의 든든한 후원자들이다. 푸트공사 부인을 제외한 그들 모두는 한국에 묻히기를 원해, 지금 양화진 선교사 묘지에 안장되어 있다. 푸트공사 부인도 죽을 때 황후를 걱정하는 유언을 할 정도였다고 한다.

직접 만났던 외국인이 황후의 인품과 언행을 기록함으로써 조금이나마 실상에 접근할 수 있는 것은 극히 다행스러운 일이다. 그동안 왜곡된 정보에 의하여 편향된 모습으로 외국인의 인식 속에 자리 잡은 황후의 부정적인 이미지는, '직접적인 만남'을 통해서 강인하면서도 자상한 조선의 어머니상과 황후로서 손색없는 자질을 갖춘 품격 높은 여인상으로 자리매김하게 되었다.

이러한 자료들은 오늘날 한국인에게 각인된 황후의 모습이 어떠한지 되돌아보게 한다. 130년 전에 황후를 직접 만났던 외국인이 바라본 모습을 마냥 외면한 채, 조작되고 일그러진 황후의 모습을 그대로 방치하기에는, 조선을 지극히 사랑하였던 당시 외국인들에게 부끄러울 따름이다. 늦었지만 지금이라도 한국인은 황후에 대한 왜곡된 이미지를 걷어내고 바로 인식해야 할 것이다.

"역사를 잊은 민족에게는 장래가 없다."고 한 신채호 선생이나 윈스턴 처칠의 말을 다시금 떠올려본다. 역사를 잊는 민족도 장래가 없는데, 하물며 왜곡된 역사를 바로잡지 못하는 민족에게 진정한 밝은 미래가 찾아올 수 있겠는가?

조용하면서도 담대한 내조
- 외국인 기록과 황후 편지글

황후의 내조 모습을 알 수 있는 자료는 많지 않다. 황후를 직접 만났던 외국인의 저서나 황후의 편지글에서 추론할 수 있을 뿐이다. 이들 기록에서 황후는 대체적으로 나서지 않고 조용하면서도 때로는 담대한 면을 지녔다.

황후가 외국인을 만날 때에는 주로 부인이나 가족을 동반할 때, 그리고 여성 외국인을 접견할 때였다. 그 만남에서 소통의 문제가 있을 때, 외국인이 말하고자 하는 내용을 황후는 고종과 세자에게 전달하는 정도였다. 그 외에는 고종의 내조자로서 조용한 모습을 견지하였다. 반면, 진심으로 감사함을 표할 때와 여성 외국인을 만날 때는 적극적인 모습을 보였다.

갑신정변 당시 묄렌도르프와 푸트공사, 그리고 알렌의 도움으로 민영익이 목숨을 구했다. 이후 묄렌도르프는 황후로부터 감사의 인사를 받았는데, 부인에게 다음과 같이 전하고 있다.

전 같으면 반쯤 열린 문을 통해서 겨우 내게 모습을 보였던 왕비가 최근에는 스스로 그의 두 손으로 내 손을 꼭 잡아 주었다오.[71]

---

[71] 묄렌도르프 지음, 신복룡·김운경 역주.『묄렌도르프自傳(外)』, 106쪽.

헐버트 기고에도 다음과 같은 내용이 언급되어 있다.

어느 날 조선의 국왕이 외국인들이 스케이트를 탄다는 소식을 듣고 궁궐에서 스케이트를 탈 수 있도록 필자를 포함한 외국인들을 초대했다. (중략) 스케이트를 탄 뒤 국왕이 우리 일행을 위해 특별히 지시하여 준비한 우아한 연회가 있었다. (중략) 그 방은 칸막이 문으로 연회장과 분리되어 있었다. 그런데 칸막이 문의 창호지에 작은 구멍을 뚫어 국왕, 왕비, 왕자가 연회장을 들여다보고 있었다. 내가 한순간 몸을 돌려 그쪽을 쳐다보다가 구멍을 통해 나를 쳐다보는 두 눈과 마주쳤다. 아마 왕비인 듯 하다.[72]

묄렌도르프와 헐버트의 기록에서 추론컨대, 황후는 남성 외국인 접견 시에는 동참하지 않았음을 알 수 있다. 유교문화 속에서는 자연스러운 일이다. 그러나 균세와 자강을 지향하였던 시기인 만큼, 황후로서는 외국인과의 접견에서 그 인물이 누구인지, 어떤 내용이 오고 가는지 등에 관한 관심을 가질 수밖에 없었다.

그 방법은 조용하게 이루어졌다. 동시에 묄렌도르프에게 두 손을 잡고 고마움을 표시하였던 것처럼, 황후는 조용하지만 담대한 면도 가지고 있었다. 그러한 담대한 면은 여성 외국인을 접견할 때, 활발한 대화로서 유감없이 발휘되었다.

황후가 남겼던 편지는 그녀의 행적을 보여준다는 의미에서 상당히 중요한 의미를 가진다. 황후에 대한 자료가 거의 '풍문의 기록'이나 '야사'라는 점을 고려해 볼 때, 황후의 편지글은 자료로서 중요한 가치를 지니고 있다.

편지글에는 고종과 황후, 순종의 건강 상태뿐만 아니라, 황후의 정치적 역할에 대한 다양한 형태가 드러나 있다. 정치적 역할의 형태는 주로 인사나 재정의 문제, 때로는 외교 문제까지 총망라해 있다.

---

[72] 헐버트 지음, 김동진 옮김, 『헐버트 조선의 혼을 깨우다』, 80~81쪽.

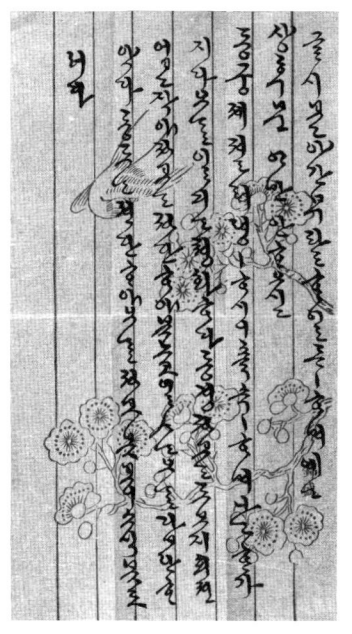 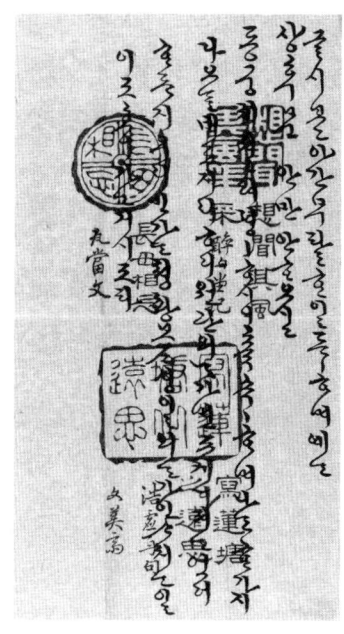

자료 3-3 명성황후 한글편지 1
출처: 국립고궁박물관

자료 3-4 명성황후 한글편지 2
출처: 국립고궁박물관

황후는 고종의 부인으로서 정치적 역할이 막중하다. 국정운영의 책임자 고종에게 황후는 정책과 인사 문제를 허심탄회하게 의논할 수 있는 대상이다. 그런 점 때문에 결과적으로 황후는 정책과 인사를 공유하게 되는 측면이 종종 있다. 그 과정에서 인사의 참여는 불가피한 일이다. 인사정책은 인재 풀을 국정운영에 활용하는 군주의 권한이다. '인사人事가 만사萬事'라고 할 만큼, 인사 정책은 국정운영에서 중요하다. 그렇기 때문에 동서고금을 막론하고 군주와 왕후의 사이가 나쁘지 않은 한에 있어서, 왕후가 인사에 참여하는 것은 자연스러운 일이다. 단지 그 행태가 어느 정도 '공정하고 적실한가'이다.

편지글에도 황후가 인사에 참여한 정황이 많이 포착된다. 인사의 참여는 측근을 통하여 적실한 인물을 찾거나, 혹은 인사의 청탁을 받아 고종에게 건의하는 형태이다. 이 과정에서 황후는 신중하면서도 균형적인 사고를 보이고 있다.

특히 일을 처리하는 스타일이 사정事情을 정확히 밝히고 가부可否를 분명히 하는 솔직담백한 면을 보이고 있다. 책임의식이 강한 인물이다. 그러나 황후는 고종의 조력자로서 역할에 충실하였을 뿐, 고종의 의사에 반하여 직접 인사를 결정하는 양태는 찾아볼 수 없다. 인사결정권이 고종에게 있으며, 황후의 인사 참여가 고종의 허여許與 속에서 이루어지고 있었음을 의미한다. 대표적인 편지글 몇 개를 소개한다.

서종태는 임금께서 물러나게 하지 못하여 자리를 옮길 수 없다고 하셨고, 그 결과 옮길 수 없었다고 한다. 조병집이는 임금께 여러 번 아뢰었지만 끝내 어려워하시니 답답하며 지금 또 아뢴다.[73]

조동협이는 일의 형편은 그러하지만 벼슬 올려주라는 (명도) 아니 나고 또 조가趙家가 이번에 셋이나 벼슬이 올랐는데 또 엇지 하겠느냐.[74]

선교관은 춘시의 방 중에서 (성적이) 높았던 사람이 나을 듯하다. 정부에서 올린 초기草記의 말은 (임금께) 아뢰어 보셨나. 이미 한 일들로 마음이 상하였지만, 네가 즉시 말하는 일은 부질없다.[75]

다른 집안사람이 부탁하여 이미 허여하였으니, 네가 부탁한 사람은 자리를 마련할 수 없기에 들여보낸 그 성명을 도로 보낸다.[76]

밖에서 어떤 문서가 들어왔는데, 받지 못하겠으니, 민영소로 하여금 좋

---

73 이기대 편저, 『명성황후 편지글』, 230쪽.
74 이기대 편저, 『명성황후 편지글』, 178쪽.
75 이기대 편저, 『명성황후 편지글』, 302쪽.
76 이기대 편저, 『명성황후 편지글』, 276쪽.

게 말하고 돌려보내라고 한다.[77]

　서종태와 조병집의 인사가 거론되는 편지글에서 알 수 있듯이, 황후의 의견이 고종과 일치하지 않을 때, 답답함을 느끼면서도 여러 번 건의하는 형태를 취하고 있다. 서종태와 조병집의 인사에서도 황후는 전달자 역할이었고, 인사결정권은 고종에게 있음을 확인할 수 있다.

　이 외에도 황후가 인사 과정에 참여하는 형태는 '균형감각과 솔직함, 그리고 담대한 면'을 지니는 전달자로서 역할을 하고 있다.

　편지글에 거론된 인물을 보면 반개화파, 개화파, 여흥 민문, 안동 김문, 풍양 조문, 은진 송문 등 다양한 성향의 인물과 여러 가문이 총망라되어 있다. 고종과 황후의 정치적 리얼리즘 인식을 엿보게 한다.

　편지글에는 인물이나 장계 등의 상황을 측근을 통해 파악하여, 고종에게 건의하는 형태로 드러나 있다. 이것은 고종이 황후의 안목이나 능력을 신뢰하여, 정치적인 문제를 황후와 공유했다는 증거이기도 하다.

　재정에 관한 황후의 역할도 나타나 있다. 황후는 외부로부터 들어오는 단자와 와료[78]를 점검하고, 때로는 측근을 통해 요구하고 있다. 측근 민형식閔炯植이 통제사로 부임하고 있었을 때, 그로부터 돈 5천 냥을 보내게 하라는 요청의 글도 있다.[79] 재정적 어려움을 외부에서 충당하고 있음을 알 수 있다. 그러나 외부로부터 들어온 것이 많을 경우, 불안한 심정을 토로하고 있어, 측근을 통해 재정을 조달했어도 지나친 것을 경계하는 모습을 보이고 있다.[80]

77　이기대 편저, 『명성황후 편지글』, 278쪽.
78　단자는 부조나 선물 따위의 내용을 적은 종이, 와료는 일을 하지 않으면서 받는 급료.
　　이기대 편저, 『명성황후 편지글』, 266쪽.
79　이기대 편저, 『명성황후 편지글』, 216쪽.
80　이기대 편저, 『명성황후 편지글』, 268~279쪽.

당시 재정의 압박으로부터 오는 고통은 고종을 대신하여 황후가 담당할 수밖에 없었다. 남편과 아들을 위해, 때로는 도덕적 비난을 감수하고라도 경제적 고통을 담당하였던 것은, 황후뿐만 아니라 한국의 부인과 어머니의 삶이기도 하였다.

한편 황후는 '고종과 순종의 안위'를 기원하기 위하여 무속신앙에 의지하기도 하였다. 편지글에 무속인 남정식을 궁궐로 불러들이고 있는 정황이 포착된다.

> 내년에 임금이 걸리게 될 질병과 올해의 운수가 어떤 관계에 있으며, 무슨 일이 언제쯤 일어나게 되며 이를 막을 수 있는 방법이 무엇인지 알아보고 내일 궁에 들어오라고 한다.[81]

한국인의 의식 속에는 예로부터 무속신앙이 깊숙이 뿌리박혀 내려오고 있다. 무속신앙은 무당이 초자연적 존재인 신과의 교류를 통해, 미래의 길흉화복을 예언할 뿐만 아니라, 질병을 치료하고 재앙을 막는다고 하는 믿음이다. 이러한 믿음은 개인의 일상생활에서부터 크게는 국가의 행사에 이르기까지 광범위하게 퍼져 있었다.

국가에서는 '왕실의 안녕'을 빌거나 기청祈晴·기우祈雨 등을 위하여 이를 전담하는 관서를 두어, 신을 섬기는 의식을 행하도록 하였다. 이 관서에 소속된 무당을 국무당國巫堂이라 한다.

조선에도 성수청星宿廳을 두어, 국가와 왕실을 위해 복을 빌고祈福, 재앙을 물리치는禳災 굿을 전담하게 하였다. 유교적인 국책이념과 배치되기 때문에, 당시 성수청 및 국무당의 존폐에 대하여 많은 논란이 있었다. 그러나 민

---

[81] 이기대 편저,『명성황후 편지글』, 120쪽.

간뿐만 아니라 사대부가士大夫家 여성, 그리고 궁중에서도 호무好巫의 전통은 계속되었다. 이를 반영하듯, 공식적인 국행의례 기관으로서의 성수청은 사대부의 반발로 중종반정 이후 사라졌으나, 대전大殿이나 중궁전中宮殿에서 무녀로 하여금 주로 '임금과 세자의 안녕'을 위하여 행하던 '별기은別祈恩'은 유생들의 반대 속에서도 조선 말기까지 지속적으로 행해졌다. 의례는 명산과 대천에서 주로 행해졌다.[82]

황현을 비롯한 조선의 지식인, 일본인, 외국인 등의 기록에서, 황후의 행위를 과장하여 비난하였던 '산천의 기도'도 전통적으로 내려왔던 왕실 여인들의 의례였다. 특히 외국인의 비판적인 평가는 문화적 차이에서 오는 인식이기도 하였다.

생존은 인간의 본질적인 욕구이자 일차적인 인간의 본능이다. 인간에 있어서 생존의 문제는 문화의 형태나 가치·제도 등 모든 것에 우선한다. 유교문명권에서도 생존의 문제는 어떤 이념이나 가치보다 우선적이다. 전쟁이나 국가가 위중할 때 더욱 그렇다. 국가 차원에서 설립한 관왕묘가 이를 잘 반영한다.

조선에 관왕묘가 세워진 것은 1598년(선조 31)이다. 임진왜란에 참전하였던 명나라 장군 진인陳寅이 한양에 머물던 거처의 후원에다 건립하여 관우를 모셨다. 관우는 관성제군關聖帝君 혹은 관보살關菩薩이라고도 하며, 무운武運과 재운財運의 수호신으로서 한漢민족 신앙의 대상이었다. 명나라 장군 진인이 세웠던 관왕묘를 남묘南廟라고 하며, 지금의 서울특별시 용산구 후암동에 자리하고 있다. 이후 1601년(선조 34) 조정에서 동묘東廟(종로구 숭인동)를 세웠다. 1883년(고종20)에는 북묘北廟(옛 혜화전문학교 자리에 건립된 사당, 혜화동 동소문)를, 1902년에는 서묘西廟(지금의 서울 서대문구 천연동)를 각각 건립하였다.

---

[82] 『한국민속신앙사전』: 무속신앙편.

한편 지방에도 1598년(선조 31)을 전후하여 강진·안동·성주·남원 등 네 곳에 관왕묘가 건립되었다. 고종 때에는 지방 관료와 유지가 헌금을 모아 전주·하동 등에 관왕묘를 건립하기도 하였다.[83] 이러한 사실은 위태로운 정세에서 관왕묘를 통해 국가의 위기를 극복하려는 당대인의 의지를 반영한 것이다.

관왕묘의 설립에서 알 수 있듯이, 국가 차원에서도 생존의 불안을 해소하는 방도로 민간신앙을 활용하였다. 무속신앙은 한국전통문화의 원형이다. 옛날이나 지금에도 한국인은 생존의 안위를 무속신앙에 의지하고자 하는 욕구가 강하다. 특히 생존을 위협하는 상황이 클수록, 신에 의지하여 위기를 극복하려는 경향이 심하다.

황후도 임오군란 피난 시 환궁의 일을 예견하였던 여성 무당을 신임하게 되었는데, 바로 진령군이다. 당시 조선의 어려운 상황을 생각할 때, 황후가 조선의 위기를 해소하기 위하여 진령군에게 기도를 부탁했을 일이 많았을 것이다. '진령군'이란 호칭이 언제부터 통용되었는지 확인할 수 없다. '국가와 고종, 그리고 세자의 안위'를 위하여 기도를 맡았던 인물로서, 국왕 부부를 지근거리에서 모시면서 '진령군'으로 호칭되었던 것 같다.

그러나 국왕 부부를 가까운 거리에서 만날 수 있다는 사실 때문에, 진령군에게 접근하여 개인적인 이익을 추구하려는 인물이 있었다. 진령군도 이를 악용하여 '관제의 딸'이라 자칭하면서 당대인을 현혹시켜 문제를 일으킨 것이, 지석영의 상소에서 비난의 대상이 되었다.[84] 진령군을 비롯하여 그녀에게 접근한 자들의 탐욕스러운 행동은 비난받아 마땅하다. 그런 의미에서 국정운영의 책임자로서 고종과 조력자인 황후의 책임도 면할 수 없다.

---

83 『한국민족문화대백과사전』 개정증보판(http://encykorea.aks.dc.kr), 관왕묘(2016. 10. 5).
84 『승정원일기』, 1893년(고종 30) 8월 21일·1894년(고종 31) 7월 5일.

이러한 점 때문에 한국전통문화의 원형인 무속신앙마저 부정되어, 황후의 행위를 지나치게 폄하해서는 안 된다. 조선의 전통 부수기를 원하는 세력과 유교문화의 경직성에 사로잡힌 유자들의 비난이, 때로는 역사적 실체를 왜곡시키는데 한몫을 하기 때문이다.

조선의 전통 부수기에 안간힘을 기울여, 조선의 혼과 왕실의 권위를 약화하려고 하였던 일본의 식민지전략과 주자학 이외의 다른 것을 절대 용인하지 않았던 당시 문화적 경직성을 고려한다면, '생존의 리얼리즘 상황'에서 황후를 적확하게 이해해야 할 필요가 있다.

조선의 전통에는 왕릉의 원찰이 있었고, 국가 차원에서 생존을 기원하는 기우제와 산천제가 있었다. 고종은 대한제국과 황제 선포를 계기로 천신제를 다시 복구하였다. 현재 서울 중구 소공동 조선호텔에 위치한 원구단의 조성이다.[85]

이것은 제후국으로서 지낼 수 없었던 천신제天神祭를 다시 회복한 것이다. '원구단'의 조성은 '조선의 안위'를 기원하는 데 있어서, '기원의 대상'을 자율적으로 선택할 수 있는 권리를 회복함을 의미한다.

천을 숭상하는 것은 한국인의 보편적인 인식이었다. 왕조 교체 때마다 '천명'이 반드시 등장하였다. 천으로부터 명을 받는 것은, 왕조의 권위를 부여받는 것이다. 천도 일종의 이미지 상징이다. 천의 상징 속에서 왕조의 정통성과 정당성 그리고 권위가 부여되는 것이다. 천신제의 의미는 그러한 것을 포괄하고 있다.

서구적 관점에서 보면, 이것은 납득하기 어려운 주술적이며 반문명적인 행위였다. 또한 '권위'란 관계 속에서 형성되는 것으로, 생존의 순기능적인

---

85 『고종실록』, 1897년(고종 34) 10월 1일. 원구단을 설치할 장소를 간심(看審)하여, 현재 조선호텔이 위치한 곳으로 정하다.

역할을 한다. 권위는 오늘에 이르러서도 생존과 공동체 유지에 그러한 역할을 하고 있다.

　조선의 위태로운 상황 속에서, 고종과 세자의 안위를 신에게 기원하는 일은 황후에게는 무엇보다 중요했다. 안위를 기원하기 위하여 부처·산신령·해신 등 모든 것이 기도의 대상이 되었다. 기도는 황후가 누릴 수 있었던 유일한 '안도의 방안'이었다. 그것은 한국의 어머니들이 남편과 자식을 위하여 항상 해 왔던 '생존기원을 위한 전통적인 방식'이었다.

　그러나 이것은 외국인이나 황후의 적대 세력에게 비판의 대상이 되었다. '지적이면서 총명한 왕후가 이해할 수 없는 미신에 사로잡혀 미개적 행위를 한다.'는 외국인의 기록은 서구적 관점에서 한국문화를 제대로 이해하지 못하는 문화적 인식 차이에서 비롯된 것이었다. 또한 유교적 도그마에 사로잡혀, 황후의 행위를 '미신적 행위'로만 규정했던 유자들의 비판이었다. 일본을 비롯한 황후의 적대세력은 황후의 이미지를 폄하시키는 데 이것을 악용하였다.

'황후와 대원군' 관계 구도의 복합성

황후와 대원군의 관계는 항상 앙숙이었고, 고종은 그 사이에서 아무런 역할을 하지 못한 무능한 인물이었을까? 이러한 관계 설정은 일본이 '조선 망국'의 책임을 '고종의 무능함, 권력상층의 권력투쟁과 분열' 등 조선 내부의 요인에 전가하려는 모습과 너무 흡사하다.

대원군은 고종의 친부였고, 더구나 고종을 군주로 옹립한 왕위 계승의 창출자였다. 철종이 후사가 없었기 때문에, 왕위 계승을 둘러싸고 왕족 내 문파와 이와 결부된 여러 세도가가 치열한 경쟁을 하였다. 이러한 상황 속에서 대원군은 둘째 아들을 군주로 옹립시킴으로써, 자신의 가계를 왕실의 중추적 위치에 놓이게 하였다. 그뿐만 아니라 대원군은 현 군주의 친부라는 점 때문에 섭정을 할 수 있는 권한도 누렸다. 당시 군주 지명권이 있었던 신정왕후神貞王后와 정치적 파트너가 되었던 것도 대원군의 뛰어난 정치력의 결과이다.

대원군의 친부 남연군(1788~1836, 이구, 부인은 여흥 민씨이다)은 인조의 아들 인평대군 6대손이지만, 정조의 이복형제 은신군의 양자로 입적됨으로써, 왕위 계승 범주에 속하는 문파가 되었다. 그러나 남연군에게는 아들 4명이 있었기 때문에, 막내아들 이하응이 신정왕후의 정치적 파트너가 되었던 것은 그의 뛰어난 정치력이라고 할 수 있다. 고종에게 신임을 받았던 이최응도 대원군의 셋째 형이다.

왕위 계승권은 외척세력을 선택할 수 있기 때문에, 정치세력의 파트너를 자율적으로 정할 수 있는 폭이 넓다. 이것은 왕권의 지지기반을 넓히는 데 상당한 기여를 한다. 대원군이 차남을 국왕으로 옹립한 것도 장남 이재면이 기혼이기 때문에 외척을 선택할 수 있는 범위가 한정적일 것이라는 점이 작용하였을 것이다.

문제는 왕위 계승자가 당사자인 대원군이 아니라 그의 차남이었기 때문에, 향후 부자간의 권력 갈등을 불러일으킬 개연성은 있었다. 고종과 황후의 관점에서는 왕위 계승의 정당성이 자신들의 가계에만 한정되어야 하였지만, 대원군의 관점에서는 자신의 가계 전체가 되는 것이다. 왕위 계승의 문제로 고종과 대원군 사이에 갈등을 보여준 사례가 '이준용왕위옹립사건'이다.

그러나 고종과 대원군 관계가 혈통을 기반으로 하는 부자관계라는 점은 변할 수 없으며, '종묘사직의 보존'이라는 공적 인식에서도 두 사람은 공통된다. 당시 조선은 유교문명이 마지막까지 남아있는 국가로서, 무엇보다도 효를 중시하였다. 조선인에게 효는 최고의 가치이념이다. 부모에게 불효하는 것은 가족이나 가문으로부터 질타뿐만 아니라, '불경'죄에 해당하여 국가로부터 처벌을 받는다.

더구나 다른 성씨 가문으로 시집 온 사대부가士大夫家 출신 여성이 시아버지에게 대항하는 것은 자신의 삶을 포기하는 행위와 다를 바 없다. 물론 고종은 군주로 지명되어 친부 대원군과는 혈통적인 관계로만 형성되어 있고, 왕통으로는 효명세자의 아들로 입적되어 있다. 효명세자의 빈인 신정왕후가 고종의 모후가 되는 셈이며, 실록에는 황후의 효의 대상이 신정왕후다.

그러나 현실적으로 고종의 친부모인 대원군과 부대부인과의 혈통적인 관계가 단절되는 것은 아니다. 1873년(고종 10) 고종이 친정체제를 선포하자, 대원군이 정계에서 물러나 양주로 갔을 때 많은 신하가 대원군의 회가回家 문제, 즉 군효君孝(군주의 효)를 내세워 고종을 압박했다. 그러한 유교문화 속에서 왕후의 신분이지만, 며느리가 시아버지 대원군과의 대립을 감히 스스로 야기할 수 있을까?

동시에 친부인 대원군도 권력에만 집착하여, 고종과 황후를 권력의 갈등 대상으로만 여겼을까? 임오군란 이후 대원군이 청군에게 납치되어 보정부에 감금되었을 때, 대원군은 '집안의 후사'를 당부한 편지를 황후에게 보냈다. '집안의 후사'는 왕실의 보존이며, 조선의 생존이다. 이처럼 대원군, 고종 그리고 황후는 공동운명체의 삶을 살고 있었다. 다만 조선의 생존을 두고 그 전략만이 달랐을 뿐이다. 1894년 '경복궁 습격' 이후 일본은 대원군을 재집권하게 하였다. 기존의 근왕세력을 제거하는 과정에서 일부 민씨 일족의 안위가 위협에 처했을 때, 황후는 대원군에게 협조를 구하였다.[86] 따라서 이 시기 역사의 실체적 접근을 파악하기 위해서는, '황후와 대원군' 사이에 갈등으로만 얼룩져 기록된 사건을 재해석할 필요가 있다.

왕비 간택과 완화군

황후와 대원군 사이의 갈등 조짐을 드러내는 기록은 왕비 간택으로 시작한다. 대부분 야사에는 대원군이 외척의 횡포를 우려한 나머지, 한미寒微한 집안의 여식을 고종의 비로 간택했으나, 황후의 권력지향적인 성향으로 대원군의 의도대로 되지 않았다고 기록하고 있다.

---

[86] 이기대, 「『明成皇后御筆』 연구」, 『한국민족문화』 44, 부산대학교 한국민족문화연구소, 2012, 73~79쪽.

대원군의 외가와 처가는 여흥 민문이다. 황후도 인현왕후의 아버지 민유중閔維重의 직계손이며, 당대 손꼽히는 명문가로서 명예와 부를 갖춘 여흥 민문의 출신이다. 게다가 황후는 대원군 부인에게는 집안 여동생이 된다. 황후의 명민함은 이미 여흥 민문에 널리 알려져 있었기 때문에, 대원군은 황후가 왕비로서 손색이 없음을 알고 신정왕후에게 건의하였다. 그러나 황후의 출신배경과 개인적 자질의 우수성을 은폐시킨 기록은 황후와 대원군 모두 '권력집착형의 인물'로 만드는 첫 단추가 되었다.

두 번째는 완화군을 둘러싼 세자책봉에 관한 이야기이다. 완화군(1868~1880)은 고종의 서장자로서, 영보당 귀인 이씨의 소생이며 이름은 선墡이다. 정실의 첫째 아들(적장자)이 후사를 잇는 적장자계승론은 주나라 주공이 주창한 것으로서, 유교문명에서는 왕위 계승의 정설로 되어 있다. 황후는 젊은 나이로 세자를 생산할 가능성이 충분히 있었다. 그런 상황에서 대원군이 후궁의 아들 완화군을 세자로 책봉하여 며느리와 갈등을 일으킬 하등의 이유가 없다. 더욱이 대원군 집정시기에 이선은 군君으로 봉해지지도 않았다. 이선이 완화군으로 봉해진 시기는 고종이 친정을 선포한 이후이다.

이선은 1876년(고종 13) 4월 '완화군'으로 봉해짐과 동시에 '영종성경領宗正卿'이 되었다. 같은 해 윤오월에 법전대로 왕자에 해당하는 토지와 집을 하사받았다.[87] 또한 완화군의 생모 영보당 귀인 이씨는 1928년까지 생존하였다.

완화군에 대해『매천야록』에는 '명성이 완화군과 그 어머니 영보당 이씨를 대궐 밖으로 내보내 정적을 제거하여 일을 마무리한 것'으로 기록되어 있다. 이것은 황후를 질투심이 많은 여성으로 폄하시킨 것으로서, 이러한 내용은 오늘날에까지 이어지고 있다. 기록자의 책임이 얼마나 무거운지를 보여준다.

---

87   『승정원일기』, 1876년(고종 13) 4월 10일·윤오월 11일.

『매천야록』의 저자 황현黃玹은 실체를 파악하여 역사적 사실을 기록하기보다는 풍문에 의거하여 기록하였다. 단편적인 조각만을 가지고 기록할 경우, 역사적 실체를 왜곡시킬 개연성이 크다. 더욱이 황현은 국가 운영의 중심에서 활동한 경험이 없었기 때문에, 정치적 사실을 직접 확인하기 어려운 위치에 있었고 정보도 부족하였다. 황현이 접촉하여 정보를 제공받는 인물들이 황후와 민씨세력과 대척점에 있을 경우, 상황 맥락적이고 객관적인 해석을 내리기 어려울 것이다. 『매천야록』이나 『오하기문』에 기록된 황후에 대한 평가가 적대 편향의 심각성을 지닌 것도 이 때문이다.

그러나 황현이 역사적으로 우국지사로 평가받기 때문에, 그 자체로서 권위가 발생하여 그가 남긴 사료에 대해 진위여부를 가리지 않고 인용하는 경향이 심하다. 이것이 오히려 사료로서 한계와 위험성을 야기시켰다.

민씨세력과 황후를 동일시하는 황현의 시각도 문제이다. 황후와 민씨세력 사이에서 그들의 이해가 반드시 일치하지 않는다. 분리적인 해석이 필요하다. 이처럼 사료적 한계와 황후와 민씨세력간의 무차별적인 해석은 결국 병리현상을 낳았다.

이러한 관점에서 역사적 실체를 파악하기 위한 자료로서 『매천야록』이나 『오하기문』이 지니는 한계점이 많다. 이후 황후를 부정적으로 보려는 세력들은 이러한 자료를 악용하여, 황후의 부정적 평가를 확대 재생산시켰다.

조선의 여성이 가장 지양해야 할 것이 질투심이다. 이는 칠거지악에 해당한다. 명문가의 여식으로서 동시에 왕비로서 높은 수준의 교육을 받았던 황후가 유교문화를 파괴하거나 이탈하여 조선 여성이 지양해야 하는 행동을 하였다는 것은 이해하기 힘들다.

그리고 대원군의 가문은 남연군이 은신군의 양자로 입적되면서 왕위 계승에 근접할 수 있는 왕족 문파에 속하게 되었다. 이러한 가문의 출신으로서, 게다가 왕위 계승권을 창출한 대원군으로서는 왕실과 종묘사직에 관한 열정이 강할 수밖에 없다. 종묘사직의 막중한 책임을 짊어지게 될 세자의 책봉을 사적인 감정에만 치우쳐서 판단하고 결정하는 공적 마인드의 수준이 낮은 인물이 아니었다.

'대원군이 완화군을 사랑하여 세자로 책봉하려 하자, 명성과 대원군의 갈등이 시작되었다.'라는 기록의 사실 근거는 어디에도 없다. 이선을 완화군으로 봉하기 1년 전에, 순종 척이 세자로 책봉되었다.[88] 세자가 이미 정해졌는데 '대원군이 완화군을 사랑하여 세자로 책봉하려고 하였다.'는 것은 내용상으로 맞지 않는다.

세자가 책봉되면, 다른 군은 궁 밖에서 생활하게 된다. 완화군도 궁 밖으로 나가면서 법전대로 왕자에 해당하는 토지와 집을 하사받았다.

이처럼 황후와 대원군 관계는 지극히 주관적인 감정에 치우쳐 왜곡하여 해석되어 왔다.

폭사爆死사건과 임오군란

다음으로는 1874년(고종 11)에 있었던 황후 친가의 폭사爆死사건이다. 당시 조선은 쇄국에서 개항으로의 체제 전환을 둘러싸고 정치세력 간에 갈등이 심각하였다. 1873년(고종 10) 고종의 친정체제는 쇄국에서 개항으로 외교정책을 전환하였다. 고종을 비롯한 근왕세력에게 당시 개항은 선택의 문제가 아니었다. 중국이 서구 열강에게 패하고, 일본도 이전의 일본이 아니라, 서구 문물을 수용하여 재빠르게 강국으로 달리고 있었다. 그러한 상황에서 조선도 개항하여 서구 문물을 적극적 수용해야만 한다는 것이 고종을 비롯한

---

[88] 『승정원일기』, 1875년(고종 12) 2월 18일.

근왕세력의 인식이었다.

그러나 당시 유교문명을 지키려는 세력에게 개항은 조선 망국으로 이어지는 심각한 정책이었다. 개국 중심에 서 있었던 인물이 민승호(閔升鎬)였다. 민승호는 대원군 부인의 남동생으로, 후사가 없었던 황후 친가의 양자로 입적되었다. 폭사사건이 일어난 당일, 민승호는 양어머니(황후의 생모)와 아들과 함께 아침 식사를 하고 있었다. 그때 배달된 상자 속에 들어 있는 폭약물이 터져 전부 몰사하였다. 이에 대한 야사의 기록은 대원군이 배후에서 일으킨 것으로 되어 있다.

『고종실록』에는 이 사건이 '범인을 잡지 못한 미제 사건'으로 기록되어 있다. 황후와 대원군의 대립 구도를 획책하고자 하는 세력에게, 이 사건은 좋은 미끼가 될 수 있다. 오히려 그들이 이 사건을 사주했을 개연성도 부인할 수 없다.

또한 1882년(고종 19) '임오군란 발발'의 대원군 개입설과 '청국의 원군과 대원군의 납치'가 황후 요청에 의해 이루어졌다는 것은 사실과 다르다. 즉 황후와 대원군의 갈등으로 임오군란이 일어난 것이 아니라, 고종의 일방적인 문호 개방과 왕권 강화 정책에 대한 신료와 하층민의 불신과 불만이라는 구조적 요인이 잠복해 있었다는 해석은 상당한 설득력을 가진다.[89] 역사적 실체에 근접하기 위해서는 사건의 촉발 요인에만 한정시키기 보다는 구조적인 요인도 함께 분석하는 것이 타당하다. 또한 '청국의 대원군 납치'가 황후의 요청에 의한 것이 아니라는 것은 〈임오유월일기〉를 통해 밝혀졌다. 〈임오유월일기〉는 황후의 피난 상황을 기록한 일기이다. 대원군도 청국의 보정부에 감금되었을 때, '집안의 후사'를 부탁하는 편지를 황후에게 보냈다. 기존의 논의와는 상당히 다른 두 사람의 관계이다.

---

89 김종학, 『개화당의 기원과 비밀외교』, 374쪽.

경복궁 습격과 '이준용왕위옹립사건', 그리고 '명성황후시해사건'

1894년(고종 31) 경복궁 습격 때도 '종묘사직의 안위'를 가지고 위협하는 일제 강압에 의해 대원군이 입궐했음이 밝혀졌다. 대원군은 일제의 강압에 의해 입궐을 하였지만, 끝까지 '고종의 하명'이라는 절차를 밟게 하여 '고종과 조선의 위신'을 세우고자 하였다. 입궐 후에도 일본의 인사 간섭에 저항하는 등, 일본의 의도에 순순히 응하지 않자, 일본은 대원군을 물러나게 하였다. 또한 당시 대원군은 '민응식을 선처해 달라'는 황후의 부탁을 들어줄 정도로 두 사람의 관계가 적대적이지 않았다.

다음은 '이준용왕위옹립사건'이다. 청일전쟁 시 '대원군이 맏손자 이준용을 왕위에 옹립시키려는 계획을 꾸미고 있다.'고 일본공사 이노우에 가오루井上馨가 고종에게 전했다. 대원군은 그 가계를 왕위 계승의 중축에 올려놓은 창시자이다. 대원군의 관점에서 보면, '종묘사직의 준수자'가 고종으로 한정되어 있지 않다. 당시 고종은 일제에 의해 손발이 묶여 있는 상태나 다름없었다. 이로 인하여 조선의 자원이 일본의 전쟁 수행에 약탈되었다. 그러한 상황 속에서 맏손자 이준용이 청군을 도운 후, 청일전쟁에서 청국이 승전하게 되면, 그 공로로 차후 맏손자를 군주로 옹립시킬 수 있다는 계획은 '종묘사직의 보존'이라는 차원에서 해석할 수 있다. 만약 청국이 승전하게 될 경우, 일본의 전쟁 수행에 조선이 동원된 데 대해 청국이 고종에게 책임을 추궁한다면, 조선의 종묘사직이 위태로울 수 있기 때문이다. 그러나 고종과 황후의 관점에서 보면, 대원군의 이러한 행위는 역모에 해당된다.

'명성황후시해사건'도 일본이 대원군과 훈련대가 행한 것으로 음모를 꾸몄으나, 이 음모가 천하에 알려지게 된 일등공신이 대원군이다. 일본이 대원군을 강제로 동행하려고 하자, 대원군은 이를 거부하고 시간을 지체하는 바람에, 인적이 없는 새벽 4시 이전에 만행을 끝내려고 하였던 일본의 계획이 어긋나 버렸다.[90] 이 사건은 러시아인 사바틴과 미국인 다이 등 외국인에게 목격되어 세계에 알려지게 되었다.

이처럼 '황후와 대원군의 관계'가 '권력투쟁과 감정적 대립'의 갈등 구도로만 반드시 해석되지는 않는다.

---

[90] 김문자 지음, 김승일 옮김, 『명성황후 시해와 일본인』, 349쪽.

· 11 ·
황후는 임오군란 때 왜 피난하였을까?
― 고종의 '대리표적'이 되다

    고종의 친정체제 이후 근왕세력이 개방정책의 중심에 서 있었다. 근왕세력 가운데 여흥 민문 출신이 상당수 있었다. 그러나 이들과 황후 사이에 정치적 이해관계가 완전히 일치하는 것은 아니다. 어느 집단이든지 분파 간에는 이념적·정책적·외교적인 스펙트럼이 다양하다.

    그럼에도 불구하고 이들을 동일한 집단으로 평가한다면, 그들의 정치적 실체를 제대로 파악할 수 없다. 더구나 황후는 '종묘사직의 수호' 책임자로서, 균세와 실리를 고려하는 현실적인 사고를 지닐 수밖에 없다.

    기존에는 황후를 여흥 민문의 거두로서만 인식하여, 대원군과의 관계에서 권력투쟁을 지나치게 부각해 왔다. 대표적인 사건이 임오군란이다. 임오군란이 고종의 일방적인 문호 개방과 왕권 강화 정책에 대한 신료와 하층민의 불신과 불만이라는 구조적 요인을 지니고 있다는 측면에서 보면, 그 원인의 제공자는 고종이다.

    그렇다면 임오군란 시 '황후의 피난'을 어떻게 해석해야 할 것인가? 이는 당시 '정치체제의 성격'과 '왕실 권위의 추락' 요인이 맞물려 나타난 현상이라고 할 수 있다.

정치체제의 구조적 요인에서 본다면, 왕정체제에서 국왕에 대한 직접적 불만은 자칫하면 '역적'이라는 정치적 리스크를 안게 된다. 따라서 고종에 대한 불만은 고종의 든든한 정치적 파트너였던 황후에게 대부분 향하게 마련이다. 정치적 실체에 근접하기 위해서는 '고종의 대리표적'론을 간과해서는 안 된다.

그러나 황후를 직접적인 '고종의 대리표적'으로 삼는 데에도 또한 정치적 리스크가 따른다. 때문에 불만 세력들에게는 황후를 민씨세력의 거두로서 지목하는 것이 리스크를 한층 줄이게 되는 것이다. 이처럼 '고종의 대리표적'론은 정치 상황을 분석하는 데 정초적定礎的 기능을 한다.

또 다른 측면은 조선 사회의 변화 과정에서 나타난 '왕실 권위의 약화'이다. 조선은 유교국가체제로서, 군신공치君臣共治를 가장 이상적인 국가 운영의 형태로 삼고 있다. 이러한 국가 운영의 형태는 군권君權을 견제하는 장치 '간언'과 '공론'을 정치과정에서 중요한 개념으로 등장시켰다.

이러한 정치문화는 붕당정치를 초래하는 기반이 되었다. 정치세력 사이의 권력을 조절해야 하는 군주가 힘을 발휘하지 못하면서 군권은 갈수록 약화하는 현상을 보였다. 게다가 양난(임진왜란과 병자호란)을 겪음으로써 조선 사회는 이미 총체적 위기를 맞이하게 되었다.

지배층의 국정 운영의 무력함과 수탈은 민의 생존을 위협하였고, 이는 민의 저항으로까지 이어졌다. 국왕을 중심으로 한 근왕세력들은 왕권 강화를 통하여 개혁을 시도하려고 하였다. 대표적인 시기가 숙종·영조·정조 대이다. 또한 개혁이념으로서 실학이 대두하였다.

정조의 죽음으로 어린 순조가 즉위함으로써 군권의 약화 현상이 또다시 초래되었다. 순조는 이러한 상황을 타파하고자 전략적으로 아들 효명세자에게 대리청정을 하게 하였다. 효명세자는 당연히 왕권 강화, 왕실 권위의 회복을 근저로 개혁 정책을 시도하게 된다. 그 일환으로 나타난 것이 '경복궁 중건'이다. 그러나 비용이 많이 들어 민의 부담이 크다는 이유로 '경복궁 중건'은 실행되지 못하였다. 이것은 효명세자의 부인 신정왕후가 대원군 이하응의 차남을 고종으로 지명한 이후, 대원군 섭정 때 실행되었다. 경복궁 중건으로 인하여 과중한 민의 부담 때문에, 결국 대원군도 지지기반이었던 민심을 잃고 말았다.

정치개혁이 탄력을 받지 못했던 배경의 하나로 민의 '저항의식 성장'을 들 수 있다. 왕권 강화를 근저로 하여 정치개혁이 시행되어야 함에도 불구하고 지배층에 대한 집단적인 민의 분노 표출이 때로는 '정치개혁의 탄력'을 저해하는 경우가 있다.

조선 사회의 변화 과정을 살펴보면, 지배층 내에서도 군신간에 정치적 이해관계가 반드시 일치하지는 않는다. 그러나 민의 관점에서 보면, 군신 모두 지배층 집단으로 인식하여, 이들에 대한 불만이 표출되었다. 민들은 정치세력 사이의 다양한 스펙트럼의 실체를 알기가 힘들다. 이러한 점 때문에 지배층에 대한 불만은 '왕권 약화의 현상'과 함께 '왕실 권위의 추락'으로 이어졌다. 임오군란 때 난병들에 의하여 황후가 피난하게 된 배경도 이러한 구도적 요인에서 찾아야 할 것이다.

또한 황후를 여흥 민문의 거두로만 평가해서는 정치적 실체에 접근하기 힘들다. 그 원인은 '국가의식'의 차이 때문이다. 같은 집단이라고 하더라도 분파 혹은 개인적 성향에 따라 국가의식의 차이가 있게 마련이다. 여흥 민문의 민영찬閔泳瓚(1874~1948)이나 대원군의 장남이자 고종의 형인 이재면의 친일 행각이 대표적인 사례이다. 특히 민영찬은 순국 지사 충정공 민영환閔泳煥(1861~1905)의 동생이기도 하다.

황후뿐만 아니라 고종과 대원군의 '종묘사직宗廟社稷'에 대한 의식은 그들의 생존 그 자체였다. 그러나 민영찬의 친일 행각에서 드러나듯이, 민씨세력과 황후를 집단적으로 동일하게 인식하는 것은 정치세력의 실체를 파악하는 데 한계가 있다. 황후의 정치적 인식은 '종묘사직의 수호' 차원에서 여흥 민문 뿐만이 아니라 어떤 정치세력이든 그 분파를 초월하여 이들을 활용할 수밖에 없는 정치적 리얼리즘에 기반하고 있었다.

한편 일본이 조선 침략을 위해 조선의 지리, 풍속, 기반시설 등의 정보 획득을 위한 첩보활동을 장기간 철저하게 준비해 온 것을 보면, 정치세력 사이의 갈등이나 그것을 조작하는 작업도 끊임없이 진행하였을 개연성은 충분히 있다. 중요 인물 주변에 접근하여 '회유'하거나 '사건의 조작'을 유포하고 여론을 왜곡시키거나 혹은 정치세력 사이의 갈등을 부추기는 것 등이다.

황후와 대원군의 갈등을 부각해 여론을 왜곡시키는 것도 그 중 하나이다. 그 작업에 일본의 지식인이 대거 참여하였다. 그렇게 조작된 정보는, 여성 억압적인 유교문화 속에서, 황후의 이미지를 왜곡시키는 데 불을 붙이듯 여론화시켜 확대 재생산해 나갔다. 조선에 관한 정보를 대부분 일본에서 획득하였던 외국인이 황후를 직접 만난 후에 그 정보가 잘못된 것임을 토로한 것이 그것을 반증한다.

·12·
삼국간섭과 황후의 죽음

  청일전쟁에서 승리한 일본은 동아시아의 제패를 눈앞에 두고 있었다. 승전한 대가로, 1895년(고종 32) 3월 청국에 불리한 시모노세키조약을 체결하여, 조선과 중국 일대를 점령할 근거를 구축하고 전쟁 배상금까지 받게 되었다. 그러나 요동遼東반도의 할양은 만주에서 이익을 꾀하던 러시아를 긴장시켰다. 이에 러시아가 독일과 프랑스와 함께 요동반도를 청국에 환원할 것을 요구한 것이 삼국간섭이다. 삼국간섭은 일본 점령군에게 큰 분노를 일으켰다.

  동시에 삼국간섭에 의한 요동반도의 환원은 동아시아 세력판도를 재조정하게 하였다. 일본제국주의의 거침없는 질주에 걸림돌이 되었던 것이다. 특히 조선에서 일본의 세력이 감소하였다. 이 기회를 고종과 황후가 그냥 넘길 리 없었다. 균세를 이용하여 조선의 주권을 회복하고자 하였다. 경복궁 점령 때 일본 강압에 의해 세워진 내각을 교체하였다. 일본인 교관의 교육을 받아 왕궁의 감시 역할을 해 오던 훈련대에 맞서서, 1895년(고종 32) 윤오월 25일 독자적으로 국왕 호위군 시위대도 창설하였다. 훈련연대장을 홍계훈洪啓薰, 시위연대장을 현흥택玄興澤으로 보임시켰다. 조선 정부는 1895년

(고종 32) 10월 7일 오전 2시에 훈련대 해산을 명령하였다. 그러자 다음날 황후의 시해 사건이 일어났다.

황후가 시해되던 날, 훈련연대장 홍계훈은 광화문을 수비하다가 일본군의 총탄에 맞아 전사하였다. 홍계훈의 초명은 재희在羲이다. 1882년(고종 19) 임오군란 때 황후가 궁궐을 탈출하는 데 공이 있으며, 고종과 황후의 두터운 신임을 받았던 인물이다. 군부대신에 추증되고 '충의忠毅'라는 시호를 받았으며, 1910년 장충단에 제향되었다.[91]

고종과 순종은 '명성황후시해사건' 이후, 공로가 있는 자에게 거듭 공훈을 내렸으며, 또 한편으로 '대의론'을 부각시켰다. 이 과정에서 임오군란과 을미사변 당시 공로가 있는 신하들에게도 몇 차례 가좌하였다. 대표적인 공신이 홍계훈과 김중현金中鉉이다. 특히 홍계훈은 두 사건에서 모두 지대한 공로가 있었다.

이런 점 때문인지 오늘날 황후와 관련된 작품에서 홍계훈을 '황후의 첫사랑의 대상'으로 표현하고 있다. 특히 기쿠치 겐조의 『대원군전』이나 이것을 기반하여 더한층 폄하시킨 정비석의 소설 『민비』에서 이 두 사람을 불륜관계로 노골적으로 묘사하고 있다. 황후를 전형적인 '패륜의 여성'으로 폄하시킨 것이다.

기쿠치 겐조는 '조선 망국'을 정당화시키기 위한 일환으로 일본 정부로부터 '조선근세사'를 저술하라는 명령을 받은 자이다. 기쿠치 겐조의 『대원군전』 또한 동일한 계략으로 작성된 것으로서, 그 속에는 일본의 간교한 의도가 짙게 깔려 있다.

『대원군전』에 기반하여 한층 더 왜곡시켜 황후를 부정적으로 그리고 있는 것이 정비석의 소설 『민비』이다. 정비석은 그의 친일 행각에서도 드러

---

91 『한국민족문화대백과사전』 개정증보판(http://encykorea.aks.dc.kr), 홍계훈(2016. 10. 5).

나듯이, 소설『민비』에도 식민사관에 함몰된 역사의식과 국가관이 반영되어 있다. 전형적으로 일그러진 지식인의 모습이다. 이것도 식민지를 겪었던 한국 민족의 아픈 흔적이다. 그러나 그의 친일 행각이 비난을 받듯이, 식민사관의 연장선상에서 쓰인 소설『민비』도 마땅히 비판받아야 할 대상물이다.[92]

소설이 작가적 상상력을 모티브로 하는 창작물이라고는 하지만, 특히 역사적 인물이나 사건을 다루는 '역사소설'은 신중함을 요한다. 독자들에게 왜곡된 역사상을 전달할 수 있다는 측면에서, 작가의 올바른 역사의식과 책임이 요구되기 때문이다. 더욱이 일본제국주의가 조선을 침략하는 데 있어서 가장 큰 걸림돌이었던 황후는 그들의 최대 적이었다. 황후의 왜곡된 이미지 형성에 안간힘을 쏟은 일본의 행적을 감안한다면, 황후와 관련된 작품에서, 작가는 상상력 못지않게 역사적 책임의식의 중요성을 인식해야 할 것이다.

일본 정부의 밀명을 받은 일본공사 미우라 고로三浦梧樓가 '황후의 시해'를 계획한 날짜는 1895년 10월 10일이었다. 그러나 조선 정부의 훈련대 해산 명령으로, 황후 시해의 날짜는 이틀 앞당겨졌다. 시해의 잔인한 상황이 묘사된 기록을 보면 지금도 마음의 충격이 사라지지 않는다.

> 흉도들은 궁녀들의 머리채를 잡아끌고 황후의 처소를 대라고 윽박지르는 등 난폭하게 행동했다. 마침내 건청궁 동쪽 곤녕합坤寧閤에서 황후를 찾아냈다. 이때 궁내부 대신 이경직李耕稙이 두 팔을 벌려 황후 앞을 가로막고 나서다가 권총을 맞고 쓰러졌으며, 이어 신문기자 히라야마 이와히코平山岩彦가 다시 칼로 두 팔을 베었다.

---

[92] 이태진,「역사 소설 속의 명성황후 이미지 -정비석의 역사소설『민비』의 경우-」,『한국사 시민강좌』 41, 한글학회, 2007 참조.

흉도들은 황후를 내동댕이친 후 구둣발로 짓밟고 여러 명이 칼로 찔렀다.[93]

왕비는 위를 향한 채 쓰러졌고 '후우, 후우'하며 숨을 쉬고 있었다. 그때 사세 구마데쓰가 와서 수건으로 상처 난 곳의 크기가 얼마나 되는지를 쟀다. 장사들은 사진과 왕비의 얼굴을 대조해 보고 있었다. 왕비는 두 손으로 얼굴을 가렸다.[94]

김문자 여사가 '명성황후의 사진이 당시 있었다.'는 것을 밝히는 과정에서, 위의 기록이 '스나가 하지메가 황철의 담화를 필기한 것'이라고 고증한 내용의 일부이다.

황철(1864~1930)은 조선에 사진을 도입한 최초 3인 중 한 사람이며, 1880년대 후반에는 서울에서 사진관 영업을 하고 있었다.[95] 그리고 '명성황후시해사건' 직후에 우범선과 함께 일본으로 망명해 얼마동안 일본에서 생활한 인물이다.

『고종실록』에 황후가 시해된 시각은 묘시卯時이다. 묘시는 오전 5~7시이다. 여러 자료를 종합하면 황후의 시해 시각은 6시경, 동트기 직전이었다. 여러 명의 궁녀가 함께 살해되었다. 미우라 고로는 새벽에 고종을 면담하기 위해 궁에 들어갔다. 사후처리의 지시를 요구받은 미우라 고로는 고종을 알현하는 도중에 나와, 황후의 시신을 직접 확인하고 증거인멸을 위해 오기하라에게 급히 화장하라고 지시했다.[96]

황후의 시신은 증거를 없애기 위해 건청궁 동쪽 녹원鹿園 숲속으로 운반되었다. 적도들은 황후의 시신에 석유를 뿌려 불로 태웠다. 타다 남은 유골

93 　한영우, 『명성황후, 제국을 일으키다』, 효형출판, 2006, 57쪽.
94 　김문자 지음, 김승일 옮김, 『명성황후 시해와 일본인』, 57쪽.
95 　김문자 지음, 김승일 옮김, 『명성황후 시해와 일본인』, 58쪽.
96 　박종근 저, 박영재 역, 『淸日戰爭과 朝鮮』, 280쪽.

은 연못(향원정)에 넣으라고 지시하였으나, 훈련대 참위 윤석우가 녹원에서 얼마 떨어진 오운각五雲閣 서봉西峰 밑에 매장하였다. 시신을 매장한 윤석우는 이후 불령죄, 반역으로 몰려 친일내각에 의해 사형에 처해졌다. 억울한 죽음을 당하였다.[97]

황후를 죽인 흉도들은 '일본 국가를 위한 위대한 충성인'이라는 자부심으로 가득 차 있었다. 이들은 서로 자기가 황후를 죽인 영웅이라고 자랑하며 다녔다. 일본군이 궁궐에 들어가기 직전, 일본 수비대 장교는 "왕후 민씨는 바로 조선 오백년 종묘사직의 죄인이다. 단지 조선의 죄인만이 아니라, 곧 일본 제국의 죄인이다. 오직 이 뿐만이 아니라, 이는 동양 세계의 죄인이다."라고 일장 연설을 하였다.[98]

이 망언은 '일본의 존립은 동양세계의 존립이요, 조선의 존립이다.'라고 하는 일본인의 야만적 국제관을 그대로 드러냈다. 자국의 존립이 타국과의 공존에서 이루어지는 것이 아니라, 타국을 침략하고 강탈하는 것이다.

조선의 강탈은 일본의 국가 목표였고, 그것을 뒷받침하는 이념이 '정한론征韓論'이다. 임진왜란 당시부터 19세기 이후에도 '정한론'은 일본 정부 내에서 일본 지배층이 완수해야만 하는 국가 목표의 이념으로 끊임없이 작동하였다. 자국의 힘이 있을 때 언제든지 조선을 강탈해야 하는 것이, 일본 지배층이 설정한 국가 목표였다. 이러한 야만적 인식은 임진왜란을 발발시켰고, 19세기 당시에도 일본 정부 내각에서 '정한론'은 항상 논의의 중심이 되었다. 단지 시기와 방법을 둘러싸고 지배층 사이에 이견이 있었을 따름이다. 조선의 침략은 그들의 야만성을 그대로 드러내는 것이며, 거기에 가장 위협적인 인물이 바로 황후였다. 30년간 고종과 조선의 종묘사직을 위해 일생

---

97 한영우, 『명성황후, 제국을 일으키다』, 58~59쪽
98 정교 저, 조광 편, 이철성 역주, 『대한계년사』 2, 소명출판, 2004, 116쪽.

을 바쳐온 황후! 조선의 황후는 일본제국주의의 잔혹한 칼에 생을 마감하게 되었다.

황후의 죽음은 종묘사직에 대한 열정의 결정체였고, 일본제국주의에 굴하지 않는 항거로 이어져, 일본제국주의의 만행을 전 세계에 드러나게 한 계기가 되었다. 이 사건이 세계인에게 직접 노출된 것은 러시아인 사바틴과 미국인 다이 등 외국인이 시해 사건을 목격하여 본국에 알렸기 때문이었다. 일본은 날이 밝기 전, 오전 4시 이전에 모든 것을 끝내어 목격자가 없도록 할 계획이었다.

그러나 일본의 협박에 강렬하게 저항하였던 대원군 때문에, 계획한 시간이 많이 지체되어 여러 사람이 일본의 만행을 목격하게 된 것이다. 이 사건은 전 세계인을 분노시켰다. 물론 각국의 이해에 따라 '황후의 시해'에 대하여 각 나라에서 발표한 공식적인 입장은 달랐지만, 전 세계인의 분노는 들끓었다.

이후 황후의 묘소는 한국을 방문하는 외국인이 반드시 들러야 하는 명소로 되었다. 조국을 지키고자 한 '황후의 충정'이 세계인의 마음을 감동시켰던 것이다. 감동의 근저에는 조선을 찾은 이방인 누구에게나 친절과 배려, 관용을 베풀면서 뛰어난 친화력을 보였던 황후의 인품이 있었다. 이것이 죽음 이후에 외국인의 마음을 감동시키는 메아리가 되어 되돌아왔던 것이다. 황후의 죽음은 그렇게 그들 마음속 깊이 강렬하게 각인되었다.

일본도 세계 여론을 의식하지 않을 수 없었다. 일본공사 미우라 고로를 비롯한 47명을 히로시마 재판을 받게 하였으나, 모두 증거불충분으로 무죄로 풀려나게 하였다. 석방되어 동경으로 돌아온 미우라 고로에게 천황은 시종까지 보냈다. 그리고 이들은 다음과 같은 대화를 나누었다.

| 미우라 고로 | 천황께서 크게 걱정하셨을 것이다. |
| 시종 | 아니, 천황께서는 그 사건을 들으셨을 때, "할 때는 해야 한다."라는 말씀을 하셨다.[99] |

대화에서 드러났듯이, '황후의 시해'가 '일본 정부의 차원에서 행해진 것'이라는 것을 천황 스스로가 입증하고 있다.

---

[99] 김문자 지음, 김승일 옮김, 『명성황후 시해와 일본인』, 312쪽.

글을 맺으며

죽음의 정치
- '조선의 혼'을 불러일으켜, 대한제국의 밀알이 되다

서거 후 이 위대한 극동의 왕후에게 '황후'라는 칭호가 수여되었다. 황후가 서거한 지 2년이 지났다. 하지만 국민은 그녀를 잊지 않았다. 안타깝게도 조선 국민들은 한국의 자주권이 짓밟히고 있으나 아무것도 할 수 없음을 무기력하게 깨달았을 그때, 황후에게 지속적인 적대감을 품었던 사람들조차 그러한 재앙을 피하기 위해 너무나도 용감하게 투쟁했던 그 강한 성격의 황후를 기억하며 추모하게 되었다. 그리고 지금 그 사람들은 국장으로 황후에게 감사를 표할 기회를 가지게 되었다. (중략) 전 서울 시민이 추모했다. 조선인에게 있어서 그날은 참으로 슬픈 날이었다. 조국에게 황후는 생명이자 정신이었기에 그들에게 그날은 사랑하는 조국을 장례 치르는 날이었다.[1]

푸트공사 부인 친구의 기록처럼, 황후의 죽음은 조선인에게 '일본에 대한 분노'를 자극시켰다. 조선의 국모가 침략국 일본에게 비참하게 생을 마감하였다는 것 자체만으로도 조선인의 분노를 자아내기에 충분하였다.

---

1 메리 V. 팅글리 로렌스·제임스 앨런 지음, 손나경·김대륜 옮김,『(미 외교관 부인이 만난)명성황후 ; (영국 선원 앨런의)청일전쟁 비망록』, 살림출판사, 2011, 92~93쪽.

자료 4-1 홍릉(남양주)   자료 4-2 고종과 명성황후 비

　죽음이란 생물학적으로 "한 생명체의 모든 기능이 완전히 정지되어 원형대로 회복될 수 없는 상태"라고 정의를 내린다. 생명이 회복될 수 없기에, 망자에 대한 안타까움과 애절함은 시간이 갈수록 산 자의 마음에서 포기되어 얕아지게 마련이다. 마찬가지로 억울하게 죽어야 했던 망자의 죽음에 대한 분노도 시간이 지날수록 일상에 얽매이는 산 자의 마음에서 점차 얕아진다.
　그러나 황후 죽음에 대한 분노는 반대였다. 국모의 죽음에 대한 분노는 '조선의 혼'이 되어, 시간이 지날수록 회오리바람처럼 강하게 휘몰아쳐, 항일운동의 명분과 대한제국 성립의 초석이 되었다. 이러한 점에서 '황후의 죽음'은 한국 근현대사에서 최초로 나타난 '죽음의 정치'라고 할 수 있다.
　'조선의 혼'을 불러일으킨 '죽음의 정치'는 황후의 삶과 연계시키지 않고서는 제대로 규명될 수 없다. 정보소통이 매우 열악한 수준에서 살았던 당대인들은 황후의 삶을 제대로 알 수가 없었다. 반대세력, 때로는 일본제국주의의 조작에 의한 풍문으로, 부정적인 황후의 이미지는 더욱 확대되고 재생산되어 당대인에게 각인되었다.
　그러나 황후의 죽음은 그 부정적 이미지를 벗겨주었다. '조선이 자주권을 짓밟히고 무기력할 때, 그러한 재앙을 피하기 위해 너무나도 용감하게 투쟁했던 그 강한 성격의 황후를 기억하며 추모하게 되었다. 그리고 지금 그 사람들은 국장으로 황후에게 감사를 표할 기회를 가지게 되었다.'고 황후의 인산을 기록한 푸트공사 부인의 친구처럼, 조선인도 황후의 비참한 죽음을 맞이해서야 오히려 열정적인 그녀의 삶을 끄집어내었다.

'조선의 자주권을 지키려는 황후의 뜨거운 열정, 어떤 위협과 공갈, 회유에도 굴하지 않았던 일본제국주의에 대한 강렬한 저항, 그것이 황후의 삶이었다.'는 것을!

황후의 죽음에는 이처럼 열정적인 삶이 강하게 투영되어 있었다. 향후 황후의 죽음은 '일본에 대한 복수론'에 기반한 항일운동과 자주독립의 갈망을 선포하였던 '대한제국'의 성립에 밑알이 되었다.

황후가 시해되자, 고종은 일제의 압력으로 '폐위'의 조칙을 반포하였다. 심상훈沈相薰(1854~?)은 폐위 조칙에 서명을 거부한 채 벼슬을 버리고 낙향하였다. 임오군란, 갑신정변, 경복궁 습격 등 황후가 위기에 처했을 때마다, 조정의 대신으로서 이를 지켜보았던 인물이다. 황후 시해와 폐위 조칙을 지켜보면서, 심상훈은 통곡하며 "나라의 원수를 갚지 않으면 벼슬하지 않겠다."고 말했다고 한다.

황후 시해와 폐위 사실은 조정의 대신뿐만 아니라, 재야 지식인과 백성에게도 분노를 일으켰다. 이건창·홍승헌·윤태홍·이남규·최익현 등은 황후의 복위를 요청하는 상소를 올렸고, 복수를 외치는 의병운동이 전국에서 일어났다. 민심도 극도로 흥분상태에 빠졌다.[2]

황후 시해에 대한 복수론은 '복수를 하지 않으면 장례를 치를 수 없다.'는 '대의론大義論'과 맞물려 황후의 인산을 지연시켰다. '대의'는 정치적 통합에 중요한 기능을 한다. 당시 서구 문명의 수용과 맞물려서, 사회적 통합의 주

---

2   한영우, 『명성황후, 제국을 일으키다』, 효형출판, 2006, 62~63쪽.

축이었던 유교문화가 많은 부분에서 조선이 극복해야 할 대상이 되었다.

그러나 서구식의 옷을 입고 머리카락을 자른 채, '문명'이라는 허명의 위력을 내세우면서, 조선의 근대화에 소명의식을 가진다는 '일본제국주의의 기만성', 조선의 주권을 짓밟는 '일본제국주의의 침략성'을 조선인은 이미 경험하였다. 근대화로 향하기 위하여 일본제국주의가 내세운 '내정개혁의 명분'은 조선 주권을 침탈하기 위함이었으며, 동시에 조선인의 삶을 짓밟는 '야만스러운 일본제국주의의 군화'의 위장에 불과했다.

일본제국주의에 대한 저항은 오히려 조선의 전통을 지키려는 강렬한 움직임으로 나타났고, 전통과 부딪히는 서구화를 강렬하게 거부하는 형태로 나타났다. 바로 단발령이다. 황후의 죽음에 대한 복수와 효를 지키려는 단발령 거부는 '대의론'과 연계되어 일본제국주의에 저항하는 강력한 모토가 되었다.

한편 황후의 복수론은 조선인을 결집했을 뿐만 아니라 마침내 고종의 권한을 강화하는 데 일조를 하였다. 경복궁 점령의 목적이 고종의 자율적인 국정운영을 제한시켜 일본의 야욕을 채우는 것이다. 고종의 최측근인 '황후와 대원군'의 관계를 치졸한 권력투쟁으로 몰아 '내부 분열'로 부각하고, 고종을 무력화시키고자 하였다. 그리고 이것을 조선 망국의 책임으로 돌리고, '조선의 보호국화'의 명분으로 삼는 것이 조선 침략의 구도였다. 그러기 위해서는 모든 것이 일본의 시야 속에 있어야만 했다. 경복궁 점령 시 고종이 궁을 이탈하지 않도록 심혈을 기울인 것도 바로 이 때문이었다.

경복궁 점령, 청일전쟁이라는 외세의 경쟁에 조선의 인민과 국토가 유린당하고, 사랑하는 황후를 비운에 보내는 등, 군주로서 비참함과 지아비로서 아내를 지켜주지 못한 미안한 마음이 이루 말할 수 없을 만큼 컸지만, 고종은 다시 조선의 주권을 회복시켜야만 했다. 조선의 주권 회복만이 그토록 황후가 열정을 쏟았던 '종묘사직의 중대함'과 '조선의 안위'를 지키는 것이었다. 그러기 위해서는 우선 일본의 감금에서 벗어나야 했다. 이것을 수행한 것이 '아관파천'이다.

고종이 경복궁을 탈출한 그 날, 모든 조선인들은 환호를 보냈다. 이후 고종은 조선인의 지지 속에서 대한제국을 반포하여 조선이 주권국임을 천하에 알렸다. 그리고 주도적으로 황후의 인산을 시행하였다. 일본의 겁박 속에서 황후의 인산을 거행할 수 없었던 것이 조선인과 고종의 자존심이었다.

이 자존심을 지킬 수 있었던 것은, 종묘사직을 지키기 위해 열정적인 삶을 살았지만 비통하게 죽임을 당한 황후에 대한 '복수론'이었다. 이것은 '대의론'과 함께 전통적인 '조선의 혼'이 되어 대내적 통합에 크게 기여하였다. 황후의 죽음은 '조선의 혼'을 다시 불러일으켰고, 고종은 조선인의 지지 속에서 '조선의 주권 회복'을 알리는 대한제국을 성립시켰다.

대한제국의 성립은 재조와 재야에 널리 확산하였던 '복수론'과 '대의론'의 결과물이다. 이 과정에서 나타난 1896년 9월 9일 개성부 유학 김시행金時行이 전제專制를 촉구하는 상소, 같은 해 9월 24일에 시행된 '의정부의 부활' 등은, 당시 정치 상황의 흐름이 군권의 강화로 지향하고 있음을 의미한다. 역사의 흐름은 '복수론'과 '대의론'에서 고종의 군권 강화로 흘러갔다.[3]

황후의 죽음은 이처럼 조선의 주권 회복의 밑알이 되어 '대한제국'을 성립시켰고, 동시에 주권의 회복을 열망하는 조선인에게는 일본제국주의에 대항하는 '항일정신'의 초석이 되었다. 황후의 거룩한 희생은 고종을 비롯한 모든 조선인에게 '가치와 이념'의 실현을 행동으로 내몰았던 씨알이 되었다. 한국 근현대사에서 '죽음의 정치'를 탄생시킨 명성황후明成皇后의 공적인 삶의 의미를 다시금 되새겨 본다.

---

3   한영우, 『명성황후, 제국을 일으키다』, 82쪽.

명성황후 연보

1851. (철종 2)	9. 25.	여주군 여주읍 능현리(250-2)에서 태어남 민치록閔致祿과 한창부부인 이씨의 무남독녀
1858. (철종 9, 8세)		부친 민치록과 사별
1861. (철종 12, 11세)		민치록의 양자로 민승호 입양
1863. (고종 즉위, 13세)		고종이 즉위함
1864. (고종 1, 14세)		감고당으로 거처를 옮김
1866. (고종 3, 16세)		신정왕후 수렴청정 종식 고종의 비로 간택됨
1868. (고종 5, 18세)	윤4. 10.	영보당 귀인 이씨 소생 이선李墡(후에 완화군 봉해짐) 출생
1871. (고종 8, 21세)		왕자를 생산, 4일 만에 사망
1873. (고종 10, 23세)		고종의 친정親政, 대원군 하야 왕녀를 생산, 222일 만에 사망
1874.	2. 8.	왕자 척坧(대한제국 2대 순종황제) 생산

(고종 11, 24세)	11. 28.	폭사爆死사건으로 생모(한창부부인), 오빠 민승호와 조카를 잃음 민태호의 아들 민영익이 민승호에 입적
1875. (고종 12, 25세)	2.	왕자 척이 세자로 책봉 3남 생산, 14일 만에 사망
1876. (고종 13, 26세)	4. 10. 5. 11.	왕자 선을 완화군에 봉함. 영종정경領宗正卿으로 부여됨 완화군에게 전장田庄 비용 내림
1878. (고종 15, 28세)		4남 생산, 105일 만에 사망
1880. (고종 17, 30세)		완화군 이선 졸
1882. (고종 19, 32세)	3. 5. 6. 8.	민태호의 딸, 왕세자빈으로 간택 한미수호통상조약 임오군란 발발, 피신함 대원군 33일간 재집권 후 청국 보정부에 연금 창덕궁 환궁
1883. (고종 20, 33세)	1. 2.	한미수호통상조약 비준 초대주한전권공사 푸트의 부인 면담
1884. (고종 21, 34세)		갑신정변 발발, 경우궁으로 이궁하였다가 함화당으로 돌아옴
1886. (고종 23, 36세)	9. 14.	애니 엘러스Annie Ellers(이듬해 벙커와 결혼)에게 첫 진료를 받음 '이화학당' 교명 하사
1894. (고종 31, 44세)		일본 경복궁 습격. 고종과 함께 경복궁에 감금됨
1895. (고종 32, 45세)	10. 8. (음 8. 20.) 10. 10. (음 8. 22.) 10. 11. (음 8. 23.)	일본에 의해 시해 서인으로 강등됨 '빈'의 칭호가 부여됨

명성황후 연보

1897.	1. 6.	시호를 문성文成, 능호를 홍릉洪陵, 전호를 경효景孝로 정함
	3. 2.	시호를 '명성明成'으로 정함
	10. 12.	'명성황후明成皇后'로 추존됨
	11. 21.	명성황후 장례식 거행. 경기도 양주군 청량리 천장산 안장
	11. 22.	고종, '명성황후 <어제행록>' 반포
1919.	1. 21.	고종황제 경운궁 함녕전에서 붕어
	2. 16.	명성황후 홍릉 이장. 고종과 합장. 경기 남양주시 홍유릉로 352-1

참고문헌

· **자료**

『論語』, 『孟子』, 『小學』, 『明宗實錄』, 『肅宗實錄』, 『英祖實錄』, 『正祖實錄』, 『純祖實錄』, 『高宗實錄』, 『純宗實錄』, 『承政院日記』, <純宗實記>, 『驪興閔氏家乘記略』, <임오유월일기>.

『한국민족문화대백과사전』 개정증보판(http://encykorea.aks.dc.kr)

· **논문, 저서**

강상규, 「고종의 대내외 정세인식과 대한제국 외교의 배경」, 『동양정치사상사』 4권 2호, 한국동양정치사상사학회, 2005.
_____, 「명성왕후와 대원군의 정치적 관계 연구」, 『한국정치학회보』 제40집 제2호, 한국정치학회, 2006.
강창일, 「三浦梧樓 公使와 閔妃弑害事件」, 『明成皇后 弑害事件』, 민음사, 1992.
溝口雄三, 정태섭·김용천 옮김, 『中國의 公과 私』, 신서원, 2004.
김명숙, 『19세기 정치론 연구』, 한양대학교출판부, 2004.
_____, 「『여흥민씨가승기략(驪興閔氏家乘記略)』을 통해 본 17~18세기 여흥 민문의 형성과 가문정비」, 『韓國思想과 文化』 46집, 한국사상문화학회, 2006.
김문자 지음, 김승일 옮김, 『명성황후 시해와 일본인』, 태학사, 2011.
김민수, 「고등학생의 역사인물 이미지 형성과 변형 -흥선대원군과 명성황후 사례-」, 『역사교육연구』 6, 한국역사교육학회, 2010.
김성혜, 「1890년대 고종의 통치권력 강화 논리에 대한 일고찰 -君父論과 君師論을 중심으로-」. 『역사와 경계』 78, 경남사학회, 2011.

김언순,「『곤범』을 통해 본 조선후기 여훈서의 새로운 양상」,『장서각』제16집, 한국학중앙연구원, 2006.
김영작,『한말내셔널리즘-사상과 현실』, 백산서당, 2006.
김종학,『개화당의 기원과 비밀외교』, 일조각, 2017.
김태희,「김조순 집권의 정치사적 조명」,『大東漢文學』第四十三輯, 대동한문학회, 2015.
김학준,『서양인들이 관찰한 후기조선』, 서강대학교 출판부, 2010.
김항구,「『梅泉野錄』에 나타난 黃玹의 王室 認識」,『人文論叢』第10輯, 한국교원대학교 인문사회과학연구소, 2010.
김훈식,「15세기 한중 내훈의 여성윤리」,『역사와 경계』79, 경남사학회, 2011.
다보하시 기요시(田保橋 潔) 지음, 김종학 옮김,『근대일선관계의 연구』上, 일조각, 2013.
명성황후추모사업회,『웨베르 보고서』러시아국립문서보고소 및 일본측 소장본(문서 No. 150. 사건 No. 6), 2001.
박광민,「명성황후의 임오군란 피난과 소문에 대한 변정(辨正)」, 미간행 글.
방광석,「러일전쟁 이전 이토 히로부미의 조선 인식과 정책」,『韓日關係史硏究』제48집, 한일관계사학회, 2014.
박은식 저, 이장희 역,『韓國痛史』上, 박영사, 1974.
박은식 저, 김태웅 역해,『한국통사』, 아카넷, 2012.
박종근 저, 박영재 역,『淸日戰爭과 朝鮮』, 일조각, 1989.
박충석,『한국정치사상사』, 삼영사, 2010.
박충석 · 유근호 공저,『조선조의 정치사상』, 평화출판사, 1980.
서영희,「명성왕후 연구」,『역사비평』57, 한국역사연구회, 2001.
신명호,「朝鮮 王妃와 明 皇后의 冊封儀禮 비교연구」,『동북아문화연구』제33집, 동북아시아문화학회, 2012.
신복룡,「서세동점기의 서구인과 한국인의 상호 인식」,『한국문학연구』27, 동국대학교 한국문학연구소, 2004.
안재홍 外,『朝鮮最近世史』, 1930 ;『민세안재홍전집(4)』.
연갑수 외,『한국근현대사』1, 푸른역사, 2016.
오영진,「요사노히로시與謝野寬와 한국 -명성황후 시해사건을 중심으로-」,『국제언어문학』10-2, 국제언어문학회, 2004.
유영익,「淸日戰爭 및 三國干涉期 井上 馨 公使의 對韓略略-閔妃弑害事件 背景論」,『明成皇后 弑害事件』, 민음사, 1992.
육수화,『조선시대 왕실교육』, 민속원, 2008.

이건창 저, 박석무 역, 『나의 어머니, 조선의 어머니』, 현대실학사, 1998.
이경하, 「15세기 상층여성의 문식성과 읽기교재 내훈」, 『정신문화연구』 33권 1호, 한국학중앙연구원, 2010.
이광린, 「閔妃와 大院君」, 『明成皇后 弑害事件』, 민음사, 1992.
이기대, 「明成皇后 국문 편지의 文獻學的 硏究」, 『한국학연구』 20, 고려대학교 한국학연구소, 2004.
_____, 「한글편지에 나타난 순원왕후의 수렴청정과 정치적 지향」, 『국제어문』 제47집, 국제어문학회, 2009.
_____, 「『明成皇后御筆』 연구」, 『한국민족문화』 44, 부산대학교 한국민족문화연구소, 2012.
이기대 편저, 『명성황후 편지글』, 다운샘, 2007.
이기백, 『한국사신론』, 일조각, 1998.
이민원, 「閔妃弑害의 背景과 構圖」, 『明成皇后 弑害事件』, 민음사, 1992.
_____, 「근대의 궁중 여성-명성황후의 권력과 희생」, 『사학연구』 77, 한국사학회, 2005.
_____, 「명성황후와 감고당」, 『역사와 실학』 32, 역사실학회, 2007.
이배용, 「開化期 明成皇后 閔妃의 政治的 役割」, 『國史館論叢』 66, 國史編纂委員會, 1995.
이승희 역주, 『순원왕후의 한글편지』, 푸른역사, 2010.
이태영, 『차라리 閔妃를 변호함』, 인물연구소, 1981.
_____, 「차라리 명성황후를 변호함」, 『'정의의 변호사' 되라 하셨네』(이태영선생 유고변론집), 한국가정법률상담소, 1999.
이태진, 『고종시대의 재조명』, 태학사, 2000.
_____, 「한국 근대의 수구·개화 구분과 일본 침략주의」, 『한국사 시민강좌』, 일조각, 2003.
_____, 「역사 소설 속의 명성황후 이미지 -정비석의 역사소설 『민비』의 경우-」, 『한국사 시민강좌』 41, 한글학회, 2007.
이희주 편, 『고종시대 정치리더십 연구』, 한국학중앙연구원출판부, 2017.
임민혁, 「조선후기 왕비 삼간택의 문화심리」, 『韓國史學報』 제48호, 고려사학회, 2012.
임혜련, 「朝鮮時代 垂簾聽政의 정비과정」, 『朝鮮時代史學報』 27, 朝鮮時代史學會, 2003.
_____, 「조선후기 헌종대 순원왕후의 수렴청정」, 『韓國人物史研究』 3, 한국인물사연구소, 2005.
_____, 「19세기 神貞王后 趙氏의 생애와 垂簾聽政」, 『韓國人物史研究』 제10호, 한국인물사연구회, 2008.

_____,「19세기 수렴청정의 특징: 제도적 측면을 중심으로」,『朝鮮時代史學報』48, 朝鮮時代史學會, 2009.

_____,「한국사에서 攝政·垂簾聽政權의 변화 양상」,『韓國思想과 文化』第62輯, 한국사상문화학회, 2012.

_____,「19세기 國婚과 安東 金門 家勢」,『韓國史學報』57호, 고려사학회, 2014a.

_____,「19세기 수렴청정의 공과 사」,『역사와 현실』93, 한국역사연구회, 2014b.

_____,『정순왕후, 수렴청정으로 영조의 뜻을 잇다』, 한국학중앙연구원출판부, 2014.

장영숙,「서양인의 견문기를 통해 본 명성황후의 정치적 위상과 역할」,『한국근현대사연구』제35집, 한국근현대사학회, 2005.

_____,「고종의 정권운영과 閔氏戚族의 정치적 역할」,『정신문화연구』112호, 한국학중앙연구원, 2008.

정교 저, 조광 편, 변승주 역주,『대한계년사』1, 소명출판, 2004.

정교 저, 조광 편, 이철성 역주,『대한계년사』2, 소명출판, 2004.

정용화,『문명의 정치사상: 유길준과 근대한국』, 문학과 지성사, 2004.

최박광,「外國人이 본 近代朝鮮과 東北아시아의 각축 -이사벨버드의『朝鮮과 이웃나라들』-」,『아시아문화연구』제15집, 가천대학교 아시아문화연구소, 2008.

최익현 저, 김도련 외 역,『국역 면암집 II』, 민족문화추진회, 1997.

최진아,「韓·中 여성 교육서의 서사책략과 문화이데올로기 -15세기 明·朝鮮의『內訓』을 중심으로-」,『中國人文科學』44輯, 중국인문학회, 2010.

최효식,「명성황후와 장호원」,『慶州史學』제27輯, 동국대학교사학회, 2008.

하지연,「다보하시 기요시田保橋 潔의『근대일선관계의 연구』와 한국근대사 인식」,『숭실사학』31권, 숭실대학교사학회, 2015.

한영우,『명성황후와 대한제국』, 효형출판, 2001.

_____,『명성황후, 제국을 일으키다』, 효형출판, 2006.

황준헌 저, 심승일 역,『朝鮮策略』, 범우사, 2007.

황현 지음, 김종익 옮김,『오하기문』, 역사비평사, 1994.

황현 저, 김준 역,『매천야록』, 교문사, 1994.

황현 지음, 허경진 옮김,『매천야록』, 한양출판, 1995.

황현 지음, 허경진 옮김,『매천야록』, 서해문집, 2006.

Annie E. Bunker,「My First Visit to Her Majesty, The Queen」,『The Korean Repository』, October, 1895.

Annie E. Bunker,「閔妃와 西醫」, <純宗實記>(『新民』1926년 6월 특집 因山奉圖號),

신민사, 1926.
H. N. 알렌 지음, 신복룡 역주, 『조선견문기』, 집문당, 1999.
I. B. 비숍 지음, 신복룡 역주, 『조선과 그 이웃나라들』, 집문당, 2000.
L. H. 언더우드 지음, 신복룡·최수근 역주, 『상투의 나라』, 집문당, 1999.
메리 V. 팅글리 로렌스·제임스 앨런 지음, 손나경·김대륜 옮김, 『(미 외교관 부인이 만난)명성황후 ; (영국 선원 앨런의)청일전쟁 비망록』, 살림출판사, 2011.
묄렌도르프 지음, 신복룡·김운경 역주, 『묄렌도르프 自傳』(外), 집문당, 1999.
이사벨라 버드 비숍 지음, 이인화 옮김, 『한국과 그 이웃나라들』, 살림, 1994.
헐버트 지음, 김동진 옮김, 『헐버트 조선의 혼을 깨우다』, 참좋은친구, 2016.

찾아보기

ㄱ

감고당 23, 63, 83~84, 88, 93
갑신정변 7, 12, 55, 74, 145~146, 157~158, 165, 196, 199, 216, 249
강화도조약(조일수호조규) 133, 153, 166~167, 183
건청궁 147~149, 170, 173, 241~242
경복궁 습격 12, 163, 165, 167, 170, 173~174, 183, 188, 191, 195, 228, 233, 249
경복궁 점령 166, 168~169, 174, 179~180, 189, 191, 208, 239, 250
경복궁 중건 106, 118, 122, 237
경복궁 7, 114, 121~122, 124, 127, 130, 132, 139, 147, 149, 165~166, 168~170, 174, 178~179, 186, 188~189, 191, 194, 211, 251
경우궁 145~146
고종 5~7, 9~11, 14~15, 24~27, 29, 31, 34~35, 38~39, 42~46, 49, 51, 53~58, 61, 65, 67, 70, 72~74, 78, 80, 84, 86~89, 96~97, 99, 102, 104~107, 112~116, 118, 122~139, 143, 145~149, 151, 153~154, 156, 158, 168~174, 177, 179~186, 188~197, 202, 204, 208~211, 215~229, 231~233, 235~237, 239~240, 242~243, 248~251
곤녕합 114, 148~149, 241
곽씨 부인 77~78
관왕묘 222~223
관우 222
국무당 221
『근대일선관계의 연구』 28, 31~34, 42
기쿠치 겐조 『대원군전』 12, 240
김보현 135, 140
김성일 어머니 45
김성일 45
김옥균 12, 74, 145~146, 196
김중현 135~138, 240

ㄴ

나한전 48
남로전신선 185~186

남묘 222
남연군 48, 87, 102, 226, 230
『내훈』 59~60, 110

ⓒ
다보하시 기요시 28, 31~34, 38, 42~
　43, 126~127, 139
다이 234, 244
단발령 250
대법사 24
대원군 5, 11~12, 27~28, 30~33, 41,
　48, 84~88, 104, 115, 118~132, 135,
　138~142, 148, 151, 153, 156, 159,
　165, 169~170, 180~182, 188~190,
　226~235, 237~238, 244, 250
대원군의 편지 228
대원군 하야 112, 127, 156
대원군 회가 128~129
대의론 15, 240, 249~251
『대한계년사』 27~28, 30, 113, 125
대한제국 5, 15, 224, 247~249, 251
데니Owen N. Deny 197
독일 158, 166, 239
동묘 222
동학농민 163~164, 208

ⓔ
러시아 7, 118, 131, 145, 158, 166, 186,
　197, 239

ⓜ
만국공법 153~154
『매천야록』 12~13, 29~30, 125, 131,
　135, 143, 229~230
명성황후 편지글 218~221
명성황후 5~16, 23, 25, 30, 33, 116,
　136, 142, 204~205, 218, 242, 248,
　251
명성황후조난지지明成皇后遭難之地 149
묄렌도르프Paul Georg von Möllendorff 147,
　195~197, 202, 216~217
무속신앙 221, 223~224
문정왕후 100
미국 9, 14, 114~115, 131, 145, 154,
　197, 199~201, 204~205, 209~210,
　215
미우라 고로 241~242, 244~245
민겸호 32~33, 135, 140, 156
민광훈 36~37, 47
민기현 37~38, 40, 94
민백분 37, 40
민승호 31~33, 38, 88, 125~126, 129~
　131, 232
민시중 36
민영익 145, 158, 196, 216
민영찬 237~238
민영환 237
민유중 23, 33, 36~38, 45, 47~48, 61~
　62, 66~67, 70, 83, 87~88, 229
민응식 138, 142, 233
민정중 36, 67
민진원 37, 63, 88
민진후 24, 36~37, 40, 45, 61~63, 72,
　74, 88, 94
민치록 10, 23~25, 27~28, 30~33, 36~
　40, 46~49, 54~55, 58, 84, 88, 131

민형식 137, 220

ⓑ
박영효 74, 145~147
박은식 29, 31~32, 38, 42~43, 113, 125, 138
벙커 여사 14, 193, 201, 204, 206~208, 211~212, 215
복수론 15, 249~251
부대부인 민씨 32, 86~87, 104, 135, 139~140, 228
북로전신선 186
북묘 222
비숍 여사 53, 117, 175, 191~192, 208~210

ⓢ
사대부가士大夫家 여성 10, 58, 111, 222, 227
사바틴 234, 244
삼국간섭 7, 158, 239
상주사 48
서로전신선 184~186
서묘 222
성수청 221~222
소원바위 24~25
송시열 어머니 77~78
송시열 40~41, 47, 65, 77~78, 87, 109
송준길 40~41, 45, 47, 63, 65, 87, 105, 107
수렴청정 10, 60, 84, 95~103, 105~109, 111~115, 118~119, 123
수원정책 150~151, 155, 157~159

숙종 23~24, 33, 36, 38, 47~48, 83, 87~88, 236
순원왕후 101~102, 105, 108, 112
순조 10, 48~49, 84, 86~87, 99, 101~102, 105~108, 236
순종 5~6, 9~11, 14, 51~53, 70, 76, 96~97, 113~114, 116, 137, 204, 209~210, 217, 221, 231, 240
시모노세키조약 166, 239
시위대 173~174, 239
식민사관 88, 126, 128, 144, 241
신정왕후 10, 30, 41, 55, 67, 70, 78, 84, 86~87, 96, 102, 104~108, 112, 118~123, 226~227, 229, 237
신철균 130
심상훈 249

ⓞ
아관파천 251
아산만전투 166
알렌Horace N. Allen, 安連 147, 154, 196, 204, 215~216
『어제내훈』 110
언더우드 여사 115, 152, 157, 194, 201~204, 209, 211~214
언더우드 194, 201, 206, 212~213
『여사서』 110~111
여훈서 58, 60~61, 109
『여흥민씨가승기략』 36, 61~62
영국 166, 191~193, 208
영보당 귀인 이씨 229
영조 37~38, 48, 83, 87~88, 101, 110~111, 236

오오토리 179~180, 188
『오하기문』 29, 112, 125, 230
오희상 38~39
완화군 228~229, 231
원경왕후 10, 36, 45, 47, 93
원구단 224
웨베르 147
위안스카이 131~132, 158, 168
윤석우 243
윤태준 138
은신군 48, 87, 102, 226, 230
의주전선합동조약義州電線合同條約 184
이노우에 가오루井上馨 158, 233
이단상 41, 62~63, 87
이재 어머니 45, 61, 75
이재 75
이재면 131, 227, 237
이재선 131~132
이재선역모사건 129, 131, 139, 156
이준용 131~132, 233
이준용왕위옹립사건 129, 131~132, 227, 233
이토내각 164
이홍장 132, 145, 158, 195, 197
인수대비 59
인순왕후 101
인현왕후 10, 23~24, 27, 33, 36~37, 40, 45, 47, 61~63, 65~66, 70, 75, 81, 83, 87~88, 93~95, 229
일본 7~9, 12, 14~15, 29, 34, 38, 41, 44, 64, 113, 118, 126~128, 132~136, 139, 144~147, 149, 151, 154~158, 163~183, 185~192, 194, 199~201, 203, 206, 208~209, 215, 224~226, 228, 231, 233, 238~245, 247, 249~251
임오군란 7, 12, 80, 133~136, 138, 143, 145~146, 156~157, 165, 169, 213, 223, 228, 231~232, 235, 237, 240, 249
<임오유월일기> 140~141, 232

㋵

장릉 47~48
『전보국전무국기電報局電務局記』 185
전보장정電報章程 185
전봉준 164
전신선 177, 179, 182~186
전주화약 165
정경부인 이씨 40
『정경부인행록』 10, 45, 57, 62~63, 65~66, 68, 71~72, 81, 94, 109
정경세 40
정교 27~33, 38, 113, 125, 131
정비석의 소설『민비』 12, 240~241
정순왕후 10, 101, 108, 113
정조 39, 101~102, 226, 236
정한론 139, 157, 243
정희왕후 99~100
조만영 105
조병갑 163~164
조선전보총국 185~186
조중상민수륙무역장정 145, 156
종묘사직 11, 14, 53, 76, 97~98, 109, 113~116, 132, 139, 151, 153, 155, 158, 169, 172, 174, 189~190, 207,

227, 231, 233, 235, 237~238, 243~
244, 251
좌보귀左寶貴 176~177
진령군 223
진인陳寅 222

ⓒ
창덕궁 70, 85~86, 136~137, 145
천신제 224
철종 10, 23, 30, 47~48, 86, 99, 102,
105, 107, 124, 226
청국 7, 39, 118, 131~132, 135, 141~
142, 145~147, 155~159, 163, 165~
167, 169, 171, 174, 177~178, 181,
183~186, 195, 232~233, 239
청일전쟁 7, 12, 29, 147, 154, 158~159,
163~167, 171, 174~179, 181~184,
186, 192, 233, 239, 250
최익현 124~127, 249

ⓔ
태종 10, 36, 45, 93, 120
톈진조약 147

ⓟ
폭사爆死사건 131, 139, 231~232
푸트공사 부인 9, 194, 197~202, 206,
208~210, 212, 214~215, 247, 249

푸트공사 193, 196~197, 199, 201, 216
풍도해전 166
프랑스 145, 158, 166, 239

ⓗ
『한국통사』 29, 31, 42, 113, 125, 138
한미수호조규(일명 조미수호통상조약) 131,
154, 197, 215
한성전보총국 184, 186
한창부부인 이씨 24, 38~39, 55, 129
함화당 147, 170~172
헌종 27, 84, 86, 101~102, 105, 108,
120
헐버트Homer B. Hulbert 215, 217
현흥택 137, 142, 239
홍계훈 135~137, 164, 239~240
홍철주洪澈周 185
화이론 152~153
황철 242
황현 12~13, 28~33, 38, 112, 125, 130~
131, 135, 143~144, 222, 230
효명세자(익종) 84, 101~102, 104~108,
119~121, 227, 236~237
후쿠자와 유기치福澤諭吉 182
훈련대 233, 239~241, 243
흥선군 30, 87, 102, 105~107
힐리어 192